EL TRABAJO PERDIDO
¿Hacia una civilización postlaboral?

José Félix Tezanos

EL TRABAJO PERDIDO
¿Hacia una civilización postlaboral?

BIBLIOTECA NUEVA

Cubierta: A. Imbert

© José Félix Tezanos, 2001
© Editorial Biblioteca Nueva, S. L., Madrid, 2001
   Almagro, 38
   28010 Madrid

ISBN: 84-7030-925-0
Depósito Legal: M-28.204-2001

Impreso en Rógar, S. A.
Impreso en España - *Printed in Spain*

Ninguna parte de esta publicación, incluido diseño de la cubierta, puede ser reproducida, almacenada o transmitida en manera alguna, ni por ningún medio, ya sea eléctrico, químico, mecánico, óptico, de grabación o de fotocopia, sin permiso previo del editor.

Índice

Capítulo 1.—Introducción	9
Capítulo 2.—La hipótesis de una civilización postlaboral ..	11
1. Castigos divinos y maldiciones bíblicas	12
2. ¿Es imaginable una civilización postlaboral?	17
3. El trabajo en la encrucijada	29
Capítulo 3.—Empleo, trabajo y nuevas tecnologías	39
1. El desempleo tecnológico	40
2. El contexto global del empleo y el desempleo	48
3. Las nuevas condiciones de empleabilidad	61
4. ¿Aumenta el empleo global?	73
Capítulo 4.—Una nueva estructura laboral	81
1. Transformaciones en la estructura ocupacional	82
2. Tendencias ocupacionales	98
3. Escenarios y previsiones de futuro	110
Capítulo 5.—La oferta de trabajo disponible	121
1. El trabajo mermado	122
2. Nuevas pautas en la generación de empleo	132
3. Los perfiles sociales del empleo y el paro	146
Capítulo 6.—Una nueva cultura laboral	153
1. Las transformaciones del trabajo. ¿Qué nos deparará el futuro?	155
2. La dualización laboral	161
3. Desempleo, infraempleos y desigualdades	167
4. La conciencia social sobre los efectos de la robotización ...	181
5. Hacia una nueva cultura del trabajo	193
Capítulo 7.—¿Un futuro sin trabajo?	207
1. La «liberación» del trabajo humano	208
2. La utopía de la fábrica sin obreros	211
3. La crisis histórica del trabajo	214
4. La aspiración al trabajo mínimo	220
Capítulo 8.—¿Hacia una civilización postlaboral? Epílogo provisional	229
1. La degradación del trabajo	230

2. El trabajo del pasado y las nuevas formas de acción social 235
3. ¿Cómo se estructurará la sociedad postlaboral? 240

ÍNDICE ONOMÁSTICO Y TEMÁTICO 251

ÍNDICE DE TABLAS, CUADROS Y GRÁFICOS 259

Capítulo 1

Introducción

Este libro se relaciona directamente con otros dos, que conforman una trilogía en torno a uno de los hilos conductores fundamentales de nuestra época: el que conecta los problemas del *trabajo*, la *desigualdad* y la *democracia*. En la primera obra de esta trilogía he analizado las tendencias de aumento de las desigualdades sociales y la manera en que la revolución tecnológica está conduciendo a un nuevo modelo de sociedad, donde se hacen presentes nuevas formas de asimetría y exclusión social que perfilan la imagen de una sociedad dual[1].

En *El trabajo perdido* la evolución social y el curso de las desigualdades se vinculan con las modificaciones que están teniendo lugar en el trabajo; modificaciones que están relacionadas con la revolución tecnológica, y que en muchos aspectos están alcanzando la dimensión de una verdadera mutación social que nos sitúa ante la perspectiva de una civilización postlaboral diferente a la que hasta ahora había sido propia de las sociedades industriales.

La experiencia histórica nos enseña que cada modelo de sociedad y de civilización ha tenido formas específicas de trabajo, cuyo alcance ha trascendido con mucho el propio ámbito de lo laboral y de lo productivo. Por ello las transformaciones que lleva implícitas el nuevo paradigma de sociedad tienen un alcance sociológico y vital del que aún no tenemos una imagen precisa. Buena parte del esfuerzo analítico de este libro se orienta a intentar anticipar esas transformaciones y sus posibles consecuencias desde una perspectiva social global.

Es posible que durante algún tiempo se mantengan las inercias interpretativas y las resistencias mentales a «reconocer» lo que está ocurriendo; pero al final los desajustes socio-laborales, las crisis de expectativas y los desfases culturales y valorativos acabarán situando a nuestras sociedades ante la tozudez de los hechos. Cuando esto

---

[1] José Félix Tezanos, *La sociedad dividida. Estructuras de clases y desigualdades en las sociedades tecnológicas,* Madrid, Biblioteca Nueva, 2001.

ocurra —está empezando a ocurrir ya— se entenderá que una crisis del trabajo es algo más que una crisis de un espacio económico-laboral. Es un trance que afecta a múltiples funciones de articulación social, de inserción, de conciencia de la religación y de distribución de recursos. Por ello el estudio de las transformaciones en el trabajo debe abordarse con la máxima apertura mental y con una disposición clara a imaginar nuevas posibilidades e hipótesis futuras.

El proceso de análisis abordado en esta trilogía se concluye con una obra en la que se plantean las posibilidades de desarrollo político que podrán permitir una evolución de la democracia de acuerdo con las exigencias de los nuevo tiempos, reorientando el curso negativo de algunos acontecimientos sociales y conformando un nuevo estadio de avance en la civilización, también en sus dimensiones políticas y morales.

Para realizar este trabajo intelectual he contado con una información muy amplia proveniente del *Programa de Investigación sobre Tendencias Sociales de nuestro tiempo* que vengo dirigiendo desde 1995 y que ha supuesto un esfuerzo analítico considerable. La finalidad de este Programa ha sido identificar los principales elementos de cambio y los escenarios más plausibles de futuro en campos que incluyen la robótica, la biotecnología, las tecnologías de la información y la comunicación, las tendencias sociales, las políticas, las laborales, etc. Para lograr estos objetivos desde el año 1995 al 2001 se han realizado doce grandes encuestas de opinión, catorce estudios Delphi a expertos en diversas materias científicas y sociales y varios estudios sectoriales. La información obtenida por esta vía constituye una fuente de documentación muy rica, a partir de la que se han publicado varios libros y monografías, y cuyas aportaciones han sido especialmente pertinentes para el proceso de reflexión que aquí se recoge, por lo que es obligado manifestar mi agradecimiento a todas las personas y entidades que han hecho posible tan ambicioso proyecto; desde los compañeros del Grupo de Estudio sobre Tendencias Sociales (GETS), los profesores del Departamento de Sociología III de la UNED, la Fundación ONCE, la Fundación Ramón Areces, Caja Madrid, UNICAJA y las Cajas de Ahorros de Badajoz y Extremadura, así como a los colaboradores de la Fundación Sistema que han contribuido en diversas tareas de este proyecto: María Jesús González, Margarita González, Paloma Ponce de León, Luis José Rodríguez, Paula Reigada y Raúl Elvir.

Debo manifestar también mi agradecimiento a los profesores Adam Schaff, Göran Therborn, Vicenç Navarro, José Manuel Montero y José Antonio Díaz por los comentarios y sugerencias que formularon a una versión preliminar de esta obra. En el capítulo de agradecimientos debo mencionar especialmente a Carmen Maeso, que con paciencia y meticulosidad ha transcrito diversas versiones de este texto.

Capítulo 2

La hipótesis de una civilización postlaboral

Algunas tribus de Borneo sostienen que los orangutanes son hombres muy astutos que simulan ser torpes en entendimiento para que nadie les obligue a trabajar, y poder así pasarse el día vagueando y comiendo lo que les apetece y cuando les apetece. Esta interpretación tan curiosa ejemplifica hasta qué punto trabajar o no trabajar marca una diferencia sustancial para la caracterización de los seres humanos, incluso entre comunidades primitivas.

El trabajo es una de las dimensiones humanas nucleares tanto desde un punto de vista antropológico, como desde la perspectiva de evolución de la civilización. El hombre ha podido ser definido como el ser que trabaja, el *homo faber;* y mediante el despliegue de su capacidad «productiva» ha creado un universo de realidades y objetos materiales que ha ido perfeccionando a lo largo de la historia hasta llegar a las complejas sociedades de principios del siglo XXI y a todos los entornos de utensilios y dispositivos sofisticados, que pueden operar prácticamente por sí solos, sin apenas intervención humana.

Es difícil imaginar qué hubiera sido de nuestras sociedades sin el componente de trabajo que llevan incorporadas. De ahí que algunos analistas hayan elevado la capacidad laboral del ser humano a la categoría de referencia definidora fundamental. Si nuestra especie ha llegado a ser lo que es —dirán— y se ha alzado por encima de las constricciones de la naturaleza, «creando» una especie de segunda naturaleza cultural, es porque ha desarrollado unas cualidades creativas-productivas que no poseían otros primates.

Pero si el trabajo ha sido tan importante en el proceso de evolución humana no se entiende muy bien por qué el simple hecho de trabajar ha merecido por lo general una valoración tan negativa desde que se inició el ciclo de las sociedades agrarias. La propia raíz de la expresión con la que nos referimos al trabajo en la mayor parte de las lenguas hace referencia a ideas de pena, castigo y aflicción. En castellano, como recuerda Corominas, su origen está en la palabra *tripaliare,* de *tripalium,* que hace alusión a un instrumento clásico de tortura (de «tres» «palos»).

En la vida cotidiana podemos encontrar muchos ejemplos que permiten comprender esta construcción social de la idea de trabajo. El trabajo, tal como se ha realizado en el período histórico que va desde las sociedades agrarias hasta la consolidación de la Revolución Industrial, ha implicado, para la mayoría de las personas que se veían obligadas a realizarlo, componentes de coerción, esfuerzo, cansancio y malestar. En la mayor parte de los casos la actividad laboral no ha sido el resultado de opciones voluntarias libremente buscadas y asumidas, sino el fruto de imposiciones sociales: bien a causa de circunstancias de dependencia y sometimiento radical, como en la esclavitud, bien a causa de vínculos jurídicos formales, como en la servidumbre, o bien por razones de necesidad, como las que llevan a las personas sin recursos propios a someterse al vínculo del salario, de peor o mejor humor. «Trabajar para comer y sobrevivir» y no «trabajar para vivir y para ser felices» ha sido la valoración que se han formulado la mayoría de los empleados y obreros en las sociedades industriales, en las que, al menos, el trabajo ha podido efectuarse en unas condiciones de libertad jurídica que no se dieron en etapas históricas anteriores.

1. CASTIGOS DIVINOS Y MALDICIONES BÍBLICAS

En las sociedades cazadoras y recolectoras no existía la noción de trabajo productivo en el sentido que se entiende hoy en día. Las comunidades primitivas obtenían directamente de la naturaleza lo que necesitaban para sobrevivir y para ello desplegaban una acción específica, generalmente una acción grupal. Lo que se valoraba en el hombre primitivo era que fuese una persona de acción y no un ser «productivo». Se esperaba, y se necesitaba, un comportamiento decidido, astuto y solvente. Se estimaban virtudes como el arrojo, la puntería, la fuerza, la resolución..., todo aquello, en suma, que permitiera «cobrar la pieza» y obtener los recursos alimenticios necesarios. Se cazaba para vivir, no se trabajaba para vivir. La caza era una acción social central, mientras que el trabajo —artesano en su caso— era una *actividad* residual y complementaria.

De hecho, el aprecio por las virtudes del cazador se mantendrá durante bastante tiempo, después de la revolución neolítica, cuando las antiguas partidas de caza se van transformando en núcleos de los ejércitos y grupos guerreros, y la cultura de los hombres de acción pasa a conformar el sustrato actitudinal de las nuevas élites dirigentes, en un nuevo tipo de sociedades más extensas y mejor asentadas en núcleos de población estables.

En la transición desde las sociedades cazadoras y recolectoras hacia las sociedades horticultoras, primero, y agrarias después, se gestó la noción de trabajo productivo en un contexto general en el que tuvieron lugar importantes alteraciones en la lógica de relaciones originarias del hombre con la naturaleza. Aunque se trató de un proceso lento y complejo que se prolongó a lo largo de muchos años, su impacto debió ser muy profundo en el imaginario colectivo, como se refleja en algunos testimonios claves llegados hasta nuestros días y de los cuales el Génesis es uno de los casos más paradigmáticos.

Posiblemente los dos aspectos más significativos de este texto bíblico son: por un lado la idea de ruptura o pérdida de una armonía originaria supuestamente preexistente en la naturaleza, que llevaba implícito el «abandono» del «paraíso», a causa de una iniciativa humana que se relacionaba con el principio de la vida y que suponía una transgresión de los preceptos divinos, de la «legalidad» originaria de la naturaleza. En segundo lugar, esta transgresión se presenta como merecedora de un castigo divino que se concreta, entre otras cosas, en la «obligación de trabajar para vivir». A partir de ahora —se dirá a los primeros padres— tendréis que «ganar el pan con el sudor de la frente». Algo que resultaba inédito —según se sugiere—, en contraste con la imagen de una naturaleza originaria en la que sólo había que molestarse en tomar del entorno inmediato lo necesario para sobrevivir.

Y aquí reside, precisamente, la cara y la cruz del trabajo, tal como lo hemos entendido durante miles de años en nuestras sociedades. Lo que subyace detrás de relatos de este tipo es la capacidad —convertida en acto— de transgredir o alterar las leyes originarias de la naturaleza, bien mediante la deforestación de amplias zonas boscosas para convertirlas en campos agrícolas, bien transformando las materias primas para hacer todo tipo de artilugios, bien, en nuestros días, desplegando iniciativas que permiten «trastocar» las leyes clásicas de la física o la biología, haciendo explotar el átomo, o modificando y manipulando artificialmente los códigos genéticos de plantas y seres vivos. Éste es, podíamos decir, el resultado final de aquella forma de actuar —de laborar— que se puso en marcha con el «castigo divino» y que, desde luego, ha llegado mucho más allá de la simple audacia de probar el «fruto prohibido».

Pero, a su vez, el despliegue de la capacidad transformadora que inauguró una nueva forma «creativa» de relacionarse con la naturaleza, fue acompañado en el terreno ideológico-cultural de una crítica social —y «divina»— sobre el propio acto a través del que se producía la transgresión: es decir, el trabajo. Sanción que, en lo que tenía de valoración social negativa, se apoyaba en algunos de los componentes que acompañaron al trabajo durante las primeras etapas de desarrollo de las sociedades; era tedioso, cansado, sucio, desagradable, molesto... Todo lo cual era lógico —se pensaba— porque se trataba de un castigo divino, de una obligación penosa. Por ello durante miles de años las sociedades agrarias se organizaron como sociedades duales, en las que los amos y los señores eran considerados como seres libres que sólo estaban destinados a cometidos superiores y más dignos; eran personas de acción, de reflexión, o de devoción religiosa. En cambio las tareas penosas, orientadas a proveer el sustento físico, eran consideradas inferiores y sólo las realizaban los esclavos, los siervos, o los operarios que se veían forzados por la necesidad.

Aunque la Revolución Industrial, llevada por sus propias exigencias productivistas, condujo a alterar algunos de los supuestos en que descansaba esta cosmovisión y a intentar revalorizar los componentes positivos del trabajo, lo cierto es que en la práctica nunca se lograron superar totalmente los prejuicios establecidos. Por mucho que el trabajo intentara ser presentado como la verdadera esencia humana, y por mucho que se exaltaran las virtudes de la laboriosidad y el esfuerzo, la mayoría de la población continuó considerándolo como una obligación penosa que era preciso realizar para ganar lo suficiente como para poder vivir. En cualquier caso, en las sociedades industriales capitalistas el aparentemente «voluntario» vínculo del salario sustituyó los viejos nexos jurídico-formales de subordinación, propios de las sociedades agrarias, superándose —u obviándose— en cierta medida las distinciones anteriores sobre la doble naturaleza humana que establecían rígidas diferencias entre los seres libres y los esclavos y siervos.

De esta manera una nueva estructura de valores y de referencias reemplazó al universo cultural propio de las sociedades agrarias, enfatizando el valor y el mérito de los empresarios y los emprendedores —los nuevos hombres de acción— y de las personas de reflexión al modo moderno, es decir, los científicos y los tecnólogos. Tales cambios acabaron conduciendo al establecimiento de nuevos modelos de estratificación, con sistemas de atribución de rangos y posiciones de poder y de reparto de privilegios distintos a los de las sociedades agrarias, pero también asimétricos.

Lo que nadie cuestionó en el curso de estas transformaciones sociales, ni de otras de las que se guarda memoria, es que las actividades laborales imprescindibles para atender a las necesidades vitales de los que integraban la sociedad tenían que ser realizadas por una parte de dicha sociedad. Es decir, se mantenían estructuras diferentes de división de los papeles sociales, o de la distribución interna del trabajo, pero al final las tareas orientadas a proveer alimentos y comodidades se tenían que realizar inexcusablemente por un conjunto de operarios determinados, siempre en una proporción mucho más abultada que la que correspondía a los señores, o a los propietarios o técnicos gestores del primer tipo, cuyos cometidos estaban más próximos a la idea de hombres de acción —de iniciativa—, que a la de trabajadores de producción rutinaria. Y, por lo tanto, sus tareas resultaban más gratificantes y satisfactorias.

En el proceso de la evolución social, el desarrollo y perfeccionamiento de los sistemas productivos fue permitiendo endulzar y suavizar algunos aspectos de la «negatividad» de las condiciones del trabajo, tanto en lo que hace a las tareas en sí (menos horas, menos dureza, mejores condiciones físicas, etc.), como a las condiciones vitales de quienes las realizan (mejores salarios, más oportunidades sociales, más bienestar y seguridad, etc.). La extensión de las formas de convivencia democrática, a su vez, permitió ir compensando socialmente las experiencias rutinarias de trabajo con algunos componentes de acción e iniciativa personal, tanto en el propio ámbito laboral (codecisión, implicación, círculos de calidad, etc.), como en el conjunto de la sociedad (sufragio universal, participación de los trabajadores en los partidos y sindicatos, etc.).

Sin embargo, cuando la evolución de los hechos parecía que estaba en vías de conducir a una superación de muchas de las vivencias históricas de escisión y de dualización social y a mayores posibilidades de armonización humana, estamos encontrándonos con un conjunto de cambios en los sistemas productivos que pueden conducir a un nuevo escenario social difícil de imaginar hace poco tiempo. Este escenario es el de una civilización postlaboral en la que el trabajo ya no desempeñará el mismo papel que ha tenido en todo el ciclo que ha transcurrido desde la revolución neolítica hasta los inicios de la revolución tecnológica, pasando por la industrial.

La posibilidad que se abre en el nuevo escenario histórico es que buena parte de las actividades necesarias para el sostenimiento de los sistemas productivos se puedan realizar mediante robots industriales y sistemas de trabajo automático. Los dispositivos y condicionantes técnicos para que esto ocurra están dados en su mayor parte. Existen conocimientos suficientes como para que tales metas sean factibles, y de hecho ya están en funcionamiento muchas fábricas prácticamente «sin obreros» que producen mercancías y artilugios complejos, incluidos robots industriales y equipos informáticos. Los expertos estiman, como veremos en el capítulo 5, que antes de una o dos décadas, más de la mitad de todas las tareas de los principales sectores productivos en los países desarrollados se realizarán automáticamente sin concurso humano. Lo cual lleva a plantear algunas preguntas críticas: ¿qué función cumplirá, entonces, el trabajo?, ¿quiénes trabajarán y en qué?, ¿de qué obtendrán sus ingresos los que no tienen otros medios de vida que su capacidad de trabajar?, ¿qué harán los «inempleados»?

Si nos atenemos estrictamente a los hechos empíricos hasta ahora constatados, como reclaman algunos sociólogos puntillosos, los datos revelan que por el momento los grandes entramados económicos y laborales propios de los sistemas productivos clásicos no se han derrumbado. Lo que la observación superficial permite apreciar es que aparentemente las paredes de la mayor parte de las «presas» están aguantando, y se están manteniendo las formas tradicionales pese al envite de los cambios. Pero las grietas y las filtraciones de agua se hacen visibles por todas partes, al tiempo que la crisis subyacente del modelo de trabajo heredado, que se viene gestando desde hace algunos años, se está haciendo notar en forma de un aumento de las desigualdades, de la persistencia de fuertes niveles de paro estructural, del aumento de la precarización laboral, de la extensión de la exclusión social y el surgimiento de nuevas infraclases[1].

Los analistas más «conformistas» tienen algo de razón, sin embargo, cuando recalcan que no todo se está deteriorando y que incluso en algunos países hay indicadores estadísticos que parecen reflejar un aumento del empleo en los últimos años del siglo xx. En realidad, en muchos casos lo que está aumentando y extendiéndose es el subempleo y la precarización laboral; pero, aun así, hay que tener en cuenta que en el horizonte de principios del siglo xxi aún no han culminado socialmente los procesos que indicamos. Y, sobre todo, hay que ser conscientes de que las inercias del pasado aún mantienen un poderoso influjo conformante en las sociedades, siendo muy posible que, tal como nos ilustra la experiencia histórica, aún lo mantengan durante algún tiempo; sin embargo no sabemos cuál será el precio que se pagará por ello en costes humanos, sociales y políticos.

Por lo tanto, lo importante es profundizar en los elementos subyacentes de cambio que está abriendo la revolución tecnológica, entendiendo que nos encontramos ante el desarrollo de un nuevo paradigma de sociedad que nos sitúa ante nuevas tesituras vitales[2]; prácticamente ante un nuevo horizonte de civilización que requerirá nuevos enfoques teóricos y conceptuales, y, sobre todo, que demandará una enorme capacidad de apertura mental. Aunque algunas inercias sociales e interpretativas del pasado retarden los procesos de cambio, a medio y largo plazo lo más verosímil es que todo lo que hoy se prefigura como factible acabe haciéndose real; y, sobre todo, existe el riesgo de que se haga en la peor forma imaginable si no se toma conciencia de los eventuales cursos problemáticos que encierra

---

[1] A todo esto me he referido con cierto detalle en *La sociedad dividida,* ob. cit.
[2] Ibíd., cap. 3.

la revolución tecnológica, y cuya mejor solución no puede dejarse al albur del simple juego de las fuerzas del mercado. Para prevenir los problemas que están surgiendo, y especialmente para superar el riesgo de una parálisis analítica a la que puede conducir la definición simplista de lo «posible» y lo «imposible», quizás el único consejo que cabe dar a los incrédulos es que hagan un esfuerzo por contemplar humildemente el largo curso de la historia. ¡Cuántos grandes poderes y civilizaciones han quedado convertidos en simple polvo y recuerdos! Cuando se contempla la historia con amplitud de miras, cuesta trabajo entender que haya quienes piensen que las sociedades se encuentran vacunadas ante cualquier posibilidad de transformación y de crisis. En estos casos, lo único que podemos hacer es recordar las sagaces aseveraciones que Hamlet hacía a su buen mayordomo: «¡Hay más cosas en el cielo y la tierra, amigo Horacio, que las que caben en tu cabeza!»

2. ¿ES IMAGINABLE UNA CIVILIZACIÓN POSTLABORAL?

Arnold Toynbee, en el penúltimo volumen de su magno *Estudio de la Historia,* que encabeza con el título *Las perspectivas de la civilización occidental,* plantea una reflexión acerca de adónde puede llevar el progreso de la técnica desde el punto de vista general de la civilización. De la misma manera que el colapso de otras civilizaciones en el pasado se vio afectado por carencias económicas y sociales básicas, o por la imposibilidad de librarse de la institución de la guerra, Toynbee sostiene que es necesario atender a las dificultades que los herederos de la civilización occidental pueden encontrar para enfrentarse a los nuevos dilemas del empleo suscitados «mediante cambios voluntarios y oportunos en la presión del trabajo y en el uso y goce del ocio», y a la perspectiva de que la «técnica mecanizada» contenga en sí misma «las simientes psíquicas de su propia decadencia». En este plano piensa que el progreso económico propiciado por la técnica da lugar a un cambio sustancial de escenarios, a una diferencia —que según Toynbee— ya no es tan sólo de grado sino de esencia. «Al darse un nuevo y vigoroso impulso sin precedentes a la producción económica, la técnica occidental moderna había hecho que la habitual injusticia social pareciera remediable y por lo tanto intolerable... Este nuevo sueño de la posibilidad de abundancia para toda la humanidad había engendrado demandas, de una insistencia y una impaciencia sin precedentes, por lograr la "liberación de la indigencia"; la ubicuidad y la vehemencia de tales demandas planteaba la cuestión de si la productividad de la cornucopia era tan inextinguible como se suponía...; hasta qué punto la capacidad potencial de la técnica podría satisfacer las crecientes demandas de un género humano que continuaba multiplicándose y comenzaba a exigir tiempo de ocio...»[3]

La dialéctica del progreso técnico, de esta manera, da lugar al encadenamiento de un proceso de multiplicación de la producción y de la riqueza que, al tiempo que posibilita un aumento de la población, genera demandas sociales crecientes que intentan incidir sobre la distribución de los recursos y sobre la organización de los tiempos de trabajo. Pero, la cuestión, según Toynbee, no estriba solamente en los límites a la disponibilidad de recursos, ni en las complejidades y las eventuales tensiones y contradicciones planteadas por el movimiento obrero organizado en su pugna por lograr determinadas reivindicaciones, ni en las posibilidades de garantizar el papel innovador de algunos sectores sociales, o en los eventuales precios que sería necesario pagar por alcanzar la justicia social y un modelo armónico de convivencia, sino que existen cuestiones más de fondo. Y una de ellas es precisamente la que se relaciona con la técnica y el futuro del trabajo, el ocio y el bienestar humano. «Si imagináramos —apuntó Toynbee— una sociedad mundial en la que el hombre se hubiera liberado primero de las enfermedades congénitas de la civilización, la guerra y los conflictos de clase, y hubiera coronado luego ese éxito resolviendo el problema maltusiano... podríamos suponer que el problema siguiente que debería resolver la humanidad sería el del futuro papel del ocio en la vida de una sociedad mecanizada»[4].

¿Qué se podría hacer en los tiempos no necesarios para el trabajo?, ¿qué harían —podríamos preguntarnos con una óptica más actual— todos aquellos cuya actividad no fuera necesaria para el funcionamiento de sistemas productivos altamente tecnificados? ¿Cómo se podría dotar de contenidos sociales y vitales a la población de unas sociedades de ocio creciente? ¿Cómo influiría esta posibilidad en la dinámica psicológica, sociológica y económica de la población? Según Toynbee la incidencia social de la nueva situación se haría notar de una manera harto paradójica; la mecanización del trabajo —recordará— creó «en la psique del obrero industrial una tensión entre el sentimiento respecto de su obra y el sentimiento respecto a su ocio, tensión a la que no había estado sometido la mayoría campesina, ni la minoría privilegiada del cuerpo social en la edad preindustrial, en la que la proporción de trabajo y ocio no estaba dictada al hombre por el hombre, sino por la naturaleza no humana». La interdependencia preindustrial, la paridad anterior de valores del tra-

---

[3] Arnold J. Toynbee, *Estudio de la Historia,* Buenos Aires, EMECE, 1963, vol. XII, págs. 196-197; la primera edición en inglés se inició en 1933.
[4] Ibíd., pág. 306.

bajo «quedaron rotas cuando el obrero se transformó... en un servidor de máquinas», de forma que «la crónica guerra industrial que el obrero se vería ahora obligado a librar para impedir que sus nuevos amos, las máquinas, lo hicieran trabajar hasta agotarlo, lo inculcó... un sentimiento hostil, defensivo y negativo hacia el trabajo que sus antepasados campesinos habían aceptado como algo dado y natural... La reacción de la naturaleza humana contra la rutina de la fábrica y la oficina ya habían ido tan lejos que hacía considerar de más valor verse libre de una excesiva presión del trabajo que la remuneración que el obrero manual o de oficina podía asegurarse trabajando todo lo que podía»[5].

Pero al mismo tiempo, advierte Toynbee, «el hasta entonces no detenido progreso de la técnica estaba gastando una sardónica broma a sus víctimas humanas, pues mientras el incesante girar de las poleas que nunca se cansaban las amenazaba con la muerte, simultáneamente amenazaba reducirlas a la desocupación... Apenas los obreros industriales reaccionaron contra la presión de la mecanización, al insistir en su derecho al ocio, su tirana inhumana y atormentadora, la técnica, los llevó a insistir en su derecho al trabajo, al tomarles la palabra y al imponerles el ocio forzoso; y aunque las prácticas de los sindicatos se habían imaginado... para poner un freno al impulso matador del trabajo industrial mecanizado, también servían al ulterior propósito de los obreros de estirar un residuo de ocupación que se estaba escapando de las manos humanas en virtud de las progresivas mejoras de los mecanismos que esas manos servían». En el nuevo contexto era posible prever —concluirá Toynbee— un *Paraíso Terrenal Recuperado,* un *régimen* de «ocupación plena» en el que «el trabajo asignado a cada individuo ocuparía una fracción tan pequeña de su día que tendría tanto tiempo de ocio como si fuera miembro de la minoría privilegiada de alguna sociedad agraria antidiluviana»[6].

¿Cómo podría emplear la humanidad este ocio universal que se augura «por haber entregado casi todas sus tareas a un esclavo mecánico infatigable»? —se preguntaba Toynbee— «¿Se contentaría realmente la naturaleza humana con "vivir después feliz por siempre" en un excelente nuevo mundo feliz en el que el único cambio producido en la monotonía de la vida empleada en su ocio privado, sería la pequeña cantidad de trabajo mecánico cumplido... con un espíritu falto de entusiasmo»[7].

---

[5] Ibíd., págs. 245-246.
[6] Ibíd., pág. 247.
[7] Ibíd., págs. 247 y 255.

De alguna manera el horizonte histórico esbozado por Toynbee apuntaba hacia la posibilidad de una nueva tierra de «señores», de personas liberadas de los componentes más duros de la obligación de trabajar y que, a través de un ajuste complejo de tensiones entre lo que se aspira, lo que se necesita y lo que resulta factible (en buena parte debido al progreso técnico) podían llegar a ser dueños de su tiempo libre. En este enfoque se soslaya, sin embargo, la importante cuestión de los medios de supervivencia, es decir, apenas se consideran aspectos tan importantes de la experiencia social como: ¿de qué vivirían aquellos trabajadores con trabajo decreciente?, ¿cómo subsistirían?, ¿qué nivel de vida lograrían mantener?

El hilo conductor en que Toynbee fija su atención entronca con una tradición analítica de más amplio calado, que se ha manifestado bastante sensible ante los procesos de «apropiación-desapropiación» social insitos en el curso de la mecanización de las sociedades industriales capitalistas. Varios estudiosos fueron intuyendo a lo largo de los siglos XIX y XX que el progreso técnico-mecánico no sólo podía implicar componentes de deshumanización, sino que entrañaba el riesgo de situar a los seres humanos en una posición diferente como sujetos sociales, como eventuales protagonistas frustrados —negados— de un curso histórico en el que se les arrebataba la capacidad de dirección, e incluso de acción autónoma. La idea gráfica de esta pérdida de capacidad de acción ha sido plasmada por Anthony Giddens en un libro titulado precisamente *Un mundo desbocado*[8], en el que se hace referencia a una percepción que a finales del siglo XX ya se encontraba mucho más asentada entre la opinión pública: la impresión de que muchas cosas discurren «por sí solas», la sospecha de que el mundo que se está construyendo no sigue los dictados de un proyecto, de un ideal que los propios seres humanos hayamos fraguado como sueño de nuestra razón.

La vinculación de dicha impresión de «ajenización» a la raíz de los procesos productivos estaba ya, desde hace bastantes años, en los análisis de algunos de los más eminentes teóricos sociales de nuestra época, con interpretaciones y enfoques que guardan más puntos en común de lo que a primera vista pudiera parecer.

La razón última de las valoraciones suspicaces sobre los componentes deshumanizadores y alienantes de los procesos mecánico-industriales descansa en buena medida en el descarnamiento con el que algunos economistas clásicos formularon las exigencias de la división del trabajo en el nuevo orden productivo. Éste fue el caso, por ejemplo, de Adam Ferguson cuando proclamó que «muchas artes

---
[8] Anthony Giddens, *Un mundo desbocado,* Madrid, Taurus, 2000.

mecánicas no exigen realmente capacidad» y «se desarrollan mejor suprimiendo totalmente el sentimiento y la razón», llegando a sostener que «la ignorancia [del trabajo] es la madre de la industria» y que las industrias «prosperan más cuanto menos se utilizan la mente y cuando el taller puede, sin ningún esfuerzo de imaginación, considerarse como una máquina cuyas piezas son hombres»[9]. Pero el problema no estaba solamente en los enfoques teóricos, sino que era fundamentalmente una cuestión práctica, cuya influencia se hacía notar desde el propio ámbito del trabajo hasta múltiples instancias de la realidad social. Posiblemente una de las aproximaciones conceptuales más fructíferas —pero más desaprovechadas— para el análisis de esta problemática es la que puede encontrarse en la teoría de la alienación. Aunque buena parte de los herederos de Carlos Marx renegaron de esta teoría y la intentaron confinar a una época juvenil demasiado lastrada aún por la herencia hegeliana, lo cierto es que junto a las perspectivas micro-sociológicas referidas a las experiencias concretas del trabajo —y no por ello desechables— en la obra de Marx hay otras aproximaciones en las que el engarce entre las dimensiones microscópicas y las macroscópicas no se sustancia sólo por la vía de una afirmación ideológico-política general. En *El Capital* y en los *Grundrisse*, por ejemplo, se pueden encontrar los supuestos generales y los enfoques específicos de una crítica basada en una concepción general de la alienación, en la identificación de un riesgo de alienación insito en la lógica global de un sistema que, en palabras de Gorz, acababa trocando el esfuerzo de dominación «de la naturaleza por el hombre (por la ciencia)» en «un proceso de dominación del hombre por ese proceso de dominación»[10].

De manera más específica, en los *Grundrisse* la lógica de la alienación, como proceso que entraña un serio riesgo de ajenización social, es analizada en relación con las perspectivas de negación del trabajador como sujeto social libre en su acción de trabajo y en su papel como miembro de la sociedad. Lo cual se contempla en conexión tanto con la función desempeñada en los centros fabriles, como en el marco del sistema general automático de máquinas que, tal como era factible contemplar desde la época histórica en que se hicieron estas reflexiones, podía interpretarse como una primera fase de un proceso de «desapropiación social» de amplio calado. Por medio de este proceso la máquina «viva» imponía su acción —su lógi-

---

[9] Adam Ferguron, *Un ensayo sobre la Historia de la Sociedad civil*, Instituto de Estudios Políticos, Madrid, 1974, págs. 229 y 230; primera edición en inglés de 1776.
[10] André Gorz, *Metamorfosis del trabajo*, Madrid, Editorial Sistema, 1995, pág. 79; primera edición en francés de 1991.

ca— sobre un trabajador reducido a una condición cada vez más «inerte», a causa de la nueva racionalidad económica establecida.

Tales procesos ajenizantes y desapropiadores daban lugar a que la actividad del trabajador se viera convertida, según Marx, en una «mera abstracción de actividad», que venía «determinada y regulada desde todos los puntos de vista por el movimiento de la máquina, y no a la inversa», produciéndose, así, una «apropiación del trabajo vivo mediante el trabajo objetivado», no sólo una apropiación del trabajo vivo como tal por el proceso de la ciencia que actúa como una fuerza extraña a través de la máquina —apostillará Marx— sino de todo «el proceso de producción real mismo»[11].

En el curso de esta evolución los mecanismos a través de los cuales el hombre-trabajador se va haciendo más prescindible descansan en estos momentos en diversos elementos de articulación social. Desde la perspectiva de los hechos sociales concretos, las instancias en las que se sustancia el proceso de ajenización en sus diversas etapas nos remiten en primer lugar a la racionalidad alienante de las propias relaciones capital-trabajo, en segundo lugar a la progresiva sustitución de tareas y funciones humanas aplicadas como resultado del uso de máquinas cada vez más complejas y perfeccionadas, y en tercer lugar a la «apropiación» de la lógica del sistema productivo por parte de los entornos automáticos de máquinas que imponen sus propias necesidades, y por parte de las nuevas formas de racionalidad que se están aplicando en todo el entramado económico en su conjunto.

La máquina-robot y el sistema automático como tal se convierten en entes activos que sobrerregulan las acciones de unos trabajadores cada vez más inertes, de los que se puede llegar incluso a prescindir, y que dejan de ser, por tanto, plenos sujetos sociales autónomos. Los trabajadores no sólo ven arrebatada su capacidad de autorregular su acción productiva y buena parte de la acción social conectada a su condición de asalariados (alienación), sino que pierden también su condición de imprescindibles (desapropiación social) y por lo tanto ven debilitados sus medios de vida, sus procedimientos de supervivencia (desalarización). Al final, si no cambian las coordenadas sociales y las estructuras culturales, los trabajadores se pueden ver convertidos en «no sujetos sociales», para los que el tiempo de ocio conquistado acaba resultando a la vez un logro y una condena, que hace de ellos seres alienados del trabajo y extrañados

---

[11] Karl Marx, *Líneas fundamentales de la crítica de la Economía Política (Grundrisse)*, OME, V.22, segunda mitad, Barcelona, Editorial Crítica, 1978, página 82; texto original de 1857-1858.

y excluidos de la «sociedad». Si esto ocurre así algunos terminarán por preguntarse: ¿ocio, para qué? De esta forma, si en el curso de la evolución de las formas de organización social el hombre llega a ser convertido en un ser prescindible, desde el punto de vista de la acción laboral y desde las perspectivas del sistema productivo como tal, entonces nos encontramos ante una dinámica que puede acabar prescindiendo de un «no sujeto». En la culminación del proceso, por lo tanto, lo que encontramos no es simplemente una expansión del tiempo de ocio en detrimento de los tiempos de trabajo, sino una escenificación social completamente diferente, en la que quedan alterados buena parte de los supuestos en los que se sustentaba el orden laboral-industrial.

En Max Weber encontramos también una actitud suspicaz ante las posibles consecuencias del proceso de mecanización industrialista. De acuerdo con los supuestos weberianos su crítica se funda en la reificación implícita en el proceso combinado de implantación social de la lógica del espíritu burocrático y de la mecanización. El sistema de máquinas es contemplado por Weber como *«espíritu coagulado»* que impone su racionalidad al espíritu vivo y fuerza a los seres vivos «a servirla». Es decir, en el proceso industrial el trabajador se ve sometido a una racionalidad que le es exterior, que emerge como un ente con vida propia al que se ve subordinado. La unión de la «máquina muerta» con la «máquina viva», que «representa la organización burocrática», «trabaja —resaltará Weber— en forjar un molde de aquella servidumbre de futuro a la que tal vez los hombres se vean algún día obligados a someterse, impotentes como los *fellahs* del antiguo Estado egipcio»[12]. La conjunción del sistema de máquinas y el modelo burocrático podrían acabar conformando, a juicio de Weber, un «molde» social «irrompible» que daría lugar a la aparición de «una articulación social "orgánica", esto es, egipcio-oriental, sólo que, en contraste con esta, tan estrictamente racional como lo es una máquina»[13].

Weber puso un acento especial en el proceso que lleva a una racionalidad determinada a cristalizar, a fosilizarse, de forma que el *«espíritu del capitalismo»* y todos los valores que lo sustentan deja de ser —según feliz expresión— como un «sutil manto que se puede dejar caer al suelo en cualquier momento», para convertirse en un férreo «estuche» que impone su «corporeidad» a sus propios creadores, es decir, a los seres humanos concretos. Así, un espíritu coagu-

---

[12] Max Weber, *Economía y Sociedad,* Méjico, F.C.E., 1984, pág. 1074; primera edición en alemán de 1922.
[13] Ibíd., pág. 1074.

lado y cosificado conduce a una inversión del proceso originario de causa-efecto en el curso social de una dinámica igualmente deshumanizadora. Al final, el «estuche» queda «vacío de espíritu». «Nadie sabe —se lamentará Weber— quién ocupará en el futuro el estuche vacío y si al término de esta extraordinaria evolución surgirán profetas nuevos y se asistirá a un pujante renacimiento de antiguas ideas e ideales; o si por el contrario, lo envolverá todo una ola de petrificación mecanizada y una convulsa lucha de todos contra todos. En este caso, los «últimos hombres» de esta fase de la civilización —concluirá— podrán aplicarse esta frase: «especialistas sin espíritu, gozadores sin corazón: estas nulidades se imaginan haber ascendido a una nueva fase de la humanidad jamás alcanzada anteriormente»[14].

Bien se fije la atención en la materialidad mecánica de los procesos productivos, como hace Marx, o bien en el espíritu coagulado, como hace Weber, en ambos casos se tiende a poner de relieve una tendencia de cosificación y de apropiación del papel del ser humano en el escenario social, una alienación creciente del sujeto que tiene lugar en el ámbito microscópico y en el macrosociológico a la vez.

Estos cursos sociales, en lo que tienen de común y en lo que presentan de singulares, pueden acabar traduciéndose, como es notorio, en una crisis de modelo de civilización que modifique limitativamente las posibilidades y las plasmaciones del ser humano como sujeto libre de acción social.

Las alteraciones en las formas y en las condiciones de trabajo —y hasta en sus oportunidades— no son coyunturales y esporádicas, no son como ese tipo de ondas que aparecen en la superficie del agua cuando cae una piedra, para luego desaparecer y dar lugar al restablecimiento del equilibrio anterior, a la quietud de una superficie lisa. En esta ocasión parece, más bien, que nos encontramos ante reestructuraciones y reajustes profundos, posiblemente ante una verdadera recolocación de muchas de las moléculas en las que se sustenta la articulación de lo social. De ahí que no sea exagerado hablar de una transformación del modelo de civilización.

Estamos, como podemos comprobar, ante cuestiones de una gran importancia para el futuro de nuestras sociedades y, verosímilmente, para el propio futuro de la civilización. La hipótesis de una humanidad liberada del trabajo y escindida y confusa en cuanto a sus proyectos vitales activos, implica la puesta en cuestión de un modelo. Puesta en cuestión a la que el propio Toynbee se refirió como la crisis del *homo faber mechanicus*. Ante estas coordenadas es verosímil pensar que durante algún tiempo se pugnará por «estirar un tra-

---

[14] Max Weber, *La ética protestante y el espíritu del capitalismo,* Barcelona, Península, 1969, págs. 259-260; primera edición en alemán de 1904.

bajo menguante», pero al final se irán imponiendo irreversiblemente los nuevos enfoques robotizadores, que historiadores como Toynbee y analistas sociales como Carlos Marx y Max Weber no llegaron a conocer en todas sus potencialidades prácticas, pero supieron vislumbrar lo que implicaban para los desarrollos futuros de la civilización. De ahí el contraste que produce contemplar la escasa atención crítica con la que han sido consideradas ulteriormente estas cuestiones en determinados círculos intelectuales, y las «resistencias» para abordar a fondo realidades y problemas que resultan mucho más palpables en los inicios del siglo XXI.

Los excesos de fetichización tecnológica han provocado también respuestas intelectuales excesivas y en ocasiones simplificadoras[15]. Pero, junto a este tipo de reacciones y críticas, es posible encontrar algunos análisis sociales «anticipadores» de una notable perspicacia. De todos ellos me gustaría hacer mención aquí a tres, siquiera sea a título ilustrativo.

El primero es un pequeño opúsculo de Keynes, cuya versión original data de 1928 y que fue publicado por primera vez en 1930 con el título *Las posibilidades económicas de nuestros nietos*[16]. En este texto Keynes planteó el papel y los efectos de la tecnología en el progreso económico, recalcando que el estancamiento que tuvo lugar desde dos mil años antes de nuestra era hasta principios del siglo XVIII —período en el que no se produjo ningún cambio apreciable en el nivel de vida de los hombres corrientes— fue debido, precisamente, a la «notable ausencia de mejoras técnicas importantes», junto a la «imposibilidad de acumulación de capital».

Keynes subrayó que los procesos acelerados de innovación que se producían en la evolución económica daban lugar a que en ocasiones el incremento de la eficiencia técnica tuviera lugar «con mayor velocidad que la que desarrollamos para tratar nuestros problemas de absorción de trabajo... De momento —advertía— la misma rapidez de los cambios nos está perjudicando y está planteando problemas difíciles de resolver... Estamos siendo castigados con una nueva enfermedad, cuyo nombre quizás aún no han oído algunos de los que me lean —decía Keynes, en 1930—, pero de la que oirán mucho en años venideros, es decir, *el paro tecnológico*. Esto significa desempleo debido a nuestro descubrimiento de los medios para economi-

---

[15] Herbert Marcuse fue presentado durante cierto tiempo como uno de los ejemplos más paradigmáticos de una reacción antitecnológica excesiva, aunque lo cierto es que buena parte del furor anitmarcusiano se desvaneció tan pronto como empezó a diluirse la influencia de sus libros en los círculos universitarios.
[16] En John Maynard Keynes, *Ensayos de persuasión,* Barcelona, Crítica, 1988, págs. 323-333.

zar el uso del factor trabajo sobrepasando el ritmo con el que podemos encontrar nuevos empleos para el trabajo disponible»[17]. De ahí que Keynes creyera que era necesario un gran esfuerzo de mentalización, tanto para poder entender la nueva dinámica socio-económica que se acabaría imponiendo, como para imaginar los escenarios futuros de la vida social, estimando que era necesario plantearse incluso la hipótesis de jornadas laborales con turnos de sólo tres horas y semanas laborales de quince horas.

Un segundo texto resaltable es el memorándum de *La triple revolución* que fue remitido en 1964 al presidente Lyndon B. Johnson por un grupo de 26 intelectuales y científicos norteamericanos, entre ellos varios premios Nobel. El memorándum fue escrito —según explicaron los autores— desde la convicción de que «la humanidad se encontraba "en una coyuntura que exige un replanteamiento fundamental de los valores y las instituciones" a causa de la triple revolución "automatizadora", "en los armamentos" y "en los derechos humanos"» (eran los años de las luchas por los derechos civiles en Estados Unidos)[18]. En este texto se analizaban algunas de las consecuencias que se pensaba que tendría la implantación de sistemas automáticos dotados de una «capacidad productiva prácticamente ilimitada que requiere —se decía— cada vez menos trabajo humano» y que implica no sólo «el desarrollo de técnicas radicalmente distintas», sino también «nuevos principios para organizar la producción». Las formas de producción que impulsaba la «revolución automatizadora» conducirían —según se argüía— a «una nueva era en la historia de la humanidad», inaugurando una lógica económica diferente y dando lugar a un conjunto de problemas sociales y laborales para los que el modelo industrial no estaba preparado, ni tenía mecanismos adecuados de solución. «En el sistema automático de desarrollo —se afirmaba— será posible lograr un rendimiento potencialmente ilimitado recurriendo a sistemas de máquinas que no necesitarán mucha cooperación de los seres humanos»[19], lo que suscitará —según se sostenía— problemas de desempleo, de deterioro laboral y de disfuncionalidad y desajuste entre la mayor capacidad para producir riqueza y la carencia de mecanismos laborales y sociales adecuados para su distribución.

En el nuevo horizonte histórico que se aproximaba se pensaba que el sistema económico ya no estaría basado en la lógica de la escasez, como ocurría en los modelos industriales clásicos, en los que

---

[17] Ibíd., págs. 323 y 327.
[18] AAVV, «La Triple Revolución», véase en Erich Fromm y otros, *Humanismo Socialista*, Buenos Aires, Paidós, 1966, págs. 476-499.
[19] Ibíd., pág. 482.

«los recursos económicos se distribuían sobre la base de los aportes a la producción y los hombres y las máquinas competían en términos de relativa igualdad». La quiebra de la vigencia del principio «ingresos según empleo» y el riesgo de que surgieran serios impactos desempleadores se estimaba que plantearía el peligro de aparición de «una clase permanente empobrecida y desocupada... en el seno de la abundancia potencial» (que entonces se estimaba en un total de 38 millones de norteamericanos). Estas tendencias hacían pensar a los autores del documento que «el sistema de producción industrial podría llegar a no ser viable» y que en el futuro «sólo se logrará una distribución adecuada de la abundancia potencial de mercancías y servicios cuando se comprenda que el principal problema económico no consiste en buscar la forma de aumentar la producción, sino en hallar el método para distribuir la abundancia que es la gran posibilidad de la automatización»[20].

En el memorándum de la triple revolución se proponían varias medidas concretas para hacer frente a la nueva situación, entre ellas poner en marcha nuevos sistemas de protección social, afrontar una mayor planificación económica, establecer contribuciones familiares garantizadas («ingreso suficiente»), desarrollar iniciativas para potenciar el empleo (sobre todo en el sistema educativo, en el militar, el espacial y el cientificotecnológico), etc.

Ulteriormente la Administración norteamericana sometió los resultados de este informe al contraste de otros estudios que desdibujaron y minimizaron muchas de sus conclusiones. Pero, aun así, no hay que despreciar el influjo que tuvieron sus propuestas en algunas de las políticas de orientación keynesiana que posteriormente contribuyeron a paliar parcialmente los efectos de las tendencias desempleadoras asociadas a la revolución tecnológica, aunque no se lograsen neutralizar sus impactos socialmente precarizadores.

Finalmente, otra obra, más próxima en el tiempo, e igualmente anticipadora, a la que es preciso hacer mención es la de Adam Schaff, que desde su informe de 1982 del Club de Roma sobre *Tecnología y Sociedad* ha venido insistiendo en la necesidad de prestar una atención prioritaria al problema del trabajo y a los efectos sociales del «paro estructural que se encuentra conectado a la revolución tecnológica»[21].

---

[20] Ibíd., pág. 484.
[21] Véase entre otras, Adam Schaff, *¿Qué futuro nos aguarda? Las consecuencias sociales de la segunda revolución industrial,* Barcelona, Crítica, 1985; «El futuro del trabajo y del socialismo», en *El socialismo del futuro,* núm. 6, 1992, págs. 11 y 23; «¿Somos testigos de la desaparición del trabajo?», en *Sistema,* núms. 140-141, 1997, págs. 39-48.

En sus obras sobre esta problemática Schaff ha llamado la atención no sólo sobre la magnitud en sí del paro estructural conectado a la incorporación de las nuevas tecnologías a los sistemas productivos, sino también sobre la cuestión peliaguda de quién mantendrá —y cómo— al número creciente de población que podrá quedar desempleada en el curso de estos procesos. Es decir, lo que Schaff sostiene es que estamos ante un asunto que no es meramente económico y tecnológico, sino que tiene un alcance cultural y político mucho más amplio.

A corto plazo podrán tomarse medidas adaptativas que tenderán a paliar la intensidad del problema, tales como efectuar reajustes en los tiempos de trabajo y estimular algunos tipos de nuevos empleos, pero a más largo plazo Schaff entiende que el curso de la sustitución de los hombres por autómatas obligará a plantear incluso ¿qué reemplazará el sentido que actualmente proporciona el trabajo a los seres humanos? En esta perspectiva cobra sentido la necesidad —como sostiene— de analizar las posibilidades y los peligros que suscita lo que está ocurriendo en los campos del «desarrollo de la individualidad», del «sentido vital», de «los estilos de vida» y de los «nuevos sistemas de valores», con la perspectiva de emergencia de una nueva noción del *homo studiosus* como *homo universalis»* y «del *homo ludens* como superación del *homo laborans».*

El principal hilo conductor de las reflexiones de Adam Schaff en esta materia gira en torno al alcance de la evolución social que está teniendo lugar desde un marco relacional hombre-sociedad que ha basculado sobre el trabajo, con un *ethos* específico, hacia un contexto en el que se difuminan los soportes en los que se ha basado tal concepción; lo que exigirá un reajuste profundo de mentalidades y hasta de la plasmación social de la personalidad humana. Las posibilidades que se sugieren de un desarrollo extraordinario de la educación permanente y de una potenciación de las inclinaciones lúdicas y creativas abren, como puede entenderse, expectativas de difícil evaluación desde la óptica actual.

La oportunidad y la pertinencia de este tipo de análisis y reflexiones estriba en que intentan anticipar algunos escenarios sociales de futuro que permiten entender que la actual revolución tecnológica va a tener consecuencias de una extraordinaria hondura en toda la conformación de la sociedad. Consecuencias que afectan las mismas raíces del papel que el ser humano desempeña en el proceso productivo. Como señaló el premio Nobel de Economía Wassily Leontief hay que comprender que con la introducción de computadoras y robots en los sistemas productivos «el papel de los hombres como factor más importante de producción está destinado a disminuir de la misma manera que el papel de las caballerías en la producción agrícola, primero disminuyó, y luego fue eliminado con la introducción de tractores»[22].

3. EL TRABAJO EN LA ENCRUCIJADA

A comienzos del siglo XXI se han multiplicado los indicios que muestran que algo importante está ocurriendo con el trabajo. En la calle, en las conversaciones cotidianas, en los centros de formación, en los medios de comunicación de masas se palpa que el trabajo está transformándose y que asistimos a una alteración de muchos de los supuestos relacionados con la actividad laboral en los que hasta hace poco nos encontrábamos instalados culturalmente los ciudadanos de las sociedades desarrolladas.

Lógicamente, los atisbos más ilustrativos sobre los cambios se encuentran en los textos de los especialistas que están estudiando estas cuestiones. Cualquiera que lea los informes que se publican podrá detectar una mezcla de perplejidad y de confusión, combinadas con ciertas resistencias a salirse de los moldes y de los supuestos —incluso semánticos— en los que el trabajo ha sido situado durante todo el ciclo histórico de evolución de las sociedades industriales. Pero las complejidades y la persistencia de inercias analíticas no pueden ocultar que el trabajo como tal ha dejado de ser una referencia segura y clara para un gran número de personas y que estamos ante un deterioro de los patrones de relaciones, de actividades y de intercambios en los que estaban asentados los modelos de sociedad en los que se ha vivido en los países más desarrollados durante siglo y medio. Es decir, todo apunta hacia una crisis de paradigma que no parece meramente coyuntural.

La crisis en la que nos encontramos y la confusión que algunos cambios están produciendo se refleja en el propio lenguaje, en la tendencia a utilizar un gran número de eufemismos y expresiones alambicadas, a veces un poco forzadas, para referirnos a los problemas laborales que se pueden identificar en las sociedades actuales. Cualquier lector atento que repase la literatura sobre el tema que se ha publicado durante la última década del siglo XX se encontrará con una gran cantidad de conceptos y adjetivaciones diferentes que se emplean para indicar las singularidades existentes en la actividad laboral. Así, sobre las modalidades y tipos de trabajo encontramos expresiones tales como: «fuerza de trabajo contingente», «formas no

---

[22] Wassily Leontief, *National Perspective: The Definition of Problems and Opportunities,* National Academy of Engineering Symposium, 1983, pág. 3.

estandarizadas de trabajo», «zonas de trabajo multitemporales», «trabajos descristalizados», *«apartheids* laborales», «trabajos monógamos», «trabajos reticulados», «trabajos virtuales», «trabajos estacionales», «trabajos discontinuos», «trabajos paralelos», «trabajillos», «trabajos poco valorados», «trabajos insignificantes», etc. Sobre los empleos que tienen algunas personas se hace referencia a los «autónomos aparentes», los «trabajadores pobres», los «profesionales colaterales», los «trabajadores voluntarios», los «empleados permanentemente temporales», los «empleados en la economía sumergida», los «trabajadores informales multiactivos», los «trabajadores polivalentes multiespecializados», etc. A su vez, cuando se analizan las modalidades laborales y contractuales son habituales referencias como «subocupación», «contrato laboral múltiple», «trabajos sindicalmente no respaldados», «subempleo desestandarizado» «contratos-basura», «miniempleos sin cobertura social», «actividad laboral discontinua», «actividades con sueldos fantasma», «mercados laborales discontinuos», etc.

Esta densidad de calificaciones extraída de la literatura concreta sobre el tema aún se «complejiza» más cuando se atiende a las expresiones que es posible encontrar en los análisis sobre los procesos de cambio que afectan directamente al trabajo. En este sentido, se hace referencia, por ejemplo, al «empequeñecimiento de la estructura laboral de las empresas», al «nomadismo laboral», a la «multiactividad laboral», a la «flexibilización del trabajo», a la «precarización y desregularización de las actividades laborales», a la «crisis de la noción de pleno empleo», a la «desespaciación del trabajo», a la «individualización laboral», a la «feminización precaria del trabajo», a la «sub-politización del trabajo», a la «internetización del trabajo», al «paro adscrítico», a la «brasileñización del trabajo», a la «etnicización del subempleo», a la «desocialización laboral», etc.

La utilización de tantas expresiones diferentes para referirse a lo que está ocurriendo revela que lo que acontece es algo importante. En los inicios del siglo XXI el trabajo aparece en los textos de los estudiosos como una realidad necesariamente «adjetivada». En los análisis de procesos concretos la práctica habitual es dar vueltas y más vueltas al lenguaje y forzar el significado de las palabras, con matices y sutilezas a veces bastante peculiares, con la finalidad aparente de evitar, mediante eufemismos, decir abiertamente que estamos ante una crisis profunda del trabajo.

Si nos atenemos a las formas de organizar el trabajo por las empresas, los cambios posibilitados por la revolución tecnológica y las nuevas condiciones de los mercados mundiales, están dando lugar también a prácticas adjetivadas de manera diferente (en inglés, por supuesto) que hacen las delicias de los ejecutivos agresivos que presumen de estar a la última moda. Como ha subrayado Ulrich Beck, muchos de los cambios conectados a las nuevas formas de organización empresarial conducen «a una sorda implosión de diferencias básicas y de obviedades fundamentales. Para eso están —recalcará Beck— nuevos términos revolucionarios (y sibilinos) sacados del mundo de la administración, «barbarismos» que en casi todas las lenguas del mundo indican el camino que va a seguir la organización del trabajo; a saber, *lean production, subcontracting, outsourcing, offshoring, consulting, downsizing* y *customizing*»[23].

Más allá de la maraña terminológica, los datos concretos sobre la evolución del trabajo proporcionan algunas evidencias significativas, como veremos con algún detalle a lo largo de las páginas de este libro: el modelo de división tradicional del trabajo propio de las sociedades industriales se está transformando sustancialmente; están surgiendo nuevas modalidades y experiencias de trabajo en cuanto a su localización, duración, funciones y grado de implicación personal; está declinando el número de trabajadores —sobre todo manuales— empleados en las empresas manufactureras; está aumentando la población activa femenina y la proporción de profesionales y técnicos, mientras que disminuyen los activos agrarios y los trabajadores poco especializados; los jóvenes están encontrando cada vez más dificultades para incorporarse al trabajo, lo que está dando lugar a un envejecimiento de las poblaciones activas; están acentuándose los flujos de trabajadores emigrantes hacia los países más desarrollados; está reduciéndose la duración de la jornada laboral y aumentando la proporción de empleos temporales y a media jornada; están surgiendo nuevos fenómenos de precarización laboral y de paro estructural de larga duración, etc.

El crecimiento de la proporción de los «empleados contingentes» (a tiempo parcial, en actividades múltiples, temporales, en régimen de autoempleo, subcontratados, etc.) y los cambios en los tiempos y en las modalidades de trabajo están dando lugar a nuevos patrones de distribución de las actividades sociales, con una merma progresiva de los tiempos laborales y una nueva estructuración de los calendarios vitales: a lo largo del día, de la semana y de la propia existencia. De hecho, en países como España, mucha gente aún puede recordar que lo habitual hasta hace no tanto tiempo era «librar» solamente los domingos, después se incorporó el sábado al período no laboral —«semana inglesa», se decía— y ya empieza a ser común que tampoco se trabaje los viernes por la tarde. La jornada la-

---

[23] Ulrich Beck, *Un nuevo mundo feliz. La precariedad del trabajo en la era de la globalización,* Barcelona, Paidós, 2000, pág. 66.

boral en poco tiempo ha pasado de 48 horas semanales a menos de 35 en la práctica, con experiencias significativas de empresas importantes como Volkswagen en las que se ha implantado con éxito la semana laboral de cuatro días.

Todos estos cambios revelan que estamos asistiendo a una mutación de amplio alcance en la lógica de funcionamiento de los sistemas económicos, con una implantación de enfoques y formas de actuar basados en nuevos procedimientos de relación y de comunicación de las empresas con sus empleados y con sus clientes. Las posibilidades que ofrece Internet en este sentido y las modalidades de organización descentralizada del trabajo están transformando los criterios tradicionales de utilización del espacio en que se basaba el sistema industrial clásico. La venta en redes permite un contacto más directo de los productores con los consumidores, superando muchas de las barreras y los límites espaciales anteriores y permitiendo abaratar considerablemente los costes de comercialización (ahora los «cuellos de botella» pueden estar más bien en la eficacia de la «logística» de distribución). A su vez, las nuevas posibilidades de organización del trabajo en redes, la flexibilización de las regulaciones contractuales y la extensión de nuevas pautas laborales (teletrabajo, autónomos subcontratados, etc.) están conduciendo a una superación de algunos conceptos propios del trabajo socializado de la era industrial, que requería la concentración de un gran número de trabajadores y/o empleados en el espacio físico de una misma factoría o un edificio de oficinas. Por eso, algunos analistas hablan de tendencias hacia una «desespaciación» de la producción y una «desocialización» del trabajo.

La nueva configuración del trabajo a la que se está llegando (en localización y funciones, sobre todo), es el resultado de un cambio desde modelos de la actividad económica en los que existían unas estructuras organizativas concretas en las que las tareas se encontraban «físicamente» situadas (fábrica u oficina) y programadas de manera bastante fija e inequívoca, hacia una definición de necesidades de tareas que tienen que ser hechas, pero que pueden serlo de manera más flexible, abierta y deslocalizada; es decir, pueden autoprogramarse en mayor grado, pero sólo en cuanto a su modalidad, aplicación de tiempos y localización física. En cierta medida lo más sustantivo en las nuevas formas de organización de la producción estriba en la manera diferente en la que se manejan los tiempos y los espacios y en el mayor componente de heterodirección a distancia (y autocontrolada) de las conductas laborales de los individuos.

Los nuevos enfoques organizativos tienen muchas implicaciones para las trayectorias y las condiciones de los trabajadores como tales. A los operarios se les pide que se vean en sí mismos como personas «emprendedoras» que tienen que ser capaces de fraguarse su propio futuro económico, sin contar con la seguridad pasiva que proporcionaba la vieja condición de asalariado en el sentido clásico. Por lo tanto, la dualidad valorativa que generalmente tiende a establecerse entre «asalariado pasivo» y desfasado, por un lado, y «emprendedor» moderno y dinámico, por otro, encierra más subterfugios de los que a primera vista pudiera parecer. En el fondo, la exaltación simplista de la figura —y el *rol*— del «emprendedor» esconde muchas veces una filosofía tramposa desde la que se sostiene que la idea de una sociedad segura está periclitada y que todas las conquistas sociales y laborales propias del modelo de Estado de Bienestar se encuentran superadas históricamente. El trabajador, por lo tanto —de acuerdo con estos criterios—, tiene que hacerse a la idea de que no va a contar con ningún apoyo ni protección institucional y que tendrá que «buscarse la vida» y solucionar por sí solo sus problemas y necesidades, como si fuera un empresario, pero sin capital y sin expectativas de enriquecerse «manejando» trabajo ajeno. Al igual que los jornaleros de las sociedades agrarias, los viejos trabajadores convertidos por arte de la nueva modernidad en «emprendedores» tienen que estar dispuestos a ganarse el sustento y sus medios de vida, día a día, labrándose su propia carrera profesional.

Más allá de la retórica de algunas palabras, lo cierto es que un número considerable de estrategas empresariales piden a los trabajadores que estén dispuestos a realizar una actividad productiva en un régimen más inseguro y precario, como subcontratados por cuenta propia, o como destajistas autónomos por pieza o tarea. De ahí el aumento, como luego veremos, de los trabajadores a domicilio, de los teletrabajadores y de los llamados «autónomos aparentes».

Una de las exigencias del modelo de relaciones laborales que intenta imponerse es la «disponibilidad», según la cual —en el nuevo universo de la «flexibilidad»— los trabajadores tienen que estar listos para ocuparse en diferentes proyectos y tareas, a veces al mismo tiempo, y a trasladarse de un lugar a otro y de una organización a otra, según los requerimientos productivos y las oportunidades de actividad que cada cual sea capaz de «coger al vuelo» en mercados crecientemente globalizados y desregulados.

No hay que ser muy perspicaces para comprender que la extensión de estas prácticas económico-laborales puede llevar a una erosión notable de las conquistas contractuales y sociales que se habían logrado a lo largo de la compleja evolución de las sociedades industriales capitalistas.

Tal como se analiza en el primer libro de esta trilogía, la transformación actual de los modelos de producción entraña muchos riesgos de evolucionar hacia una creciente dualización social, que en los aspectos laborales que aquí estamos analizando se plasma en dos tendencias primordiales: por un lado, la agudización de los componentes duales en la estructura ocupacional y, por otro lado, la definición de un marco más asimétrico de «oportunidades competitivas» de los trabajadores potenciales y/o efectivos en los nuevos mercados laborales; lo cual, como analicé en el primer libro, dará lugar a que muchas personas se deslicen hacia los espacios de la precarización y de la exclusión social.

La implantación práctica de modelos de organización del trabajo más descentralizados y desespacializados implica que buena parte de las estructuras de mando intermedio en las empresas ya no son tan necesarias para articular y supervisar la organización de la producción como lo eran en etapas anteriores de evolución de los sistemas económicos. Las nuevas tecnologías y los nuevos enfoques de estructuración y coordinación de las tareas laborales permiten una reducción del volumen de cuadros medios en el conjunto de la población activa, con sus correspondientes efectos en las estructuras ocupacionales y en el debilitamiento de los componentes potenciales de las clases medias[24].

Las condiciones económico-laborales propias del modelo emergente de sociedad tecnológica también implican una redefinición más asimétrica de las leyes de la competencia. Mientras el poder y la discrecionalidad de las empresas —sobre todo de las grandes corporaciones— son cada vez mayores, los trabajadores y sus organizaciones sindicales se encuentran cada día más debilitados y con menor poder de presión o negociación. La pérdida del «monopolio» de la oferta de la fuerza de trabajo que respaldaba en el pasado la fuerza de los sindicatos, como consecuencia de la implantación de robots y sistemas automáticos, y la amenaza latente de la deslocalización que pueden esgrimir las empresas en una economía global que permite trasladar la producción de unos países a otros, está creando un marco de relaciones laborales y de competencia bastante desequilibrado.

Desde un punto de vista personal, los trabajadores se encuentran con varias desventajas adicionales en relación con las empresas. Mientras que el capital puede moverse con gran rapidez de un lugar a otro, a través de Internet y de los circuitos financieros modernos, los trabajadores se encuentran con cortapisas personales e incluso legales, en una economía en la que se tiende a establecer una mayor libertad de circulación de las mercancías, pero no de las personas, si no es a causa de las necesidades específicas de las empresas.

El infraposicionamiento y las limitaciones de los trabajadores no son sólo de índole legal, sino que también obedecen a razones de ca-

---

[24] Sobre las tendencias hacia un posible debilitamiento y difuminación de las clases medias, véase José Félix Tezanos, *La sociedad dividida,* ob. cit., capítulo 8.

rácter social, ya que las personas tienen raíces sociales, mientras que las empresas no se encuentran constreñidas por lazos de esta índole. Como ha recordado Beck «mientras que las corrientes de capital se pueden mover por todo el globo... a la velocidad de la luz..., la movilidad de los trabajadores está fuertemente limitada por su vinculación a la familia, el lugar, las instituciones, el derecho, la cultura, la política, la policía, los movimientos proteccionistas y también (y precisamente) por el odio al extranjero»[25].

Para un demandante de empleo el hecho de estar dispuesto para trasladarse de un lugar a otro, como se le requiere, implica generalmente una ruptura de lazos sociales que tiene indudables costes personales. De ahí la unilateralidad de los argumentos con los que se exaltan los criterios de la flexibilidad y de la movilidad, que pueden tener ventajas funcionales y adaptativas para las empresas, pero que deben ser objeto de valoraciones generales más cuidadosas y particularizadas. Cuando una persona se encuentra acuciada por la necesidad de trabajar y se traslada desde su lugar de origen o residencia, generalmente tiene que alejarse de su familia, de sus conocidos y amigos, tiene que salir del espacio cultural en el que se encuentra seguro y cuyas costumbres, normas, leyes y procedimientos de comportarse conoce; y, si es inmigrante, enfrentarse también al rechazo y posiblemente a la xenofobia y al racismo.

En consecuencia, para adaptarse a los requisitos de las nuevas modalidades de la competencia y a las exigencias de «flexibilidad» que se demandan desde mercados crecientemente globalizados, los trabajadores se ven obligados a pagar unos costes humanos y sociales que no guardan proporción con el esfuerzo adaptativo de las empresas. Para restablecer unas condiciones de partida equivalentes, en las coordenadas de la nueva lógica de la competencia, los principales costes están siendo cargados sobre las espaldas de las personas, especialmente en términos de ruptura con los vínculos de origen y de debilitamiento de los lazos relacionales y familiares, en unos momentos en los que se apuntan signos de crisis de la institución familiar que están en contradicción con las demandas crecientes de seguridad y protección compensatoria. De ahí el énfasis que algunos analistas están poniendo en denunciar el contraste existente entre la «buena marcha» aparente de la economía y el funcionamiento exultante de algunos mercados de productos y servicios, por una parte, y por otro lado las tendencias hacia la degradación del «mercado de las personas».

El deterioro de las condiciones laborales al que conduce la retórica de la flexibilidad, la adaptabilidad, la movilidad, etc., en algunas

---

[25] Ulrich Beck, *Un nuevo mundo feliz*, ob. cit., pág. 55.

ocasiones se ve reforzado por prácticas económicas espurias que son relativamente «toleradas» por las autoridades. La economía sumergida y la existencia de mercados negros paralelos son «justificados» por algunos como una necesidad funcional de los sistemas económicos para «optimizar los recursos» —según se dice—, al tiempo que se «utiliza» a emigrantes irregulares en actividades agrícolas, de construcción y de servicios subcualificados, como elemento de presión latente o expreso, para forzar un abaratamiento de los costes salariales. Las condiciones de «cuasi-esclavitud» en las que se emplea a algunos emigrantes «sin papeles», con salarios muy inferiores a los establecidos, con jornadas de sol a sol y, a veces, «hacinados» en lugares apartados, configura una «zona laboral negra» que está ejerciendo una influencia negativa en la extensión de prácticas laborales y económicas irregulares y precarias. La presencia de estas prácticas cada vez se hace más palpable en las grandes urbes de los países desarrollados, donde están proliferando las «mercancías piratas» de todo tipo, que los vendedores suelen ofrecer sobre pequeños tapetes extendidos sobre el pavimento, y que pueden recoger con velocidad inusitada, para salir corriendo con su atillo a la espalda en cuanto reciben el aviso de la proximidad de un vigilante municipal.

Como enseñaba el viejo adagio popular por lo común «la hierba mala acaba tapando la buena»; así está ocurriendo con algunas prácticas económicas y laborales que empiezan moviéndose en las fronteras de lo irregular y lo ilegal y acaban presionando en la dirección de una modificación de los equilibrios sociales, económicos y contractuales que se alcanzaron durante la etapa de predominio del modelo de Estado de Bienestar.

Lo importante es que todos estos cambios están afectando a muchas personas, a sus oportunidades de trabajar, a las formas en que lo hacen, a sus niveles de vida y a la manera de experimentar su condición ciudadana. Como veremos más adelante, una parte importante de la población activa de los países desarrollados se encuentra en paro, una proporción que se acerca a la mayoría trabaja en condiciones que hasta hace poco se consideraban irregulares y atípicas, los procesos de precarización se extienden y se consignan evidencias empíricas de todo tipo que revelan una quiebra de la mayor parte de las pautas laborales establecidas hasta hace pocos años. Como se resaltaba en un informe de la OCDE «existen indicadores de que en el mercado de trabajo hay actualmente más trabajos eventuales que nunca se habían dado anteriormente»[26].

---

[26] OCDE, *The future of Work: Toward Jobless Employment?*, OCDE International Futures Programme, núm. 12, noviembre de 1995, pág. 3.

Las previsiones de los expertos muestran que los impactos de los cambios en el trabajo van a afectar a sectores muy amplios de la población. En algunos países altamente desarrollados como Estados Unidos se ha estimado que los cambios en la organización y distribución del trabajo pueden concernir al 20 % de la fuerza del trabajo en el año 2005, llegando al 40 % en el 2020, con fuertes tensiones precarizadoras y desempleadoras[27].

Por todo ello no es extraño que se haya hablado incluso de una tendencia a la «brasileñización» del trabajo en los países occidentales, a causa de la acentuación de las condiciones de inseguridad y deterioro. Beck sostiene, en este sentido, que la difusión de la «economía política de la inseguridad» está dando lugar a una evolución de gran parecido «entre los denominados primer y tercer mundo», «con una irrupción de lo precario, discontinuo, impreciso e informal», de forma que la práctica de «la multiplicidad, complejidad e inseguridad en el trabajo, así como el modo de vida del Sur en general se están extendiendo a los centros neurálgicos del mundo occidental»[28]. Beck considera que cuantas más relaciones laborales se «desregularicen» y «flexibilicen», más rápidamente «se transformará la sociedad laboral en una sociedad de riesgo» y más claro resultará que «la inseguridad endémica será el rasgo distintivo que caracterice en el futuro el modo de vida de la mayoría de los humanos, ¡incluso de las capas medias!, aparentemente bien situadas»[29].

Aunque en el análisis de Beck existen contrapuntos y matices que sugieren posibilidades de positivizar las aplicaciones de algunos de los cambios en curso, el tono pesimista de la mayor parte de sus observaciones resulta bastante ilustrativo sobre la manera en la que en estos momentos está siendo valorada la crisis del trabajo por parte de los analistas sociales. Por lo tanto, más que detenernos en dilucidar si es completamente cierto, como sostiene Gerd Mutz, por ejemplo, que en estos momentos «en los trabajos basura... se trabaja más tiempo, pero se paga menos que antes», o si es correcto afirmar que «el sistema ocupacional de los años 90 ha producido más inseguridad que en todos los años precedentes»[30], lo importante es entender que en la conciencia social se está asentando la impresión de que estamos ante retrocesos sociales y laborales, en un contexto general de cambios que van a afectar a muchas estructuras básicas de la sociedad.

---
[27] Joseph F. Coates, *Work and Pay in the Twenty-first Century: an impeding crisis (United States)*, Employment Relations Today, primavera de 1995, págs. 17-22.
[28] Ulrich Beck, *Un nuevo mundo feliz*, ob. cit., pág. 9.
[29] Ibíd., pág. 11.
[30] Gerd Mutz, *El fin de la cultura de la caravana*, en U. Beck, *Un nuevo mundo feliz*, ob. cit., págs. 217 y 220.

Los cambios a los que nos referimos, además, están teniendo lugar en unos momentos en los que la crisis del trabajo y el deterioro de los empleos coinciden con otras tendencias de puesta en cuestión de dos «asideros» sociales fundamentales: especialmente con la crisis de los lazos familiares y con la impugnación del papel asistencial del Estado. Por ello, no resulta extraño que se ponga el acento sobre los peligros que entrañan las tendencias hacia una creciente «disgregación del horario laboral, del lugar del trabajo y del contrato laboral» y hacia una radicalización de la «flexibilidad laboral», que acentúan los componentes de riesgo de una sociedad cada vez más dividida «entre ganadores y perdedores». Una sociedad en la que, como sostendrá Beck, incluso las «propias reglas sobre cómo se gana y se pierde se tornan borrosas e inaprensibles para cada trabajador». Por ello, no faltan los que piensan que «nunca los trabajadores... fueron más vulnerables que en nuestros días: trabajan de manera individualizada, sin ningún contrapeso colectivo y más dependientemente que nunca, pues trabajan en unas redes flexibles cuyo sentido y pautas les resultan indescifrables a la mayoría de ellos»[31].

A lo largo de las páginas de este libro vamos a analizar las evidencias empíricas que sustentan estas percepciones y las perspectivas de evolución futura de algunas de las tendencias laborales que es posible identificar en las sociedades de principios del siglo XXI. Pero, a la luz de todo lo que en este capítulo hemos indicado, puede decirse, como punto de arranque, que el modelo de trabajo que ha existido a lo largo del ciclo histórico de evolución de las sociedades industriales está experimentando una alteración sustancial y cada vez son más los analistas reputados que manifiestan abiertamente su preocupación por el curso social en el que nos encontramos inmersos, al tiempo que se anticipan —o imaginan— escenarios de evolución social muy diferentes a los que hasta ahora hemos conocido.

---

[31] U. Beck, *Un nuevo mundo feliz,* ob. cit., págs. 95-96.

Capítulo 3

Empleo, trabajo y nuevas tecnologías

Los tejedores ingleses que a principios del siglo XIX mostraron su indignación y su temor a perder el empleo destruyendo los primitivos telares de vapor, a los que veían como máquinas automáticas peligrosas, quedarían petrificados por la sorpresa si pudieran visitar las factorías robotizadas que se han instalado en muchos lugares en los últimos años del siglo XX. Algunas de las plantas más vanguardistas han llegado a convertirse en atracciones turísticas. Éste fue el caso de la fábrica que FANUC instaló en las faldas del monte Fuji en Japón, en la que sólo setenta operarios «mantenían en funcionamiento» una cadena de producción que antes requería del concurso de miles de trabajadores, y donde se fabrican productos complejos, como motores y robots, en cifras superiores a las 10.000 unidades al mes. Esta planta llegó a ser visitada diariamente por cientos de personas, que contemplaban asombradas el espectáculo de las sofisticadas maquinarias que iban ensamblando, sin intervención humana, los motores y los robots. Pero posiblemente el espectáculo más impresionante comenzaba cuando los turistas abandonaban el lugar y las luces y los sistemas de acondicionamiento de aire y temperatura se reducían al mínimo, porque los robots no los «necesitan» para hacer sus tareas, y los escasos operarios que quedaban de «turno» se movían por las instalaciones como espectros, iluminándose con las luces de linternas.

Este tipo de factorías en poco tiempo se han extendido por todo el mundo, dejando de ser una atracción turística singular, para convertirse en uno de los rasgos conformantes de las nuevas realidades económicas de principios del siglo XXI. Su desarrollo exige plantear la compleja relación que se está dando en los modelos sociales emergentes entre las nuevas tecnologías y el empleo.

No es extraño que la instalación de sistemas automáticos cada vez más perfeccionados para la realización de tareas productivas, y los cambios organizativos de la actividad económica a ello asociados, haya ido acompañada por un debate intenso sobre los impactos que dichos procesos están teniendo sobre la oferta global de empleos disponibles. Aunque las consecuencias laborales de las innovaciones tecnológicas no deben analizarse aisladamente de los factores políticos y sociales que han concurrido en la coyuntura específica en la que tienen lugar, no puede negarse, sin embargo, que la revolución tecnológica entraña en sí misma un gran alcance social. Sus efectos se están haciendo notar tanto en la reestructuración de las propias actividades laborales, como en un conjunto muy amplio de fenómenos concurrentes, entre los que se encuentran los procesos de fusión y de concentración económica que vienen propiciados por las nuevas condiciones en que desarrollan su actividad las empresas.

1. EL DESEMPLEO TECNOLÓGICO

La atención a la problemática del desempleo y a las nuevas orientaciones económicas y tecnológicas no se limita a los círculos de especialistas, sino que también la opinión pública manifiesta un interés creciente por lo que está ocurriendo. La sensibilización ciudadana se ha acentuado en los últimos lustros del siglo XX, en los que una gran cantidad de informaciones han venido dando cuenta de la «desaparición» de un número creciente de puestos de trabajo, sobre todo en las grandes factorías de los países más desarrollados. Prácticamente no hay día en el que los medios de comunicación no publiquen datos y comentarios sobre proyectos o iniciativas ya consumadas de despedir a miles de empleados de grandes compañías. Solamente durante el primer semestre de 1999, por ejemplo, las fusiones entre grandes empresas norteamericanas fueron responsables de un 12% del total del empleo suprimido en dicho país.

En las actuales condiciones económicas puede preverse que la dinámica de reajustes y de fusiones va a continuar intensificándose, con su consiguiente repercusión negativa en el volumen y en la calidad del empleo[1], y con una acentuación de la concentración de poder y de recursos. En el *Informe sobre Desarrollo Humano* de la ONU de 1999 se resaltaba que en Estados Unidos las grandes empresas multinacionales representaban a mediados de la década de los años 90 más de una cuarta parte del PIB, y que el capital tiende a concentrar-

---

[1] En un estudio realizado por Daimler Benz, por ejemplo, se resaltaba que esta tendencia no sólo implica la destrucción de muchos puestos de trabajo en grandes compañías, sino, de manera más específica, significa la destrucción de buenos empleos, con buenos salarios, de forma que en el conjunto laboral cada vez hay menos empleos de calidad y más puestos de trabajo inestables, peor pagados y menos gratificantes. Véase Eric Larsen, *The Growing Social Divide in the United States. Economic Inequality Today and Tomorrow and Its Implications for Bussiness*, Berlín y Palo Alto, Society and Technology Research Group, 1996, págs. 21 y sigs.

se todavía más a escala mundial. En concreto, de 1990 a 1997 «se duplicó con creces el número anual de fusiones», ascendiendo las fusiones y adquisiciones transfronterizas a un volumen de 236.000 millones de dólares (véase Gráfico 1)[2].

Gráfico 1
FUSIONES Y ADQUISICIONES TRANSFRONTERIZAS
(EN MILES DE MILLONES DE DÓLARES EEUU)

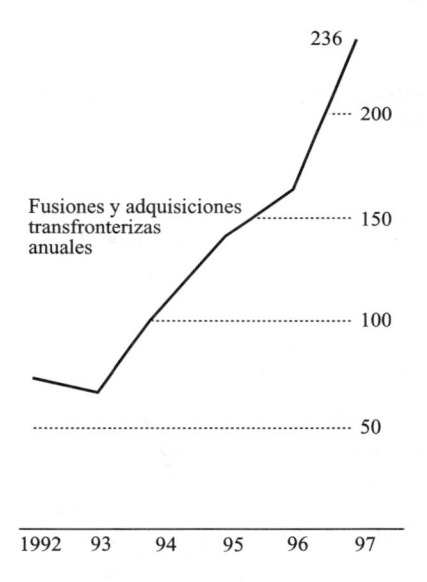

Fuente: PNUD, *Informe sobre Desarrollo Humano 1999,* Madrid, Ediciones Mundi-Prensa, 1999, pág. 26

Las innovaciones tecnológicas están reforzando esta tendencia, especialmente en el campo de las computadoras, la biotecnología y las telecomunicaciones (véase Gráfico 2). «Como consecuencia —según se advierte en el Informe de la ONU— se ha consolidado el poder económico entre muy pocos actores. En 1995 las veinte principales empresas de información y comunicaciones del mundo tenían un ingreso combinado superior a 1 billón de dólares, equivalente al PIB del Reino Unido... De hecho, en todas las industrias con densidad de conocimientos, un grupo selecto de empresas controla una parte cada vez mayor del mercado mundial». En 1998 las diez

---

[2] PNUD, *Informe sobre Desarrollo Humano 1999,* Madrid, Ediciones Mundi-Prensa, 1999, pág. 32.

principales empresas de cada sector controlaban el 32% de la industria de semillas comerciales, el 35% de los productos farmacéuticos, el 60% de la medicina veterinaria, el 70% en computadoras, el 85% en plaguicidas, el 86% en telecomunicaciones. A finales de la última década del siglo XX «las empresas transnacionales y sus filiales produjeron el 25% de la producción mundial... y las 100 más importantes (según su patrimonio en el extranjero) tuvieron ventas por valor de 4 billones de dólares»[3].

Gráfico 2
FUSIONES Y ADQUISICIONES A ESCALA MUNDIAL
(NEGOCIOS CERRADOS ANUALMENTE —MILES)

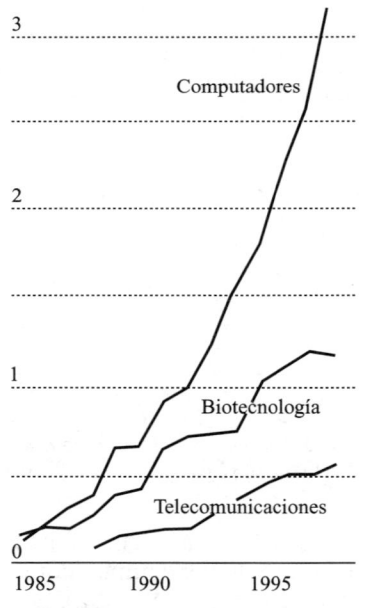

Fuente: PNUD, *Informe sobre Desarrollo Humano 1999,* ob. cit., pág. 67.

Uno de los efectos principales de la tendencia hacia la fusión de empresas es la creciente concentración del poder económico. En particular, las 200 grandes corporaciones del planeta están controladas por 150 personas y se localizan en su mayor parte en cinco paí-

---

[3] Ibíd., pág. 67 y PNUD, *Informe sobre Desarrollo humano 2000,* Madrid, Mundi-Prensa, 2000, pág. 79.

ses: EEUU, Japón, Alemania, Francia y Reino Unido (véase Tabla 1). El volumen de negocio de estas 200 mega-empresas ha pasado de 3 billones de dólares en 1982 a 7 billones a finales de los años 90 alcanzando una cifra superior al PIB combinado de los 150 países del mundo que no son miembros de la OCDE[4].

Tabla 1
LAS 200 PRIMERAS MULTINACIONALES (1998)

País	Número	Cifra de negocios En millardos de	Cifra de negocios En % del total	Beneficios En millardos de dólares	Beneficios En % del total
Estados Unidos	74	2.7763	6,5	183	52,7
Japón	41	1.8302	4,1	39	11,2
Alemania	23	9581	2,6	29	8,4
Francia	19	610	8,0	20	5,8
Reino Unido	13	399	5,3	28	8,2
Suiza	6	217	2,8	13.	3,9
Italia	5	179	2,4	8,9	2,6
Holanda	4	158	2,1	12	3,5
Reino Unido-Holanda	2	138	1,8	3	1,0
Corea del Sur	3	82	1,1	0,068	0,0
China	3	76	1,0	1,7	0,4
Suecia	2	49	0,7	2,7	0,8
Bélgica-Holanda	1	31	0,4	1,5	0,4
Venezuela	1	25	0,3	0,6	0,2
Brasil	1	25	0,3	0,7	0,2
México	1	20	0,3	1,1	0,3
España	1	19	0,3	1,4	0,4
TOTAL	200	7.592	100,0	345,7	100,0
Total de los seis primeros países citados	176 (88%)	6.790	89,3	312	90,2
PIB mundial		28.654			
Las «200» en porcentaje del PIB mundial			26,3		

Fuente: Informes de actividad anuales de sociedades, en Frédéric F. Clairmont, ob. cit. (véase nota 4).

En muchos casos las fusiones se realizan empleando intensivamente todas las posibilidades de «ahorrar» puestos de trabajo, entre otras cosas, mediante la aplicación de sistemas de organización y de producción altamente automatizados e informatizados. El crecimiento del número de robots y sistemas de trabajo automáticos cada

---

[4] Frédéric F. Clairmont, «Empresas gigantes por encima de los Estados», *Le Monde Diplomatique,* núm. 50, diciembre de 1999, págs. 18 y 19.

vez más polivalentes y más potentes ha tendido a difundir entre la opinión pública la impresión de que estamos ante un proceso de sustitución imparable de máquinas por hombres, al tiempo que los analistas coinciden en que este proceso, más allá de sus efectos, está teniendo lugar con una intensidad y un alcance como nunca antes se había conocido.

El aumento de los niveles de desempleo que tuvo lugar a partir de mediados de la década de los años 70 en la mayor parte de los países de la OCDE, llevó a pasar de 11 millones de parados a más de 35 a finales del siglo xx. Este aumento contribuyó a asentar la convicción de que nos encontramos ante un fenómeno de paro estructural de nuevo cuño, que da lugar a que, tanto en las fases altas como en las bajas del ciclo económico, el desempleo tienda a aumentar en los sectores industriales, mientras que en otros sectores el empleo no crece lo suficiente como para recuperar las cotas anteriores a los años 70. Los expertos de los grandes organismos internacionales (OIT, OCDE, ONU, Banco Mundial, etc.) en sus informes presentan esta tendencia como un exponente de un nuevo modelo de «crecimiento económico que no crea empleo» —sobre todo empleo de calidad—, o al menos que no lo ha creado en cantidades suficientes en los países desarrollados durante los últimos lustros del siglo xx.

En cierta medida lo que ha ocurrido durante los últimos lustros no deja de ser un fenómeno paradójico que contrasta con buena parte de las convicciones en que están fundados los enfoques económicos vigentes. De acuerdo con los presupuestos de la tradición analítica heredada, la creación de riqueza y la generación de empleo corrían paralelas. Sin embargo, la dinámica reciente muestra que la mayor creación de riqueza posibilitada por la aplicación de las nuevas tecnologías en los sistemas económicos y la expansión propiciada por los descubrimientos científicos y técnicos no están conduciendo a una expansión paralela de las oportunidades de empleo y a la mejora de la capacidad adquisitiva de los trabajadores, sino todo lo contrario. La paradoja de la nueva tecnologización-robotización del trabajo podría incluso llevar a formular un enunciado provocativo que contrasta con las creencias económicas del pasado: «en las sociedades tecnológicas a más riqueza —podría decirse— corresponde menos y peor empleo». Estamos, pues, ante una contradicción importante que es necesario aclarar.

Las obras pioneras de Adam Schaff sobre el «desempleo tecnológico»[5], o las ulteriores de André Gorz sobre «la metamorfosis del

---

[5] Adam Schaff, *¿Qué futuro nos aguarda? Las consecuencias sociales de la Segunda Revolución Industrial,* Barcelona, Crítica, 1985. Puede verse también en este sentido su informe del Club de Roma de 1982: Günter Friedrichs y Adam Schaff, *Microelectronics and Society,* Oxford, Pergamon Press, 1982.

trabajo»[6], así como las más recientes de Jeremy Rifkin sobre el «fin del trabajo»[7], o la de Ulrich Beck sobre «la precariedad laboral»[8] han intentado proporcionar explicaciones pertinentes sobre el «paro estructural» y otras mutaciones en el trabajo, a partir de la consideración de variables laborales, económicas, tecnológicas y sociológicas, y también de la extrapolación de las consecuencias «lógicas» o «previsibles» que afectan a este proceso, más allá de ciertas modulaciones temporales y de algunas eventuales oscilaciones coyunturales.

Sin embargo, las interpretaciones de estos autores han sido objeto de refutaciones, en ocasiones muy vehementes, por parte de polemistas que parecen expresar «prejuicios» muy arraigados, pero también por parte de científicos sociales con una bien ganada reputación académica. Algunos analistas han intentado situar el enfoque de la cuestión no solamente en el marco de los sistemas sociales particulares de los países más desarrollados, sino en el contexto de todo el conjunto del Planeta, argumentando —no sin una parte de razón— que puesto que nos encontramos inmersos en una economía global, los impactos y consecuencias del nuevo modelo emergente de producción sólo se pueden medir y evaluar correctamente en términos también globales.

Aunque a principios del siglo XXI aún persisten controversias sobre el verdadero alcance del contexto de globalización económica en el que tienen lugar estos fenómenos, lo cierto es que a medida que el debate sobre el paro ha ido cobrando intensidad emocional, ha tendido a perder claridad y concreción. En ocasiones se está llegando a extremos en los que muchas veces ni siquiera existe coincidencia sobre la validez de las fuentes estadísticas que se manejan, ni sobre la forma en que se utilizan, ni sobre la idoneidad de los contextos sociales de interpretación más pertinentes. ¿Desde qué perspectiva hay que medir y evaluar actualmente la evolución del desempleo? ¿Cómo entienden esta evolución los propios trabajadores? ¿Existe una conciencia social precisa sobre la manera en la que se producen los flujos y los equilibrios de empleo y desempleo entre unos y otros países y unas y otras zonas del planeta? Y, aun en el supuesto de que exista esta conciencia, ¿cómo la valoran y la interpretan los propios trabajadores? De poco le puede valer al obrero de un país desarrollado que se ha quedado en paro, o que tiene un trabajo muy precario,

---

[6] André Gorz, *Metamorfosis del Trabajo,* Madrid, Editorial Sistema, 1995; edición en francés de 1991.
[7] Jeremy Rifkin, *The end of work,* Nueva York, G. P. Putman's Sons, 1995; traducción castellana en Paidós, 1996.
[8] Ulrich Beck, *Un nuevo mundo feliz. La precariedad del trabajo en la era de la globalización,* ob. cit.

que un experto le explique que el volumen de empleo está creciendo en Pakistán, en Indonesia o en Bangladesh; máxime cuando en algunos países este crecimiento se produce en condiciones de tremenda sobre-explotación, con jornadas de 10-12 horas y salarios miserables. El curso seguido por algunas discusiones sobre este tema demuestra que estamos ante una polémica en la que influyen muchos elementos, incluso de carácter inercial y posiblemente psicológico, y en la que se advierten las preocupaciones por la posibilidad de que reflexiones excesivamente pesimistas sobre el impacto negativo de las nuevas tecnologías en el empleo alimenten sentimientos de rechazo al proceso de modernización tecnológica como tal, suscitando el riesgo de reacciones similares a las del movimiento *ludista* durante las primeras etapas de la revolución industrial, cuando se «rompían» las nuevas máquinas que estaban alterando las condiciones anteriores del trabajo[9]. Por ello hay que entender que en este debate existan resistencias a «dar el brazo a torcer», a «reconocer los nuevos hechos», o a considerar adecuadamente los «últimos datos» que se manifiestan en el proceso de evolución social. Incluso no faltan los que se afanan por «maquillar» las cifras, presentando y reinterpretando las informaciones estadísticas en la forma más «favorable» posible, en un esfuerzo baldío que no puede ocultar una convergencia de fondo en muchas apreciaciones, bajo el influjo tozudo de los datos concretos.

Las opacidades y las inconsistencias de algunos debates no pueden ocultar, sin embargo, que los procesos de innovación tecnológica afectan *«per se»* a las propias modalidades y formas de hacer el trabajo. En el curso seguido en el progreso de la humanidad, desde el empleo de los útiles más rudimentarios y elementales «realizados» en madera, hueso y piedra por el hombre primitivo, hasta llegar a los robots más complejos se puede seguir el rastro de una línea evolutiva de miles y miles de años, en la que se ha plasmado el despliegue práctico de la inteligencia humana aplicada a lograr una adaptación más satisfactoria al medio. Este despliegue de ingenio y de energías ha permitido «obtener» o «hacer» cada vez más cosas con menos esfuerzo. Desde el empleo de la palanca más elemental, y la utilización de la rueda o el uso de ingenios movidos por la energía del viento o del agua, hasta las complejas máquinas modernas, la humanidad ha estado empeñada en un esfuerzo —aparentemente sin fin— para lograr obtener cada vez más rendimiento, más producción, con un esfuerzo personal decreciente.

---

[9] Durante los primeros lustros del siglo XIX el movimiento *ludista* impulsó una destrucción de máquinas, principalmente telares de vapor, en los distritos fabriles ingleses.

Las tres grandes transformaciones que han tenido lugar hasta ahora en la historia de la humanidad —la revolución neolítica, la industrial y la tecnológica— permiten identificar, al menos, tres grandes ciclos en el proceso de prolongación y potenciación de las capacidades y las energías humanas. Al primer proceso corresponden las *herramientas,* que en su perfeccionamiento progresivo hicieron posible una prolongación y ampliación de las capacidades de la *mano humana,* pero manteniendo siempre una conexión inmediata entre el producto, la herramienta y la mano. Es decir, en este ciclo de la evolución social era la mano humana la que hacía el producto ayudada por las herramientas.

En el segundo gran proceso de transformación (revolución industrial) tuvo lugar un cambio cualitativo en la forma de relación directa entre el hombre y el medio técnico en el proceso productivo. Las *máquinas* establecieron *distancias* y niveles más complejos de realización y de interconexión, quedando situado el trabajador en un plano de *mediación* diferente. El hombre fabricaba la máquina y controlaba y supervisaba el proceso por medio del cual el sistema de máquinas elaboraba buena parte de los productos, con un cierto grado de autonomía. A su vez, el curso seguido por los nuevos sistemas industriales de organización de la producción, que evolucionaron desde la división primitiva del trabajo a las grandes cadenas de montaje, y el empleo de nuevas fuentes de energía (del vapor a la electricidad) fueron acentuando la tendencia hacia un mayor distanciamiento del trabajador respecto al producto. Este distanciamiento fue valorado por algunos teóricos sociales como un riesgo de alienación del trabajo, que tenía lugar bajo el imperativo de ciertos sistemas globales de estructuración social.

En nuestros días, la tercera gran transformación social que se ha puesto en marcha con la revolución tecnológica está implicando un cambio cualitativo aún mayor en la lógica de interacción entre el hombre y los procesos de fabricación de productos[10]. En la nueva fase de evolución de los sistemas productivos, el ser humano no sólo se «libera» de esfuerzos musculares, sino que también es «sustituido» en cometidos intelectuales. Los robots industriales y los nuevos ingenios informatizados son cada vez más «inteligentes» y más capaces y pueden realizar muchas tareas que antes tenían que ser efectuadas en gran parte o en su totalidad por los seres humanos. De hecho, los expertos calculan que la mayor parte de las tareas que es necesario llevar a cabo en los sistemas productivos pueden ser ejecutadas

---

[10] Sobre los impactos sociales de la revolución tecnológica, véase José Félix Tezanos, *La sociedad dividida,* ob. cit., capítulo 3.

por robots y sistemas automáticos de trabajo. Y el proceso científico-tecnológico cada vez amplía más estas posibilidades[11].

No puede negarse, pues, que el progreso tecnológico influye directamente tanto en las formas específicas de hacer el trabajo, como en los esfuerzos que se precisan para ello y en el propio volumen de actividad muscular e intelectual requerida para el sostenimiento normal del sistema económico en su conjunto. Sólo es necesario repasar la historia de la humanidad, o recordar cómo ha evolucionado el trabajo en las sociedades industriales (en horas, modalidades, requisitos, etc.), para entender claramente la vinculación directa que existe entre los avances científicos y tecnológicos y la organización de las actividades laborales.

2. El contexto global del empleo y el desempleo

La experiencia cotidiana permite verificar que las variables tecnológicas no operan de manera aislada y, por lo tanto, sus impactos sobre el trabajo se hacen notar en toda la estructura productiva en su conjunto. Es decir, las aplicaciones tecnológicas se encuentran interconectadas con variables energéticas, socio-culturales, organizacionales y políticas. Especialmente importante resulta, a efectos de la cuestión que aquí estamos considerando, la manera en la que pueden influir las orientaciones de consumo. Es decir, la capacidad de demanda de productos y de servicios por parte de la población condiciona la propia marcha de la economía y, por lo tanto, el volumen general de empleos disponibles, en un circuito que se retroalimenta mutuamente en función de los parámetros de distribución de las rentas y la riqueza. Lo cual nos remite en última instancia a la determinación de los criterios establecidos y a los modelos sociales predominantes, así como a las pautas políticas seguidas en una sociedad dada en un momento determinado.

En realidad, los análisis unicausales sobre el paro y las interpretaciones que vinculan la evolución del desempleo con factores presuntamente objetivables esconden una cierta intención de sustraer la consideración de esta problemática al escrutinio de los especialistas

---

[11] Véase en este sentido, José Félix Tezanos, José Antonio Díaz, M.ª Rosario Sánchez Morales y Antonio López (eds.), *Estudio Delphi sobre tendencias científico-tecnológicas en España,* Madrid, Editorial Sistema, 1997, y José Félix Tezanos y M.ª Rosario Sánchez Morales (eds.), *Tecnología y Sociedad en el nuevo siglo,* Madrid, Editorial Sistema, 1998. Antonio López, *Impactos de la robótica y de la automatización avanzada en el trabajo. Estudio Delphi,* Madrid, Editorial Sistema, 2000. Véase también el epígrafe 2 del capítulo 5 de este libro.

y al debate público. De hecho, esto es lo que han pretendido algunos de los defensores de los enfoques aplicados durante los últimos lustros del siglo XX en los países mas desarrollados, bajo el pretexto de una supuesta cientificidad e inexcusabilidad de procesos económicos, a los que se intenta presentar como si de una nueva «marcha objetiva —y absoluta— de la historia» se tratara.

De ahí el interés que tienen —en contraste con estos planteamientos— los análisis realizados por algunos especialistas reputados para demostrar la influencia decisiva de las variables políticas y sociales en la evolución del desempleo. Göran Therborn, en un libro titulado precisamente *Por qué en algunos países hay más paro que en otros,* ha estudiado las variables que influyen en el desempleo, demostrando que los datos empíricos no apoyan los postulados que sostienen los neoliberales y que «el desempleo masivo no es una fatalidad». Para Therborn el elemento fundamental para determinar una u otra dinámica del desempleo es la «existencia o inexistencia de un compromiso institucionalizado a favor del pleno empleo»[12]; lo cual explicaría los diferentes resultados alcanzados, en términos de paro, en varias sociedades de acuerdo con las distintas políticas desplegadas para hacer frente a la crisis económica de los años 80.

Sin embargo, las dificultades encontradas por algunos países comprometidos durante mucho tiempo con las políticas de pleno empleo, como los escandinavos, para mantener altos niveles de ocupación, y las inflexiones que se produjeron en las orientaciones socialdemócratas en los últimos lustros del siglo XX, vinieron a demostrar las complejidades de una situación que difícilmente podía sustraerse de las influencias del contexto global. De ahí que el propio Therborn en escritos posteriores resaltase algunos matices complementarios del problema, subrayando que en la medida que el «desempleo es un indicador de la cohesividad o división de la sociedad» se planteará un futuro sombrío si no se produce un compromiso claro de la mayoría del electorado en el apoyo a las políticas activas de empleo, con una correspondiente recuperación de la izquierda[13].

Lo importante de análisis como los realizados por Therborn es que ayudan a resaltar el papel de las variables políticas en todo lo concerniente al trabajo y, de rechazo, permiten entender mejor lo que ha ocurrido en unos y otros países durante las últimas décadas del siglo XX. Es decir, las diversas maneras de enfocar las políticas de

---

[12] Göran Therborn, *Por qué en algunos países hay más paro que en otros,* Valencia, Edicions Alfons El Magnànim, 1989, pág. 35; primera edición en inglés de 1986.
[13] Göran Therborn, «El futuro del trabajo y las consecuencias de la ausencia de trabajo», en *El Socialismo del Futuro,* núm. 7, julio de 1993, págs. 61-71.

empleo en las nuevas coordenadas económicas y tecnológicas de los sistemas de producción han dado lugar a distintas evoluciones sociales, han influido en la difusión de diferentes concepciones sobre el empleo y el desempleo[14] y, a su vez, han alimentado unos u otros procesos políticos que han tendido a reforzar estrategias sociales de signo diverso.

Lo ocurrido con el empleo es un buen ejemplo de cómo las variables económicas, políticas y sociológicas se influyen mutuamente y dan lugar a diferentes desarrollos sociales. En este sentido es en el que puede afirmarse que la dinámica del paro es el resultado tanto de factores económicos y tecnológicos como de variables políticas, y todo ello tiende a configurar realidades sociales que, a su vez, pueden alentar diversos tipos posibles de evoluciones políticas.

A través de estos procesos complejos, los modelos económicos emergentes tienden a conformar las estructuras sociales de manera no necesariamente coincidente. Los diferentes patrones de comportamiento ante el paro que han analizado autores como Therborn o, con otros matices Esping-Andersen, no sólo dan lugar a cursos sociales distintos, sino que tienden a delinear perfiles de la estratificación social que se pueden acabar convirtiendo en variables decisivas que influyen en las propias políticas de empleo. Por ello, de la misma manera que la evolución tecnológica de los sistemas productivos influye en la transformación de los sistemas de estratificación, como vimos en el primer libro de esta trilogía, de igual forma se puede sostener también, con toda razón, que «el futuro de la estructura de clase va a depender de la desindustrialización y la reindustrialización» y de la nueva caracterización de los servicios[15].

Los dos principales modelos sociales que están perfilándose en relación con la incidencia del desempleo son básicamente los que se corresponden con la respuesta norteamericana y con los enfoques europeos. La opción americana se ha fundamentado en la existencia de mayores desigualdades sociales y en el desarrollo de lo que se ha calificado como «mercados de trabajo a coste reducido», o «inframercados», que dan lugar a una mayor proporción de empleos inseguros, esporádicos y mal pagados; es decir, a verdaderos «infratraba-

---

[14] Therborn, por ejemplo, considera tres formas de reacción, o de adaptación y respuesta cultural, a la situación del desempleo: «la conformista», «la aislacionista» y «la desviada». Véase «El futuro del trabajo y las consecuencias de la ausencia del trabajo», ob. cit., págs. 67-68.

[15] Gösta Esping-Andersen, «Empleo post-industrial y estratificación», en Fundación Argentaria, *I Simposio sobre igualdad y distribución de la renta y la riqueza*, vol. V, Madrid, 1993, págs. 35-44 y Gösta Esping-Andersen (ed.), *Changing Classes. Stratification and Mobility in postindustrial societies*, Londres, Sage, 1993.

jos». Por el contrario, el mantenimiento de criterios más estrictos de regulación socio-laboral en Europa ha influido en la desaparición de empleos industriales, en jubilaciones anticipadas y en las dificultades de jóvenes y mujeres para incorporarse al trabajo. Lo cual ha conducido a un aumento del paro de larga duración. A partir de los datos que ilustran estas dos opciones diferentes, algunos analistas sostienen que las posibilidades actuales de recuperación del empleo estriban, por una parte, en la capacidad de crecimiento del sector servicios y, por otra parte, en relación con lo anterior, en las propias posibilidades de expansión de los empleos de poca calidad y bajos salarios. De esta manera, y con estos argumentos, se puede acabar planteando un dilema doblemente negativo: o bien se asume que una parte creciente de la población termine engrosando las filas del desempleo, o bien se acepta que una parte también importante «tenga que aguantarse» con malos empleos y con una mayor desigualdad general.

No deja de ser llamativo que, ante este panorama, algunos estudiosos hayan intentado ofrecer una imagen benévola y aceptable del actual curso desigualitario, subvalorando la posibilidad de crecimiento de un «nuevo proletariado de los servicios», o un aumento de la población excluida que tienda a nuclear nuevos segmentos sociales de infraclases o infratrabajadores. Especialmente curiosas resultan, en este sentido, argumentaciones como las manejadas por Esping-Andersen, quien atribuye un carácter más bien residual a estas situaciones, debido —según dice— a que afectan sobre todo a personas de bastante edad (que acaban jubilándose), a mujeres (para muchas de las cuales —según sostiene— el trabajo no es algo central, o que terminan por convertirse en amas de casa), o a jóvenes (algunos de los cuales acaban encontrando otros trabajos mejores, especialmente si tienen altos niveles de estudios). De esta manera, la propia provisionalidad de los empleos de mala calidad se intenta presentar —mediante un llamativo artificio analítico— como un rasgo ilustrativo de la porosidad del sistema, llegándose a sostener que las cifras de un 20% o un 25% de personas que acaban experimentando una movilidad laboral ascendente en algunos lugares (Estados Unidos, Alemania y los países escandinavos) evidencian que no existe una tendencia hacia la «clausura de clase» entre aquellos que padecen las infraposiciones objetivas en el mercado laboral que muestran los datos. ¿Y qué ocurre con el 75% o el 80% restante?[16]

---
[16] Véase Gösta Esping-Andersen, «Empleo post-industrial y estratificación», ob. cit., págs. 41-44.

Las inconsistencias que se manifiestan en el manejo de los datos, la provisionalidad de algunas de las cifras e informaciones que se utilizan y las resistencias mentales a profundizar en el significado y alcance de las tendencias reales, muestran las dificultades que existen para salir de las inercias analíticas propias de los modelos laborales del pasado, que continúan anclados en una imagen fordista del empleo impregnada incluso de componentes machistas totalmente desfasados. ¿Acaso las mujeres no tienen derecho a ser consideradas trabajadoras potenciales con los mismos derechos y oportunidades que los hombres?, ¿por qué se resta importancia, entonces, al hecho de que muchos de los malos trabajos sean ocupados por mujeres?, ¿y qué decir de la gran cantidad de jóvenes que no logran encontrar un empleo de «calidad»?

Algunos análisis están demasiado contaminados por prejuicios ideológicos y por conformismos que, con harta frecuencia, llevan a aceptar como un designio inevitable configuraciones socio-laborales que en realidad son el resultado de la aplicación —o la no aplicación— de políticas muy específicas. De ahí la importancia de atender a todas las variables que influyen en los procesos de desempleo y de precarización laboral. Y, sobre todo, la necesidad de situar en sus justos términos el papel desempeñado por los factores políticos de la cuestión. En este sentido hay que considerar no sólo la ausencia o presencia de un compromiso general de apoyo al «pleno empleo», del que hablaba Therborn, sino también, en un sentido más amplio, hay que ser capaces de prever lo que puede ocurrir en un futuro próximo si no se ponen en marcha iniciativas compensadoras o reequilibradoras capaces de fijar —y alcanzar— unos objetivos sociales y personales previamente definidos en materia de empleo y «calidad» de vida. Lo cual exige clarificar la manera en la que van a incidir previsiblemente —o podrían incidir dejadas al libre albedrío— algunas de las tendencias económicas y tecnológicas subyacentes que aquí estamos considerando.

El análisis de los factores que han venido afectando la evolución del paro durante los últimos lustros del siglo XX permite identificar un conjunto de elementos concurrentes, como los que se apuntan en el Cuadro 1. Entre las causas fundamentales de estos procesos es necesario subrayar al menos las siguientes:

— Las crisis económicas y los efectos negativos de la inestabilidad monetaria que dan lugar a un enorme crecimiento de los recursos dedicados a la especulación, hasta el punto de que la magnitud de los flujos especulativos diarios han llegado a representar una cantidad superior a las reservas de divisas de todos los países del G-7 (Estados Unidos, Japón, Reino Unido, Francia, Canadá, Alemania e Italia)[17].

— La ausencia de nuevas «generaciones» de bienes y productos de consumo de cierta entidad que cumplan una función dinamizadora en la economía similar a la que en su día desempeñaron el coche y las primeras oleadas de electrodomésticos y otros bienes duraderos.

— Los imperativos de la competitividad derivados de las nuevas condiciones del mercado internacional en una economía cada vez más mundializada, con salarios y coberturas asistenciales bastante diferenciadas, que permiten a las empresas «subcontratar» producciones y desplazarse de unos a otros lugares en búsqueda de las condiciones salariales, fiscales y laborales más favorables para sus intereses («deslocalización»).

— La introducción de robots industriales y sistemas automatizados de trabajo, orientados a ahorrar costes de producción por medio de la supresión de puestos de trabajo, en el marco de nuevas modalidades organizativas de la actividad económica.

El principal hilo conductor que puede identificarse entre los factores que están influyendo en el deterioro del empleo nos remite a los modelos económicos con los que intentó recuperarse el ritmo de crecimiento a partir de la crisis de los años 70 del siglo xx. Varios economistas eminentes han intentado profundizar en las contradicciones y consecuencias que se desprenden de la implantación de este modelo, pero a efectos de nuestro análisis aquí nos interesa resaltar las alteraciones sociales generales a que ha conducido el nuevo «contexto macroeconómico de financiación que favorece la actividad especulativa y desincentiva la inversión real creadora de riqueza y empleo», como ha subrayado Juan Torres en un agudo análisis sobre estas cuestiones. El cambio de modelo económico que se ha im-

---

[17] Véase OIT, *El empleo en el mundo, 1995,* Ginebra, 1995, pág. 221. Mientras en 1971 el 90% de las transacciones internacionales en divisas correspondían a «financiación del comercio y a inversiones a largo plazo», en 1994 sólo un 10% correspondía a este tipo de operaciones, suponiendo las operaciones meramente especulativas un 90% de las transacciones. En cualquier caso, hay que situar esta evolución en el marco de una expansión considerable del comercio mundial. Como se recordaba en el Informe sobre Desarrollo Humano de la ONU de 1999, «el movimiento diario de los mercados de divisas aumentó de entre diez mil y veinte mil millones de dólares en el decenio de los setenta, a un billón y medio de dólares en 1998»; aunque la mayoría de los países más pobres quedan al margen de estos flujos (véase PNUD, *Informe sobre Desarrollo Humano 1999,* Madrid, Mundi-Prensa, 1999, págs. 25 y 31).

pulsado no ha consistido en una mera inflexión o adaptación matizada, sino que ha supuesto una modificación sustantiva que ha alterado la «lógica general de la producción y del uso de recursos», «la lógica de la regulación macroeconómica» y del reparto y «la lógica de los valores y creencias sobre los que se fundamenta la vida colectiva»[18].

Cuadro 1
PRINCIPALES CAUSAS DE LOS PROCESOS DE PARO A PRINCIPIOS DEL SIGLO XXI

— Carencia de suficiente impulso de crecimiento económico sostenido (crisis y desaceleración del desarrollo).
— Introducción de robots, sistemas automáticos y otros cambios técnicos orientados a ahorrar mano de obra.
— Evolución de la oferta de empleo (incorporación masiva de las mujeres al mercado de trabajo, prolongación de la edad media de vida, aumento del nivel educativo, presiones migratorias, etc.).
— Competencia de los productos manufacturados elaborados en países con bajos salarios, en un contexto de progresiva mundialización de la economía.
— Desarrollo de nuevos enfoques organizacionales en la actividad económica, que buscan la máxima flexibilidad y la más alta eficiencia.
— Tendencias desreguladoras en el trabajo (facilidades para el desempleo) influidas por la creciente competitividad económica internacional (mundialización).
— Distorsiones en los costes y sobrecargas sociales causadas por externalizaciones de costes en la economía (medio-ambientales y de otro tipo) que dificultan otros objetivos de políticas públicas.
— Tendencias al abandono por las empresas multinacionales de los países con niveles salariales más altos, mayores costes fiscales y normativas sociales más exigentes (deslocalización).
— Envejecimiento de los aparatos productivos que hicieron posible el intenso ritmo de crecimiento conocido hasta mediados de la década de los años 70 (período 1950-1973).
— Ausencia de políticas públicas estimuladoras del empleo (abandono de los enfoques keynesianos).
— Crisis de rentabilidad del capital, que tiende a desplazar las inversiones desde las actividades productivas directas a la especulación bursátil, con efecto de «burbuja» financiera (capitalismo de «casino»).
— Dificultades de los Estados para mantener y aumentar los empleos en el sector público, a causa de la crisis fiscal del Estado y de las políticas de recortes de gastos públicos.
— Inestabilidad y poca capacidad de empleo de la llamada «nueva economía».

Uno de los aspectos de esta reorientación de los modelos económicos en el que se ha puesto menos énfasis analítico y que, sin embargo, implica efectos importantes para los equilibrios del orden social es el que se relaciona con el papel asignado al trabajo en la «nue-

---
[18] Juan Torres, «Sobre las causas del paro y la degeneración del trabajo», *Revista Sistema,* núm. 151, julio, Madrid, 1999, págs. 37-70.

va economía». En muchos aspectos, el trabajo ha dejado prácticamente de ser valorado como una de las tres fuentes sustantivas de creación de riqueza, como en la célebre tríada clásica (junto a las rentas del capital y los frutos de la tierra). Lo que está teniendo lugar no es solamente un proceso de «subvaloración» teórica, o una modificación del rango de estimación, sino una alteración de las nociones básicas sobre su uso y su función. Estamos, pues, ante una auténtica degradación del trabajo, ante una tendencia a considerarlo como una mercancía de segunda clase. Por ello, en la evolución de los hechos sociales hay que atender no sólo a los déficit de la *cantidad* de trabajo disponible, sino también al empeoramiento de las propias *cualidades* de la oferta de trabajo efectuada.

Entre las paradojas de la «nueva economía» hay que destacar una «escasez de empleo» que coincide con la «abundancia de beneficio», una «retórica de la calidad y de la excelencia» que «esconde una descualificación progresiva de los oficios y de los saberes para la mayoría de la población», «altas cotas de paro» que se producen de forma simultánea a la «existencia de horarios de esclavitud en actividades incesantes... y de la utilización de niños cuasi-esclavos». En definitiva, los efectos de las nuevas orientaciones económicas sobre el empleo se hacen notar en un proceso de degeneración que se manifiesta en: paro, multiplicación de categorías/segmentación laboral, incremento de la demanda de servicios personales de bajo coste, trabajo a tiempo parcial, desmantelamiento de los «territorios obreros» (gran fábrica), desprotección legal de los trabajadores, explotación de niños y mujeres, aumento de la economía sumergida, disminuciones salariales, surgimiento de nuevas condiciones de «trabajadores pobres», etc.[19].

En definitiva, la nueva racionalidad económica imperante requiere «un trabajo cada vez más precario, más sumiso, más desmovilizado», demandando «mayor flexibilidad y versatilidad» —como subraya Juan Torres—, y esto supone una devaluación sustantiva del trabajo que puede acabar conduciendo a un «divorcio entre empleo y satisfacción»[20].

El tipo de modelo social que tiende a perfilarse a partir de esta evolución es una sociedad dual, en el sentido que indica el aumento de las desigualdades económicas y de condición que he analizado en el primer libro de esta trilogía, pero también es una sociedad con un fuerte componente específico de escisión interna que viene dada por las tendencias de divorcio entre la racionalidad económica estableci-

---

[19] Ibíd., págs. 63 y 66. Véase en especial el gráfico explicativo incluido en las págs. 68, 69 y 70.
[20] Ibíd., pág. 61

da y las necesidades sociales de la mayoría de la población y del propio sistema social, globalmente considerado. De esta forma la desconexión entre la lógica del beneficio y la producción y la del empleo entrañan mayores riesgos de desagregación social que los que algunos analistas superficiales aciertan a entender.

¿Qué papel desempeñan las nuevas tecnologías de la producción en este contexto? Verosímilmente un papel más relevante que aquel que puede estimarse cuando se las toma como una variable aislada, ya que los avances en robótica e informática son en buena medida el instrumento, el medio técnico preciso, que posibilita que los enfoques económicos en boga sean operativos, que resulten funcionales. Es decir, los medios técnicos que están disponibles para realizar automáticamente una gran parte de las funciones productivas «permiten» tratar a los seres humanos de manera diferente, convirtiendo las tareas de muchos trabajadores en actividades «prescindibles» y reduciendo su papel en bastantes casos a la condición de «mercancía» deteriorada en un doble proceso de reducción social negativa: el que se deriva de su propio tratamiento como «mercancía», y el que se encuentra conectado a su condición de mayor prescindibilidad.

Si nos atenemos a las evidencias empíricas hasta ahora disponibles, podemos constatar que los impactos de la «robotización» se están reflejando en hechos tan incuestionables como que en los países más desarrollados había menos empleos en la industria a finales del siglo XX que sólo una década antes. Incluso en Estados Unidos, donde mejor se ha contenido aparentemente el fenómeno del paro, prácticamente la totalidad de los nuevos empleos, como veremos en el capítulo siguiente, se están creando en el sector servicios y en bastantes ocasiones en condiciones precarias.

Si en Estados Unidos ha crecido el empleo en los últimos lustros del siglo XX ha sido, en buena parte, debido a las características específicas del sistema laboral norteamericano, a los mayores componentes de influencia «keynesiana» en su política económica y a las fuertes presiones demográficas-inmigratorias. En contraste con el modelo europeo, la mayor «flexibilidad» de la reglamentación laboral ha permitido disponer de algunos mecanismos de adaptación a la crisis del empleo. Sin embargo, aunque aparentemente se ha evitado un aumento formal del paro, en cambio se han visto afectadas negativamente las condiciones de trabajo, con un deterioro que se ha traducido en salarios más bajos, una mayor precariedad de muchos empleos y acusadas desigualdades sociales.

A causa de esta evolución socio-laboral, a mediados de los años 90 las diferencias de rentas en países como Estados Unidos e Inglaterra llegaron a ser mayores que las existentes en las décadas de los años 80 y 70, e incluso que en las décadas de los 50 y los 40[21]. Precisamente, Estados Unidos e Inglaterra son los países de la OCDE en donde las desigualdades de renta han llegado a ser más acusadas y donde se hacen notar con más intensidad algunos índices de pobreza, tal como ha demostrado con abundante información empírica Vicenç Navarro, en relación con la propia orientación neoliberal seguida durante la última parte del siglo XX[22].

Las estadísticas hechas públicas a principios del año 2000 por sendos informes del *Economic Policy Institute* y el *Center on Budget and Policy Priorities* ofrecen datos bastante precisos que demuestran que desde los años 80 las diferencias entre las familias más ricas y las más pobres se han incrementado. En concreto, a finales del siglo XX el ingreso del 20% de familias más prósperas era diez veces superior al del 20% con menos ingresos, y en Estados como Nueva York, Arizona, California, Texas, etc., esas diferencias eran once veces superiores. A su vez, las rentas del 5% de las familias más pobres habían declinado en 18 Estados. En su conjunto, desde la década de los años 70 los ingresos del 5% de las familias norteamericanas más pobres se habían reducido en un 6,7%, mientras que los del 20% más rico habían aumentado en un 55,3%[23].

La «pérdida de empleos» regulares de cierta calidad también ha venido haciéndose notar de forma significativa en la gigantesca maquinaria industrial norteamericana. Como ya hemos resaltado, prácticamente no hay día en el que la prensa diaria no incluya alguna noticia sobre despidos masivos en grandes empresas como consecuencia de los reajustes productivos, las modernizaciones tecnológicas o los procesos de fusiones y adaptaciones a las nuevas condiciones económicas. Según un informe publicado en la revista *Newsweek*[24], las 500 mayores empresas de los Estados Unidos habían despedido durante los últimos lustros del siglo XX a 4.700.000 personas. Solamente en la década de los años 80 perdieron su trabajo 3 millones de empleados de oficina, mientras que desde 1989 a 1993 1.800.000 trabajadores se quedaron sin sus empleos en la industria, la mayor parte a causa de la automatización[25].

---

[21] *The Economist*, 5 de noviembre de 1994, págs. 19 y sigs.
[22] Véase en este sentido, Vicenç Navarro, «Los mercados laborales y la cuestión social en la Unión Europea», *Revista Sistema*, núm. 143, marzo de 1998, págs. 5-21, y «La economía política del Estado de Bienestar», *Revista Sistema*, núm. 148, enero de 1999, págs. 3-55.
[23] Véase Economic Policy Institute y Center on Budget and Policy Priorities, *State-by-State Income Trends*, 18 de enero de 2000 (http://www.cbpp.org).
[24] *Newsweek*, 6 de febrero de 1995, págs. 36 y sigs.
[25] Jeremy Rifkin, *The end of work*, ob. cit., págs. 9 y 187.

Las estadísticas oficiales sobre el desempleo en los Estados Unidos deben ser tomadas en consideración con ciertas cautelas a causa de los criterios formales de «definición» de la condición «oficial» de parado (tiempos de referencia, exclusión de las personas sin hogar fijo, etc.). Los análisis pormenorizados realizados por Vicenç Navarro han permitido sostener, como veremos con más detalle en el capítulo 5, que «en realidad, las últimas estadísticas de empleo en EEUU muestran que el desempleo real es un 14%, mayor que el promedio de la UE»[26]. Rifkin, por su parte, con una elaboración menos articulada, ha calculado que si se incluyeran en las estadísticas oficiales norteamericanas a los trabajadores a tiempo parcial que buscan un empleo fijo y a los desempleados desanimados que han dejado de buscar trabajo, la cifra real de parados a mediados de la última década del siglo XX se aproximaría a los 16 millones, lo que representa un 13% de la población activa[27]. Teniendo en cuenta que los expertos han calculado que tres de cada cuatro puestos de trabajo desempeñados actualmente en la industria pueden ser sustituidos por robots, podemos hacernos una idea de cómo puede evolucionar la situación en los próximos años, si se llevan hasta las últimas consecuencias los criterios de una mayor competitividad de las empresas[28].

Sin embargo, en la realidad concreta los hechos no se manifiestan de manera totalmente «pura» y muchas veces las variables más determinantes se ven afectadas simultáneamente por los propios vaivenes de la economía y, sobre todo, por las mutaciones que influyen en su marcha. En consecuencia, el análisis de este asunto debe abordarse planteando cuestiones como: ¿de qué manera influyen los grandes cambios tecnológicos en la propia evolución general de la economía y en la capacidad para mantener unos niveles determinados de oferta en el volumen general de empleos? Y, sobre todo, ¿cómo influyen en contextos políticos en los que no existen «refuerzos» o iniciativas compensatorias que «fuercen» o «estimulen» un volumen adicional de empleos a los que sean requeridos de acuerdo a la mera lógica económica imperante en sí misma considerada?[29]

---

[26] Vicenç Navarro, *Neoliberalismo y estado de Bienestar*, Barcelona, Ariel, pág. 103.
[27] Jeremy Rifkin, ob. cit., pág. 11.
[28] El cálculo de Jeremy Rifkin, por ejemplo, es que el 75% del total de tareas laborales consisten en procesos repetitivos y simples que ya pueden ser realizados por robots industriales y procesos automáticos, lo que supone que de los 124 millones de personas que componen la fuerza de trabajo norteamericana, más de 90 millones pueden ser «prescindibles» (Jeremy Rifkin, *The end of word*, ob. cit., pág. 5). Sobre las previsiones de los expertos españoles puede verse el gráfico 2 en el capítulo 5.
[29] Como es evidente, las variables políticas no pueden aislarse completamente de las económicas, pero lo que aquí me gustaría resaltar es que la cuestión de la «em-

Aunque no siempre es factible aislar todos los factores que influyen en estos procesos, habría que preguntarse si lo que ahora está ocurriendo supone una alteración sustancial en la forma en la que hasta el presente ha tenido lugar la interacción entre las variables tecnológicas y el empleo y, especialmente, si las nuevas orientaciones productivas suponen una modificación en su evolución. Es decir, lo que hay que dilucidar es si estamos ante escenarios socio-económicos diferentes a los que se habían venido dando a lo largo del proceso de desenvolvimiento de las sociedades industriales.

En los debates sobre esta problemática es bastante habitual fundamentar las argumentaciones sobre lo que puede ocurrir en el futuro tomando como referencia únicamente algunas experiencias del pasado, sobre las que se dispone de informaciones contrastadas que permiten conocer «objetivamente» los impactos que tuvieron los nuevos medios técnicos que se incorporaron a los procesos productivos. En principio, parece evidente que estos enfoques meramente translaticios no pueden considerarse suficientemente rigurosos, ya que lo que sucedió en el pasado agota su validez explicativa en el propio acotamiento temporal de lo ocurrido y no de lo que acontecerá en el futuro bajo pautas y condiciones diferentes. No obstante, a efectos de nuestro análisis, puede resultar de utilidad detenernos en la consideración de algunos de los ejemplos más usuales que suelen traerse a colación por aquellos que pretenden interpretar y anticipar el curso socio-económico fijándose solamente en el espejo retrovisor de la historia.

Un ejemplo al que suele recurrirse con harta frecuencia, para intentar demostrar que las nuevas tecnologías no destruyen empleo a medio plazo, aunque lo parezca, es el de los primeros motores y máquinas de la revolución industrial. La aplicación inicial de máquinas al sistema productivo causó la impresión —se dice— de que los nuevos ingenios iban a sustituir a los hombres en su trabajo, y algunos obreros reaccionaron violentamente intentando romperlas y boicotearlas para evitar su implantación masiva (movimiento *ludista*)[30].

---

pleabilidad» debe analizarse inicialmente sin un componente excesivo de voluntarismo o de decisionismo político, ya que en cualquier contexto económico siempre resulta posible —«en principio» o «en teoría»— adoptar decisiones políticas que fijen o «estimulen» un volumen adicional de empleos que mantener o que generar, al margen de otros criterios de racionalidad económica. Pero lo que aquí pretendo, en esta fase del análisis, no es plantear hipótesis «imaginarias» sino atenerme a los procesos sociales y económicos que realmente están ocurriendo en sociedades concretas.

[30] En realidad, las manifestaciones violentas de reacción de los trabajadores contra las máquinas fueron más amplias y diversas. Véase en este sentido, por ejemplo, las consideraciones de Carlos Marx en *El Capital,* OME Grijalbo, 1976, Libro I, vol. 2, capítulo 13, págs. 61 y sigs.

Sin embargo —según se arguye—, la realidad fue que aquellas máquinas, a la par que sustituían viejos puestos de trabajo, crearon otros nuevos, por ejemplo, para atender a su propia fabricación, a su diseño, a los servicios de reparación y mantenimiento, a su sostenimiento energético, a su comercialización, etc. Y, a su vez —podríamos añadir—, en la medida que los nuevos ingenios técnicos contribuyeron a crear más riqueza dieron lugar también a procesos de sustitución de unas máquinas por otras más avanzadas en instalaciones más amplias que se dedicaron a producciones más extensas y diversificadas, en un proceso continuado de perfeccionamiento y desarrollo industrial.

Esta explicación puede resultar plausible sobre el papel, aunque lo cierto es que en los contextos específicos en que tuvieron lugar aquellos hechos se produjeron desajustes y tensiones sociales intensas, que hoy no se pueden olvidar bajo pretexto de una explicación —o una justificación— a medio y largo plazo. Desde luego esta explicación «profesoral» no pudo servir de consuelo, en su momento, a todos los que se vieron perjudicados en sus modos de vida, en sus empleos y en sus ingresos por las nuevas orientaciones tecnológicas y económicas.

No se puede negar, en cualquier caso, que la forma en que se desarrollaron tales cambios en su momento influyó de manera negativa sobre las oportunidades de empleo, sobre las condiciones de trabajo y sobre los salarios de aquellos que se vieron situados en una nueva posición social y laboral más débil, a causa de la mayor «prescindibilidad» e «intercambiabilidad» de sus papeles que vino impuesta bajo el imperativo del maquinismo. Y ello se tradujo en vivencias negativas de sobre-explotación, en carencias sociales y en costes humanos, con sufrimientos y penurias que se prolongaron durante bastante tiempo. No sé si los que ahora argumentan de la manera que antes hemos indicado «dan por buenos» o «por lógicos» dichos sufrimientos en aras de la consagración de un progreso tecnológico que se contempla desde la placidez de unos horizontes históricos —Estados de Bienestar en países desarrollados— en los que ulteriormente fue posible alcanzar equilibrios sociales razonables, tras muchos años de tensiones y conflictos ¿Supone este modo de argumentar, por lo tanto, que ahora se está dispuesto a legitimar y aceptar unos costes sociales y humanos parecidos en procesos de desajuste similares, hasta que dentro de varios lustros las penurias y las reacciones ante los conflictos acaben conduciendo eventualmente a nuevos equilibrios sociales? De momento, dejemos aquí la reflexión para retomar otro de los ejemplos de uso más habitual, y menos «contaminado» por un contexto social conflictivo, que suelen manejar los analistas que postulan una valoración «conformista» y poco crítica ante los procesos de innovación tecnológica.

El ejemplo al que me refiero es el impacto causado por la invención de la imprenta. Se trata de un supuesto que ofrece muchas posibilidades. La imprenta —se nos dirá— acabó con el trabajo que realizaban los copistas medievales y, en consecuencia, conllevó la «desaparición» de un conjunto de «puestos de trabajo» tradicionales que estaban bastante asentados en las sociedades anteriores. Sin embargo —se añadirá— al mismo tiempo contribuyó a una expansión de actividades editoriales que acabaron generando empleos nuevos: de tipógrafos, editores, distribuidores, libreros, etc. Como vemos, el argumento es bastante impecable en términos lógicos y descansa en hechos reales. Pero, como en el caso anterior, no puede ser manejado de una manera aislada, ya que se trató de un caso concreto que estimuló una veta importante de innovación cultural y económica. Pero imaginemos por un momento que cuando Gutenberg inventó la imprenta, o cuando se empezó a desarrollar el maquinismo industrial, las innovaciones no se hubieran limitado sólo a sustituir el trabajo de los copistas medievales o de algunos sectores artesanos o textiles, sino que al mismo tiempo hubiera coincidido el desarrollo de un conjunto de inventos capaces de reemplazar el 75% o el 80% de todas las tareas que se realizaban en aquellas sociedades: no sólo las actividades efectuadas en unos pocos monasterios o en unos cuantos talleres, sino en todos los ámbitos agrícolas, mercantiles, administrativos, etc. ¿Qué hubiera ocurrido? Imaginemos además que en aquellas sociedades no hubiera sido posible —o no se vislumbrara a corto plazo— una expansión importante de nuevos sectores productivos, o de actividades completamente diferentes a las que hasta entonces eran conocidas. ¿Hubiera podido absorberse fácilmente el impacto de tales innovaciones tecnológicas? ¿Se hubieran llegado a convertir en reales las potencialidades de los cambios? ¿Cuáles habrían sido sus consecuencias?

3. Las nuevas condiciones de empleabilidad

Para comprender el verdadero alcance de las relaciones entre empleabilidad e innovación tecnológica, hay que atender no sólo a las variaciones de intensidad existentes entre algunos procesos de modernización tecnológica, como el que se plasmó en el maquinismo industrial y el que ha puesto en marcha la robotización, sino a las diferentes condiciones económicas y sociales que se dieron en el curso de la industrialización y que contribuyeron a amortiguar los impactos negativos sobre el empleo. La introducción de nuevas máquinas durante las primeras etapas de desarrollo se efectuó de manera menos radical y, sobre todo, tuvo lugar en contextos de apreciable crecimiento económico, con una fuerte transferencia de recursos y de actividades desde la agricultura hacia la industria. Es decir, fue un cambio que se produjo en paralelo a una mutación general de los sistemas sociales, con perspectivas apreciables de expansión de nuevos sectores productivos y con posibilidades —y necesidades— de inversiones cuantiosas en redes básicas de comunicación y de servicios que tenían una notable capacidad de absorción de fuerza de trabajo (ferrocarriles, caminos, obras públicas, etc.). Sobre estas bases, la ulterior acentuación de la demanda alimentó también las capacidades de generar más riqueza, con la explotación de nuevos recursos naturales, así como a través de la utilización de otras fuentes de energía e inventos aplicables tanto en la producción como en el consumo.

Las potencialidades de crecimiento económico y la apertura de un número creciente de actividades productivas en el horizonte de la industrialización deben ser comprendidas, por lo tanto, en toda su amplitud, si se quiere entender cabalmente la manera en que algunas tendencias iniciales de «amortización» de puestos de trabajo acabaron siendo compensadas por las nuevas posibilidades generadas, no sólo por las tecnologías que permitían prescindir de ciertos empleos tradicionales, sino por el propio crecimiento económico, primero con la expansión del sector industrial y luego con el sector servicios. En estas coordenadas, la proporción de empleos «amortizables» no tenía que traducirse directamente en un aumento general del paro a medio plazo, especialmente en la medida que la cantidad de puestos de trabajo «generables» bajo las nuevas condiciones económicas fuera mayor que la anterior, y siempre, claro está, que el curso del crecimiento económico no se viera colapsado por crisis económicas de cierta entidad, como la Gran Depresión.

En el horizonte del siglo XXI, sin embargo, el contexto económico es completamente distinto al de las primeras etapas de la industrialización, ya que en los países desarrollados se ha producido un gran crecimiento del sector industrial y de los servicios y no existen a corto y medio plazo las mismas perspectivas de nuevas expansiones económico-laborales que sean tan «diferentes» y que tengan una magnitud similar a la que se conoció durante el ciclo de la industrialización. En estos momentos las nuevas posibilidades tecnológicas se están aplicando en gran medida a «amortizar» puestos de trabajo que responden a actividades que en su mayor parte «ya se efectúan» y, por lo tanto, el balance resultante entre los empleos que se «reemplazan» y los que se «generan» es desfavorable.

De igual manera, el surgimiento de actividades laborales ligadas al desarrollo de nuevos bienes de producción y de consumo tiene lugar en unas coordenadas tecnológicas y unas condiciones de competitividad diferentes, en una economía crecientemente globalizada que ofrece posibilidades más limitadas para la creación adicional de puestos de trabajo directos o indirectos. Es decir, la proporción de nuevos puestos de trabajo que generan las nuevas tecnologías es considerablemente inferior a la cantidad que permiten amortizar. Y de hecho el volumen general de empleos «disponibles» en los sectores tecnológicamente punteros es muy inferior al que cierta propaganda simplista intenta hacernos creer.

Así en el *Information Technology Outlook 2000* de la OCDE se cifraba el empleo en las 50 grandes empresas multinacionales en TI en 3.500.000 personas, unas 450.000 en Europa y algo más de 1.600.000 en Estados Unidos. Por su parte en el informe EITO-2000 *(European Information Technology Observatory)* se estimaba el empleo europeo en el sector de TI a finales del siglo XX en poco más de 900.000 personas y en las telecomunicaciones en 1.080.000. Lo que en su conjunto apenas representa el 2% de la población ocupada total en los países europeos.

En España, por ejemplo, la Sociedad Española de Empresas de Tecnologías de la Información (SEDISI) daba a finales de la década de los años 90 una cifra de 76.000 empleados, mientras que la Asociación Nacional de Industrias Electrónicas y de Telecomunicaciones (ANIEL) estimaba el empleo en su sector en 132.000 activos. Es decir, poco más de 200.000 puestos de trabajo en su conjunto, cifrando algunos estudios el volumen de empleos directamente vinculados a las TI en 458.000 en 1999[31].

Estas cifras muestran hasta qué punto las nuevas tecnologías están generando en realidad menos empleo real del que se «aparenta» y muchas veces en condiciones que distan mucho de poder ser presentadas como un paradigma de calidad laboral. El caso que saltó a los medios de comunicación en septiembre de 2000 sobre una resolución judicial que obligó a una compañía como Microsoft a convertir en regulares a muchos de sus empleos temporales es posiblemente un buen exponente de esta situación.

Por todo ello es habitual que incluso en los estudios e informes en los que se realiza una exaltación más abierta de las potencialidades empleadoras de las nuevas tecnologías se formulen cautelas y se reconozca que en este terreno «las discrepancias entre fuentes son de cierta importancia e introducen un elemento de incertidumbre»[32].

No es extraño, por lo tanto, que en el Informe del Club de Roma de 1998 se subrayara el contraste existente entre lo ocurrido durante

---

[31] Antonio Pulido y otros, *Informe sobre evolución del empleo en España ante las nuevas tecnologías,* Instituto L. R. Klein (UAM) y CEPREDE (Centro de Predicción Económica), Madrid, 2000, pág. 20.
[32] Ibíd., pág. 18.

la revolución industrial, en la que la «obsolescencia de los sistemas de producción antiguos producían desempleo, pero al mismo tiempo creaban nuevas oportunidades de trabajo remunerado en otros sectores», y lo que ha venido sucediendo en las últimas décadas del siglo XX, en las que «esta transferencia de actividades remuneradas ha estado cada vez menos relacionada con la aparición de nuevos productos o máquinas, dentro y fuera del sistema de fabricación»[33]. Lo cual acaba conduciendo a cuestionar hasta qué punto el sector servicios podrá continuar ofreciendo nuevos empleos, ya que en la medida en que los avances tecnológicos permiten «incrementar su eficiencia, podría provocarse una racionalización en muchos servicios hasta el punto —según advierten los expertos del Club de Roma— de que el número de puestos disponibles en este sector descendiera de tal modo que se contrarresten los nuevos puestos de trabajo creados por las nuevas actividades de servicio»[34].

El desarrollo de nuevos modelos empresariales también está influyendo en la evolución de la oferta de empleo y en la caracterización de los tipos y modalidades de trabajo. Durante los últimos lustros del siglo XX algunos expertos en organización de empresas han venido insistiendo en la necesidad de aplicar criterios muy estrictos de rentabilidad a todos y cada uno de los puestos de trabajo existentes. En este sentido se ha llegado a sostener que uno de los problemas de la economía es que se tiende a mantener una gran cantidad de empleos escasamente productivos y necesarios, en los que mucha gente —se dice— permanece «emboscada» y a la defensiva. Esta interpretación de los hechos a veces se utiliza como refuerzo argumentativo para justificar la necesidad de evolucionar hacia modelos organizacionales basados en una utilización decreciente de fuerza de trabajo. En las grandes empresas, por ejemplo, se está poniendo un especial énfasis en la necesidad de abordar tal tipo de enfoques, por considerar que en las organizaciones de más entidad es donde mayores son las posibilidades de «emboscamiento» de bolsas de empleo poco productivo y poco controlado. De ahí la extensión de las estrategias basadas en la «externalización», mediante la subcontratación a otras compañías de todos aquellos componentes posibles de la producción. En esta perspectiva, se han llegado a postular modelos organizativos con un supuesto «reparto ideal» de los recursos humanos, según el cual no más del 20% de los trabajadores «deben» serlo con carácter interno y a tiempo completo, mientras que el resto se

---

[33] Orio Giarini y Patrick M. Liedtke, *El dilema del empleo. El futuro del trabajo*, Barcelona, Galaxia Gutenberg, 1998, pág. 217.
[34] Ibíd., pág. 173.

estima que es más «conveniente» que sea eventual, o trabaje a tiempo parcial, o lo haga a través de empresas subcontratadas[35].

Como puede entenderse, los nuevos enfoques organizacionales que resultan alcanzables en virtud de la revolución tecnológica tienen una influencia considerable en los procesos de desempleo y de precarización laboral. Y a su vez, en las nuevas coordenadas de creciente competitividad mundial, presentan muchas posibilidades de continuar evolucionando en esta misma dirección, especialmente en la medida que las concepciones imperantes conduzcan a muchas empresas a aplicar progresivamente criterios de supresión de aquellos trabajos a los que se califica como «poco productivos», «poco necesarios», «emboscados» y «sustituibles».

De esta manera uno de los principales centros de atención en las estrategias emergentes de organización empresarial tiende a fijarse en torno a un objetivo tan cuestionable desde el punto de vista de una lógica económica global autosostenible como la supresión de puestos de trabajo. Objetivo que, desde un punto de vista económico lleva a una contradicción compleja entre las metas de las empresas consideradas aisladamente y las metas y necesidades del sistema económico en su conjunto, que para su buen funcionamiento requiere tanto de empresas eficientes que produzcan a precios competitivos, como de personas con empleos y salarios razonables que puedan consumir y demandar los productos y servicios ofertados.

Algunas orientaciones económicas en «boga» no sólo corren el riesgo de verse atrapadas por un «círculo vicioso» autolimitativo a medio plazo, sino que tienden a desplazar el centro de consideración social desde las personas hacia formalizaciones y referentes monetarios carentes de visión de futuro. Lo importante, según piensan algunos, no es la estabilidad y la sostenibilidad armónica de los sistemas, ni tampoco la felicidad, el bienestar o las necesidades de las personas, sino unas supuestas exigencias «objetivables» —y «cosificadas»— de las organizaciones, más allá de cualquier otro criterio o consideración social y humana.

Por todas estas razones, los cambios que están teniendo lugar en los procesos productivos tienen que ser analizados a partir de un

---

[35] Una explicación de estos enfoques puede verse, por ejemplo, en Pedro Navarro, *El futuro del empleo,* Barcelona, Galaxia Guttenberg, 1999 (véase en especial, págs. 62 y sigs.). Significativamente, el capítulo que lleva por título «La empresa del futuro» se inicia con la presentación de una propuesta a la que se califica como un objetivo o «fórmula altamente seductora en el mundo empresarial», y que consiste en quedarse «con la mitad de empleados que tenemos ahora ganando el doble y produciendo el triple» (ob. cit., pág. 62). Curiosamente los dos únicos interrogantes iniciales que parece suscitar esta cuestión al autor son: «¿cuánto tiempo se tardará en conseguir esto? y ¿qué mitad será la que se quede en la empresa?»

marco explicativo suficientemente amplio y comprensivo. En este marco habría que partir de una valoración sobre el papel histórico que los sistemas de trabajo humano han desempeñado en el esfuerzo por la supervivencia y en la difusión de niveles de vida y oportunidades sociales más aceptables para el conjunto de la población. En dicho sentido, es preciso diferenciar entre una *lógica intrínseca* del trabajo, condicionada por el nivel de evolución tecnológica, una *lógica social,* afectada por el desarrollo de determinados modelos de organización de la producción, y una *lógica personal,* relacionada directamente con los papeles que cada individuo desempeña y con las oportunidades de bienestar de que disfruta. Precisamente, esta complejidad de referencias permite situar las distintas lecturas y valoraciones que se están realizando últimamente sobre un tipo de crecimiento económico que —como se dice— «no genera suficientes empleos». Cuando esto ocurre en la manera indicada se debe a que estamos ante procesos de acentuación desreferenciada de la «competitividad», o ante espirales de revalorización especulativa de activos, pero no ante verdaderos desarrollos económicos y sociales propiamente dichos, ya que ni se distribuyen racionalmente los recursos ni se mejora el bienestar social entre toda la población. Es decir, no estamos ante un verdadero progreso, sino simplemente ante una nueva fase evolutiva de un proceso de cosificación deshumanizante de la lógica económica.

Para valorar de manera correcta lo que está ocurriendo en el horizonte inicial del siglo XXI es necesario entender que en una sociedad determinada el *mercado de productos y servicios* puede operar en principio sin grandes desajustes intrínsecos a corto plazo y, al mismo tiempo, el *mercado laboral* puede estar dislocado, dando lugar a disfuncionalidades sociales que pueden terminar por afectar negativamente al mercado de productos y servicios a medio plazo, por ejemplo, taponando o limitando las posibilidades de consumo de todos aquellos sectores de la población que se vean aquejados por el paro, o por la precariedad laboral y la pérdida de capacidad adquisitiva de sus salarios o pensiones. Y, evidentemente, si estos sectores aumentan significativamente, la producción y el consumo se verán influidos también de una manera crítica.

Ulf Himmelstrand ha formulado una inteligente reflexión sobre este particular, recordando la necesidad de completar el marco de análisis sobre estas cuestiones con una evaluación rigurosa sobre las necesidades objetivas de «supervivencia y reproducción» de la población laboral, considerando asimismo las propias «necesidades de las sociedades modernas» como tales. Himmelstrand recalca la necesidad de atender a los límites de unas y otras y al papel que hasta ahora ha desempeñado la «estructura de dependencia mutua existente, que al mismo tiempo favorecía la supervivencia individual de los ciudadanos y de la sociedad como tal, debido básicamente a la circunstancia de que se necesitaba mano de obra para la producción industrial y a que los trabajadores necesitaban de la inversión de capital industrial para poder acceder al trabajo y contar así con los medios de supervivencia»[36].

Precisamente esta estructura de «dependencia mutua» entre el capital y el trabajo, en torno a la que se había articulado el «contrato social básico» que sustentaba la lógica de las sociedades industriales, es la que ahora se está modificando como consecuencia de las nuevas orientaciones y posibilidades de los sistemas productivos y de las nuevas formas de competitividad económica en mercados crecientemente globalizados. La alteración del entramado de relaciones mutuas que fue propio de las sociedades industriales está dando lugar a que un número cada vez mayor de seres humanos se encuentre sin empleo, o con malos empleos que no garantizan un modo de vida suficientemente digno, por el simple hecho de que ya no son «imprescindibles» o necesarios en el mismo sentido que lo habían sido hasta hace poco tiempo. Por ello, se puede decir que estamos ante una puesta en cuestión de los modelos de supervivencia heredados del industrialismo clásico, que exige encontrar alternativas diferentes que garanticen los equilibrios sociales y el mismo sentido de la contractualidad recíproca.

En esta perspectiva analítica, la determinación del volumen de empleabilidad presenta un doble polo de atención. Por una parte, el que se refiere a la magnitud global de empleo demandado, es decir, el empleo que se puede prefijar o estimar a partir del esfuerzo productivo que es —o sería— preciso para satisfacer las necesidades colectivas e individuales existentes en una sociedad determinada en un horizonte histórico concreto. Lo cual está relacionado tanto con las necesidades inerciales propias de los patrones heredados (el modelo social y cultural del que se viene con sus correspondientes hábitos de consumo y actividad) y, sobre todo, con las exigencias, las expectativas y las posibilidades generadas en el curso de la evolución social (modelo de referencia al que se tiende de cara al futuro, niveles de riqueza, pautas de distribución social, etc.). A partir de la consideración conjunta de estos dos conjuntos de variables, «teóricamente» podrían hacerse estimaciones sobre la «población potencialmente activa» de una sociedad concreta.

Pero, por otra parte, en el análisis hay que atender también a las propias tendencias que marca la evolución tecnológica y social, lo

---

[36] Ulf Himmelstrand, «El desempleo y el concepto de "gastos básicos necesarios"», *Revista Sistema,* núm. 151, Madrid, julio de 1999, pág. 5.

cual permite obtener referencias aproximadas sobre los *stocks* previsibles de empleos disponibles que van a ser «demandados» por el sistema productivo, en determinados horizontes temporales, de acuerdo a la capacidad técnica para producir más mercancías y ofrecer más servicios, con un mayor o menor volumen de fuerza de trabajo aplicada.

En consecuencia, la cuestión primordial no es si el número total de empleos disponibles crece —bien en todo el planeta o en un área determinada—, sino que lo relevante es si se están generando «espontáneamente» tantos empleos como son socialmente *necesarios* de acuerdo al crecimiento de la población y de acuerdo con las características y «calidades» que son «esperadas». Es decir, en la valoración de estas cuestiones no se debe prescindir de la noción de *necesidad social*. Y esta noción tiene que ser definida a partir de las coordenadas culturalmente vigentes en lo que se refiere a las oportunidades de trabajo para las mujeres, a las expectativas de empleo existentes para los jóvenes en función de los mayores niveles de estudios y cualificaciones, a las «demandas» salariales influidas por los niveles de vida alcanzados y a los requisitos de trato personal y de oportunidades de implicación derivados de la extensión de los modelos democráticos de convivencia, que en las sociedades desarrolladas de principios del siglo XXI son los únicos que han conocido varias generaciones educadas en el seno de familias postpatriarcales.

La mutua correspondencia de referencias analíticas a las que debe prestarse atención permite, finalmente, precisar la manera en que los nuevos desarrollos tecnológicos pueden afectar a las condiciones de empleabilidad en las sociedades emergentes. Y para ello resulta básico entender, como recuerda Himmelstrand, que «mientras las máquinas ahorradoras de empleo de primera generación en el siglo XIX y la primera mitad del XX generaron una gran cantidad de empleo debido a que eran fabricadas mediante el trabajo humano, encontramos que las innovaciones de segunda y tercera generación, que descansan en la tecnología del microprocesador, requieren cada vez menos trabajo humano... Las máquinas basadas en el microprocesador están siendo fabricadas no mediante el trabajo directo humano, sino por otros microprocesadores diseñados y programados por equipos de expertos cada vez más reducidos, de forma que la cantidad de trabajo humano necesario en el sector industrial disminuye significativamente. Mientras el crecimiento económico tradicional se correspondía con un aumento del empleo, esto ahora está cambiando; en la sociedad postindustrial el crecimiento económico puede mostrar una correlación cero, e incluso negativa, con el nivel de empleo. El hecho es que una población emergente desempleada y marginal, que afronta problemas sanitarios e incluso hambre, puede ser contrarrestada únicamente si las necesidades constantes históricas de alimentación, vivienda y vida comunitaria se satisfacen fuera de la sociedad post-industrial»[37]. Lo cual nos remite a la problemática de las ayudas al desempleo, los programas de integración social, las iniciativas de empleos alternativos, las políticas de rentas mínimas garantizadas, la «búsqueda» de nuevos yacimientos de empleos y de nuevas actividades socialmente útiles, etc. Pero, éstas son cuestiones que nos apartan ahora del hilo central de nuestra exposición.

En su conjunto, pues, si queremos hacer un análisis riguroso de lo que está ocurriendo en las sociedades tecnológicas de nuestro tiempo podríamos formular una ecuación, o un modelo, que permitiera definir y prever en cierta medida los riesgos de la actual dinámica desempleadora. Los elementos que habría que considerar en un enfoque comprensivo de esta naturaleza serían, al menos, los siguientes:

— Primero: Fijar los contextos precisos de relevancia en los que debe situarse el análisis y la evaluación de los datos, tanto desde el punto de vista de la significatividad de su impacto, como desde el marco cultural en el que se deben interpretar. Para ello es necesario atender a la perspectiva desde la que se valoran los efectos desempleadores y precarizadores por parte de la opinión pública. Hoy por hoy esta consideración tiene que ser ubicada por necesidad en los ámbitos concretos donde se pueden —o se podrían— «compensar socialmente», es decir, las naciones, o las entidades supranacionales formalizadas como la Unión Europea, ya que es en estos espacios donde tienen lugar los juicios y las valoraciones de los ciudadanos, donde se hacen notar los principales efectos e impactos sociales y donde se suscitan expectativas de rectificación (ya que existen «instrumentos políticos» para ello). A su vez, habría que partir de las coordenadas culturales en las que se sitúan las exigencias de «tener una posibilidad —o un derecho— de empleo». Es decir, en las sociedades desarrolladas de nuestro tiempo esta posibilidad o derecho es algo que corresponde tanto a los hombres como a las mujeres (Factores de *contexto* y *cultura)*.

— Segundo: Constatar las tendencias que muestran los datos sobre la evolución del paro, el empleo y el subempleo, así como sobre el número de robots instalados —y la capacidad de los

---

[37] Ulf Himmelstrand, ibíd., pág. 6.

mismos— durante los últimos lustros. De igual forma, y en relación con estos parámetros, hay que considerar la manera en que la opinión pública capta y valora las tendencias existentes en su proyección de futuro en contextos socio-culturales específicos (Factores relacionados con las *tendencias* y la *conciencia social).*

— Tercero: Evaluar las perspectivas de expansión del sistema productivo como tal, desde el punto de vista de las posibilidades de desarrollo de nuevas tareas, actividades, subsistemas productivos, etc., que puedan ser operativos y generar empleos, ingresos y remuneraciones adicionales en el marco de las actuales leyes del mercado (Factor *densidad* económica alcanzada y *potencialidades).*

— Cuarto: Determinar la proporción de puestos de trabajo que pueden ser «reemplazados» y de actividades laborales que pueden ser realizadas por robots y sistemas automáticos de trabajo (como posibilidad técnica y en función de las oportunidades de reducir costes, riesgos, incertidumbres, etc.) (Factores relacionados con la velocidad e intensidad de *diseminación* funcional de las nuevas tecnologías).

— Quinto: Atender a la propia relación que existe entre empleabilidad negativa y positiva, es decir, entre el porcentaje de puestos «amortizables» o reemplazables por las nuevas tecnologías y los que se generan —o se pueden generar— con dichas tecnologías. El caso al que hicimos referencia al principio de este capítulo de la factoría japonesa FANUC, con robots fabricando nuevos robots y un número de empleados insignificantes, fue durante años un ejemplo paradigmático de las nuevas formas de correlación entre trabajo-ocupación y nuevas tecnologías (Factor ecuación o *balance factible de «reemplazo»).*

— Sexto: Considerar la velocidad de crecimiento potencial de la demanda de bienes y servicios y sus posibilidades para generar nuevas actividades que puedan compensar o equilibrar el eventual balance negativo de empleos creados/empleos perdidos. En este caso uno de los riesgos que puede plantearse a medio plazo, si no aumentan apreciablemente los empleos de calidad, es entrar en una espiral negativa sobre el consumo influida por el paro de larga duración y por las tendencias de precarización laboral, que puede mermar la capacidad adquisitiva de sectores cada vez más amplios de población, induciendo eventuales desfases entre crecimiento económico y demanda (Factor crecimiento de la *demanda* y efectos asociados a los ciclos económicos).

A partir de estas variables, y de algunas otras que también sería necesario considerar («factibilidad» de nuevas tareas y actividades económicas, simultaneidad de los procesos, posibilidades de aceleración, riesgos de deslocalización de las empresas, etc.), podría establecerse una especie de ecuación que permitiera fijar el curso de desempleo previsible, en función de la expansión de los actuales sistemas robotizados, en contextos socio-económicos como los que actualmente existen.

Pero, como puede entenderse, la cuestión no estriba en la verosimilitud y en la eventual precisión de las fórmulas o los cálculos que podamos pergeñar. El problema real se refleja con nitidez en los datos concretos de la realidad y en las vivencias sociales de millones de personas. Mientras algunos analistas parecen empeñados en revivir la célebre discusión de la fábula sobre «galgos o podencos», los hechos se muestran tozudos y suscitan problemas que, si no se afrontan a tiempo, cada vez costará más enmendar. El hecho de que actualmente puedan ser «robotizables» un 75% o un 80% de las tareas laborales necesarias para producir todos los bienes y servicios que nuestras sociedades demandan, tiene un considerable alcance social. No se trata de un ejercicio de construcción de hipótesis abstractas, sino de posibilidades factibles e inmediatas. Y la experiencia demuestra que lo factible, de no mediar cambios o resistencias, tiende a hacerse real cuando se impulsa. Por ello, hay que entender que la única vía de reorientación que hoy por hoy parece plausible para prevenir algunos cursos negativos de la evolución social consiste en intentar «imaginar otros futuros sociales alternativos». Tarea que, de momento, no se está abordando con suficiente empuje y rigor.

¿Qué podrá ocurrir en el futuro? ¿Cómo acabará reaccionando la opinión pública ante las incertidumbres sobre el trabajo y ante la pérdida de calidad de los empleos? ¿Cómo enfrentarse a algunas de las evoluciones sociales previsibles? Las respuestas a estas cuestiones no son fáciles, pero desde luego hay que evitar caer en los argumentos basados en la «lógica analítica inversa», que niegan *a priori* algunas hipótesis de futuro a causa, precisamente, de los temores que despiertan los riesgos de reacciones populares negativas ante las nuevas tecnologías. De alguna manera, estas posturas, y las formas de argumentación a las que dan lugar, recuerdan al buen doctor que se afana por tranquilizar a su paciente, limitándose a mantenerle al margen de preocupaciones, intentando neutralizar los miedos ante la enfermedad. Lo cual, desde luego, ni es serio ni permite hacer frente a los problemas que puedan surgir.

La cuestión central ante la que nos encontramos emplazados consiste, pues, en entender que el proceso robotizador, tal como está teniendo lugar, tiende a amortizar empleos en una proporción y a un ritmo superior (y creciente) a aquel con el que se generan nuevas actividades remunerables, por vía directa o indirecta. A su vez, los empleos que se crean, además de ser insuficientes, están muy segmentados y en bastantes casos escasamente remunerados. Una proporción pequeña son actividades de alta cualificación, mientras que el resto son empleos que pueden ser realizados por lo que algunos analistas califican como «mano de obra genérica», perfectamente sustituible, reemplazable, deslocalizable, etc., y cuyas condiciones de trabajo son cada vez más precarias e inestables.

Es decir, el impacto de las nuevas tecnologías se está traduciendo no sólo en términos de un menor *stock* de empleos disponibles en casi todas las actividades, sino también de empleos peores, menos remunerados, más «intercambiables» y más «reemplazables» o «sustituibles». De esta manera, están desapareciendo conjuntos enteros de actividades laborales que tenían una mayor calidad en ingresos, seguridad, condiciones, etc., en comparación con buena parte de las «nuevas ocupaciones» que están surgiendo. En muchos casos lo que está teniendo lugar es un reemplazo de empleos estandarizados razonables por subempleos e infraempleos que no garantizan un nivel de vida aceptable, con su correspondiente traducción en un proceso de degradación social para muchas personas. Por lo tanto, ejemplos como el de los copistas medievales o el de la fabricación de máquinas en los inicios de la industrialización no sirven para comprender la nueva evolución tecnológica y social. Quizás, por ello, algunos estudiosos intentan recurrir a casos tan pintorescos y alejados en el tiempo como los que aquí hemos recordado, pretendiendo establecer paralelismos con procesos económicos actuales en los que no es fácil encontrar referencias del mismo tenor, sino más bien todo lo contrario.

En una tesis doctoral de cuyo tribunal formé parte a finales de los años 90 pude encontrar reflejado un buen ejemplo del enorme impacto que están teniendo las nuevas tecnologías sobre el empleo[38]. Aunque el objeto de la tesis no era éste, la descripción de la evolución de una empresa de ingeniería española, que se tomaba como referencia, permitía hacer un seguimiento muy preciso de los efectos que tuvo la utilización de ordenadores personales sobre las tareas y los empleos. La empresa en cuestión llegó a tener dos mil empleados, pero después de dicha incorporación tecnológica en la década de los años 90 quedó reducida a unos cuantos centenares, llegando a facturar casi el triple que en los años 80, con dos veces y media menos empleados, muchos de ellos titulados superiores. Los ingenieros

---

[38] Véase Carlos de la Puente, *La evolución del cambio en la estructura organizativa de una empresa,* Tesis Doctoral, Madrid, Universidad Complutense, 1998.

poco a poco fueron haciendo prácticamente por sí solos gran parte del trabajo de elaboración y preparación de los proyectos, amortizando el trabajo de los «delineantes» (hacían los planos por ordenador), del *pull* de secretarias (tenían partes «modulares» de los proyectos en la memoria de los ordenadores y los articulaban fácil y rápidamente), de los auxiliares encargados de reprografía (hacían copias directamente en sus impresoras), de los encargados de archivos (los proyectos se archivaban en disquetes y los «discos duros»), de los recaderos y mensajeros (parte de la información circulaba y se enviaba por fax o correo electrónico). Las nuevas formas de trabajar repercutieron, a su vez, en un enflaquecimiento general de la organización, con reducción del personal de gestión, de administración, de contabilidad y de mantenimiento. ¿Alguien puede creer que los miles de personas que quedaron sin empleo en esta y en otras empresas similares están ahora montando y vendiendo los ordenadores personales que manejan unas pocas decenas de ingenieros? En la medida que el ejemplo de esta empresa se está multiplicando y se reproduce en muchos otros casos similares en el sector industrial y de los servicios, la mera formulación de algunas dudas como las que aquí hemos recordado acaba resultando un poco chocante.

4. ¿AUMENTA EL EMPLEO GLOBAL?

Cuando algunos analistas sostienen que no existe relación entre la aplicación de las nuevas tecnologías y los nuevos modelos de organización económica y la crisis de empleo, arguyendo que en los últimos años el volumen total de la población activa ha aumentado en el mundo, están construyendo un argumento falaz. El aumento del empleo no es homogéneo ni uniforme, ni tiene siempre —y por sí solo— un significado de avance en la dirección del progreso económico y tecnológico. La existencia de un determinado volumen de empleo debe ser puesta en relación con otras variables, sobre todo con el crecimiento demográfico, con el desarrollo económico, con los flujos migratorios y con el progreso social y cultural. Cuando se habla sin más del aumento del volumen total de la población activa se olvida que en los últimos años también ha aumentado considerablemente el volumen de la población total del planeta y se ha incrementado la riqueza disponible. Por ejemplo, en el período que va desde 1960 a finales del siglo XX la población mundial se duplicó, pasando de 3.000 millones de habitantes a 6.000 millones, y solamente en la segunda mitad del siglo XX el PIB mundial aumentó nueve veces. Pero el empleo no se ha multiplicado por nueve ni ha crecido en las cantidades que las nuevas condiciones sociales y culturales demandan, considerando también las exigencias de incorporación de la mujer al trabajo. De hecho, en el período de 1960 a 1980 la población activa mundial creció un 57,02%, mientras que desde 1980 a finales del siglo XX el crecimiento global se ralentizó, alcanzando un incremento del 42,11% en dos décadas[39]. Sin embargo, lo más significativo no es sólo el menor aumento de la población activa, sino el ascenso paralelo de las tasas de paro y de precarización laboral. Es decir, mientras que en la década de los años 60 muchos países habían alcanzado una situación de práctico pleno empleo y la gran mayoría de la población activa estaba realmente ocupada y mejoraba en sus condiciones de bienestar social, en cambio a finales de siglo casi un tercio de la población activa —como resalta la OIT— se encontraba parada o subempleada. En concreto, a finales del año 2000 la OIT estimaba la cifra mundial de parados en 160 millones de personas, 20 millones más que antes de que se produjera la crisis asiática en 1998, de los cuales 50 millones correspondían a países desarrollados (incluidos los de Europa Central y del Este). A su vez, a esta cifra hay que añadir 500 millones de «trabajadores pobres» que tienen que vivir con ingresos por debajo del nivel de pobreza y otros muchos que carecen de un trabajo estable y de condiciones mínimas de seguridad laboral[40].

Por lo tanto, lo sorprendente, lo verdaderamente llamativo, sería que disminuyera en número absoluto el empleo global disponible o la población activa en general, en contradicción diametral con la evolución de las tendencias indicadas, sobre todo con el aumento de la población, que es la referencia clave en este terreno, en función de la cual deben evaluarse los déficit de empleo que realmente existen.

En el estudio de estas cuestiones es necesario proceder de manera cuidadosa, dejando muy claro de qué manera se está generando realmente la oferta de empleo: si se hace como empleo normal de cierta calidad que aumenta a causa del propio dinamismo y orientación de la economía, o bien si se configura —como población activa— debido fundamentalmente a razones demográficas (crecimiento de la población)[41], a variables conectadas con la fragmentación y el deterioro de los empleos (trabajos temporales, a media

---

[39] Vid, OIT, *Anuario de Estadísticas del Trabajo. 1968*, Ginebra, 1969, pág. 52; Banco Mundial, *Informe sobre desarrollo mundial 2000-2001*, Mundi-Prensa, Madrid, 2001, págs. 279; y OIT, *Economically Active Population1950-2010*.

[40] OIT, *World Employment Report 2001. Life at Work in the Information Economy*, Ginebra, 2001, págs. 1 y 4.

[41] La OCDE, por ejemplo, ha llegado a estimar que en las últimas décadas del siglo XX el crecimiento efectivo del empleo se debió en más del 80% de los casos al crecimiento de la población.

jornada, etc.), o a factores culturales (aspiración lógica de una mayor proporción de mujeres a trabajar). En esos últimos supuestos los efectos de tales procesos pueden ser tanto un aumento de la población activa como del paro global, así como un deterioro de las condiciones laborales, con una mayor precarización debida a la sobrepresión de la oferta de empleo disponible y de los mercados paralelos. Consecuentemente, las cifras de evolución del empleo deben ponerse en relación con variables sociológicas y de contexto que permitan detectar y prever problemas concretos, ¡y no ocultarlos detrás de la construcción de fetiches estadísticos que no dicen nada!

Para obtener una imagen fiel de lo que está ocurriendo con el empleo en las sociedades de principios del siglo XXI habría que empezar por utilizar indicadores estadísticos precisos que fueran capaces de reflejar toda la complejidad de la realidad. En este sentido algunos analistas han insistido en que la tasa de desempleo, por sí sola, no es un buen indicador. Vicenç Navarro, por ejemplo, ha propuesto utilizar en su lugar la «tasa de producción de empleo neto» que «mide la diferencia entre puestos efectivos de trabajo creados menos los puestos de trabajo destruidos durante el tiempo estudiado» en una sociedad determinada. Utilizando indicadores más rigurosos y complejos de este tipo Navarro demuestra que algunos de los supuestos comúnmente aceptados sobre la alta eficiencia de la economía norteamericana, sobre las razones de la generación de más puestos de trabajo y sobre la mayor cualificación de los empleados en los sectores de las nuevas tecnologías no se encuentran sustentados por la evidencia empírica[42].

Algunos de los incrementos en los empleos en Estados Unidos obedecen, como ha señalado John Eatwell, a un proceso de reinserción laboral forzada y en parte «ficticia» de parados en precario que ya fue explicado por Joan Robinson en 1937. De acuerdo con esta interpretación «cuando el apoyo del Estado de Bienestar es bajo o no existe en absoluto»... «aquellos que pierden el trabajo» y carecen de «otra fuente de ingresos... tienen que encontrar alguna forma de ganarse la vida, por lo general, en servicios mal remunerados»[43]. El ejemplo de Robinson fue el de «alguien que vende cerillas en la ca-

---

[42] Vicenç Navarro, «El futuro del trabajo. El caso de Estados Unidos y su relevancia para España», en José Félix Tezanos (ed.), *Escenarios del nuevo siglo,* Madrid, Editorial Sistema, 2000, págs. 84 y sigs. Véase, también en este sentido, Vicenç Navarro, «¿Existe una nueva economía?», *Sistema,* núm. 159, noviembre, Madrid, 2000, págs. 29-51.
[43] John Eatwell, «Eficiencia, igualdad y empleo», *El Socialismo del Futuro,* núms. 9-10, Madrid, 1994, págs. 110 y 111.

lle» para «salir del paso». Éste es un fenómeno, como luego veremos, típico de países poco desarrollados (especialmente latinoamericanos) donde las condiciones de trabajo son tan precarias que apenas se registra un paro apreciable. En algunas de las sociedades avanzadas de nuestro tiempo esta «solución» se ha institucionalizado, dando lugar, como sostiene Eatwell, a un fenómeno de «paro encubierto» que refleja un «subempleo inducido» a causa del «bajo nivel de previsión de la seguridad social».

Las principales cuestiones que es necesario considerar, pues, en una evaluación objetiva de la evolución real del empleo son las siguientes:

— Si se está creando empleo en un volumen correspondiente al incremento de la riqueza, de acuerdo con parámetros equiparables a los que se conocieron en el pasado, o bien si, por el contrario, en muchos lugares la mayor generación de riqueza no está dando lugar a un incremento paralelo, o similar, en el volumen y la calidad de los empleos disponibles.

— Si en algunas naciones y zonas del planeta se están produciendo déficit relevantes de puestos de trabajo, tanto si nos atenemos a la perspectiva de los viejos modelos culturales (desaparición de empleos típicos del modelo clásico «fordista»), como si consideramos los nuevos referentes sociales emergentes, según los cuales las mujeres tienen tanto derecho a tener una actividad remunerada como los hombres. Es decir, lo que en este caso habría que valorar es si existe una carencia de empleos suficientes como para atender las demandas —exigencias— de trabajo *culturalmente* determinadas.

— Si en algunos países está teniendo lugar una cierta expansión del volumen total de población activa que obedece en gran parte a razones de presión demográfica y no a un crecimiento económico fuerte y sostenido. Éste es el caso, por ejemplo, de aquellas naciones con poco volumen de empleos industriales, con bajos salarios y una escasa difusión de pautas modernas de bienestar social.

— Si en algunas zonas del planeta se están sustituyendo empleos razonablemente estables y de alta calidad (bien pagados, seguros, con horarios «civilizados», buenas condiciones físicas, etc.) por trabajos de menor calidad en los mercados internos desregulados (precarios, inestables, mal remunerados, a media jornada, etc.), o por otros peor pagados y con deficientes condiciones en países diferentes, como consecuencia de los procesos de deslocalización de las empresas en búsqueda de mercados laborales menos regulados (con salarios más bajos, jornadas más dilatadas y menos costes y controles sociales). En estos casos estaríamos ante una sustitución de «buenos» por «malos» empleos; es decir, las actividades laborales que desaparecen en unos países (los más desarrollados) no son realmente reemplazadas, y en su caso incrementadas, por otros empleos similares o equivalentes creados en otras sociedades (las menos desarrolladas). En la medida en la que en algunos casos exista una cierta permuta en la situación (lo cual no siempre es así), se trata en realidad de un mal cambio, cuyo efecto es un deterioro de las condiciones generales de empleo y de bienestar social de la población en su conjunto. Por lo tanto, estamos ante manifestaciones de una crisis del trabajo que difícilmente puede ser interpretada en términos de un balance global positivo.

Estas consideraciones nos llevan a la conclusión de que para valorar si está aumentando o disminuyendo efectivamente el empleo no puede caerse en la misma simplificación falaz con la que se suele ilustrar a los alumnos primerizos de Estadística sobre el potencial distorsionador que pueden tener algunos índices numéricos no contextualizados, recurriendo a la manida historieta del estadístico que calcula el consumo medio de «pollos» en una población de dos personas, en la que una de ellas come dos pollos a la semana y la otra ninguno y en la que la «medida» obtenida de un consumo medio de un pollo por persona no refleja los hechos reales. Por lo tanto, para evitar estas falacias de composición es necesario ajustar y ponderar las informaciones. Y, para ello, lo primero es definir bien «las necesidades sociales». Es decir, hay que precisar sociológicamente el volumen de la demanda efectiva de empleos por parte de una población dada.

En el siguiente capítulo nos detendremos en el análisis pormenorizado de las tendencias más relevantes para nuestro estudio que muestran los datos sobre evolución del empleo. Sin embargo, del hilo de lo que hasta aquí hemos señalado, podemos decir que las evidencias empíricas disponibles permiten situar la cuestión en las siguientes coordenadas:

— Las estadísticas y los informes de la OIT y de la OCDE de los últimos años muestran una tendencia de evolución hacia un contexto laboral con menos empleos relativos, con peores puestos de trabajo, con agudización de las desigualdades salariales, con un aumento de las situaciones de precariedad y con una diferenciación creciente de las condiciones laborales de unas y otras generaciones y unos y otros sectores en las mismas sociedades (cortes generacionales y culturales).

— Los datos muestran la existencia de distintos modelos sociológicos en lo que se refiere a la incidencia de la aplicación de nuevas tecnologías en el empleo, variando notablemente las situaciones de unos países a otros. La complejidad actual no puede reducirse al viejo esquema de primer mundo, segundo y tercero —o países muy desarrollados, en desarrollo y poco desarrollados—, sino que es necesario atender a contextos heterogéneos que dan lugar a diferentes procesos socio-económicos, influidos no sólo por el nivel de desarrollo económico, sino también por variables culturales y políticas (países del Este europeo en regresión, países asiáticos en expansión o en crisis, países latinoamericanos con situaciones laborales atípicas, países africanos que atraviesan crisis profundas, etc.).

— A su vez, se detectan oscilaciones a corto plazo en la evolución del empleo, con avances, retrocesos y ajustes de la población activa total y del conjunto de empleados en las empresas manufactureras, tanto en los países más desarrollados como en los que están en fases menos avanzadas de crecimiento.

— Las informaciones empíricas disponibles no permiten detectar fuertes expansiones de empleo asociadas a innovaciones tecnológicas, como sostenían los teóricos de los ciclos cortos de la economía, ni siquiera en contextos muy desarrollados.

— En los países menos desarrollados no se está generando empleo industrial de manera notable, al menos en tanto volumen como el que se destruye en los países más desarrollados. Y desde luego, como ya hemos explicado, no se puede sostener que el empleo industrial que desaparece en los países más ricos se está «recreando» en los países menos prósperos. Es decir, la interpretación un poco ingenua que a veces se intenta difundir sobre empresas que se «deslocalizan» para «crear» empleos en países menos desarrollados a causa de las presiones dictadas por la «codicia sindical» de los obreros de los países más prósperos no se corresponde en absoluto con la realidad. El hecho cierto es que los procesos de «deslocalización» y de mejora de la «competitividad» mediante *«dumping* social» no generan tantos empleos como los que destruyen, y los que se crean son de menos calidad; a veces se trata de actividades muy poco cualificadas y escasamente «formalizadas».

— Los datos correspondientes a los últimos años del siglo XX muestran que existen inflexiones y desaceleraciones significativas en algunos países asiáticos que habían tenido una fuerte expansión en los lustros anteriores, y que habían sido puestos como ejemplo de «buen hacer» económico (los famosos «tigres» asiáticos). En buena medida es posible que estas inflexiones hayan obedecido a una cierta saturación, o a un rebote en los ritmos de crecimiento, pero también se han visto afectadas por la acentuación de las crisis financieras y el recalentamiento de los elementos que las alimentan.

En suma, los datos sobre el desempleo —tanto los subyacentes como los aparentes— reflejan la influencia de un conjunto de factores económicos, laborales y socio-culturales que, como ocurre con otras variables del cálculo económico y social, están en función, básicamente, de la oferta y la demanda real (sin restricciones ni ocultamientos), es decir, del número de personas que quieren trabajar en un país dado en un horizonte histórico y cultural determinado, así como de las posibilidades efectivas de obtener empleo que existen en dicho país —y no en las antípodas— tanto cuantitativa como cualitativamente (cuántos trabajos hay y de qué tipo y calidad).

En cualquier caso, las interpretaciones teóricas que se han formulado a lo largo de los últimos años para intentar profundizar en el significado y el alcance de los procesos de innovación tecnológica, y en sus efectos sobre el empleo, no han llegado a concitar hasta la fecha un grado suficiente de consenso entre la comunidad científica. La literatura disponible es bastante rica en matices, habiéndose abordado cuestiones que van desde la contribución general de las innovaciones tecnológicas al proceso productivo, en su dimensión histórica, sociológica y antropológica, hasta el papel que ha tenido el plus-trabajo y los factores tecnológicos, así como su crisis, en la acumulación del capital, oscilando las posiciones desde las visiones inspiradas en los enfoques originarios de Carlos Marx, hasta las interpretaciones de los teóricos del postindustrialismo que enfatizan el papel central de los científicos, de los técnicos y del complejo de I + D en el funcionamiento de los sistemas de producción emergentes.

Especialmente significativos resultan en este sentido, por su pertinencia y autoridad en el tema, algunos de los análisis publicados por la OIT, en los que se subraya que los trabajadores de producción están siendo los más afectados por los cambios, habiendo tenido una tasa de crecimiento de empleo «baja y a menudo negativa», al tiempo que en la evolución del trabajo de oficina «se prevé que la tasa de empleo bajará enormemente a causa de las computadoras, que realizarán una proporción mayor del trabajo burocrático». Desde un punto de vista salarial, los análisis, de la OIT sobre lo ocurrido en los últimos lustros del siglo XX consideran que «los cambios tecnológicos y las nuevas formas de organización del trabajo, que aumentan la demanda de personal más calificado, traen consigo desigualdades salariales si implican una aceleración de la demanda de trabajadores calificados que supere las ofertas, esto es, un déficit de calificaciones. La experiencia de muchos Estados miembros de la OCDE —se indicaba en el Informe sobre empleo de la OIT de 1998/99— pone de manifiesto que eso es precisamente lo que ha sucedido desde el descenso de 1980, con un aumento de la diferencia salarial entre los trabajadores cualificados y los no cualificados. En el decenio de 1980, tal diferencia iba a veces acompañada de una disminución de los ingresos reales de los trabajadores menos cualificados»[44].

Los informes de la OIT reflejan un panorama de luces y de sombras: «las nuevas tecnologías —se dice— han creado y destruido empleos y han transformado la organización del trabajo. Las presiones competitivas y la nueva división del trabajo debido a la IT obliga cada vez más a las empresas a tener una estructura orgánica que dé una mayor responsabilidad a los trabajadores... También han cambiado las características del trabajo: los trabajadores han de tener un mayor nivel de calificación y ser polivalentes... Al mismo tiempo, ha habido una polarización de los puestos de trabajo en los dos extremos de la gama tecnológica. Para muchas empresas, en vez de dispensar formación y readaptación profesional, la opción ha consistido en contratar a trabajadores a tiempo parcial, y en subcontratar tareas. También ha aumentado el número de puestos de trabajo de dedicación parcial, con salarios bajos, en el caso de personal de venta y servicios, de poca calificación. La mayor polarización de los mercados de trabajo —se concluye— se pone de manifiesto en el grado de desempleo y/o salarios bajos de los trabajadores menos cualificados»[45].

El hecho de que los expertos de organismos tan significativos como la OIT lleguen a tal tipo de conclusiones revela que el impacto de las nuevas tecnologías en el empleo se manifiesta en facetas que van más allá del debate sobre el volumen de empleo disponible, y apuntan hacia mutaciones profundas en el trabajo, como actividad y como nexo de relación laboral-salarial.

---

[44] OIT, *Informe sobre el empleo en el mundo 1998-1999*, Ginebra, 1998, páginas 52-53.
[45] Ibíd., pág. 57. Precisamente, los países desarrollados con mayores desigualdades salariales son Canadá, Estados Unidos y el Reino Unido.

Capítulo 4

Una nueva estructura laboral

La figura del labrador con la espalda encorvada y con una azada en las manos ha sido la representación emblemática del trabajo en las sociedades horticultoras. El campesino guiando un arado con una yunta de animales de tiro tipificó, a su vez, la actividad propia de las sociedades agrarias, de la misma manera que durante el industrialismo el trabajador arquetípico ha sido el operario fabril con un mono azul manchado de grasa afanándose en una cadena de montaje. Pero ¿cuál será el modelo de trabajador característico de las sociedades tecnológicas del siglo XXI?, ¿podemos pensar en una imagen similar a la de los empleados de bata blanca que deambulan en penumbras por factorías robotizadas como la de FANUC, a la que antes hicimos referencia?, ¿o más bien será un especialista con corbata o con ropa informal que supervisa o diseña procesos automáticos de trabajo, desde pantallas de ordenador situadas en zonas acristaladas fuera de las cadenas, o incluso desde su casa?, ¿habrá realmente una única imagen paradigmática del trabajador del siglo XXI?

Las nuevas formas de organizar la producción implican una revolución profunda en el trabajo que va a alterar muchas de las realidades laborales que hemos conocido a lo largo del siglo XX; tanto desde el punto de vista de las personas, como desde la perspectiva de los sistemas sociales en sí mismos considerados. Pero, ¿qué indican los datos en los inicios del nuevo siglo?, ¿cuáles son las principales tendencias ocupacionales que se pueden anticipar?, ¿se está pergeñando la imagen de una estructura social postlaboral?

Las posibilidades que introducen las nuevas formas de realización del trabajo están teniendo —y tendrán— consecuencias directas o indirectas en:

— Las modalidades de efectuar las tareas productivas.
— La estructura ocupacional como tal.
— La oferta de empleo disponible y el paro estructural.
— Las formas de organizar la producción, y sus repercusiones en la estructura social.

— La percepción social sobre el trabajo, y sobre su papel.
— La distribución de los bienes y recursos.
— La formalización de las identidades de clase.
— El sentido vital de realización y de pertenencia de las personas.

En el primer libro de esta trilogía he analizado con algún detalle la manera en que estos cambios están afectando a un aspecto tan importante de la conformación social como las identificaciones de clase[1]. ¿Estamos avanzando hacia una sociedad genérica de clases medias inespecíficas?, ¿o hacia nuevas identidades sociales difícilmente traducibles a partir de los conceptos del pasado y de las referencias socio-laborales? ¿Cómo van a modificarse los perfiles de la estructura de clases y el sistema de desigualdad social en su conjunto? ¿Qué alcance y qué consecuencias van a tener los procesos de desindustrialización y de terciarización de los sistemas económicos?

En páginas anteriores hemos considerado la influencia de la evolución de las estructuras postindustriales y de la caracterización de los nuevos empleos en los perfiles de la estructura social y en la propia evolución de los componentes potenciales de los diferentes sectores de clases. No hay que olvidar que la cuestión del «tamaño» de las clases ha sido clave durante el ciclo de las sociedades industriales. Y que el empleo industrial ha sido históricamente no sólo «un dato fundamental de la estructuración socio-económica», sino también un indicador bastante preciso sobre el desarrollo del «tamaño de la clase obrera, la única clase moderna para la que el número de sus miembros es una variable crucial»[2].

En este capítulo vamos a considerar algunas de las cuestiones relacionadas con las transformaciones en la estructura ocupacional y con la evolución del empleo a luz de los datos empíricos disponibles.

1. Transformaciones en la estructura ocupacional

A lo largo de las dos últimas décadas del siglo xx en los países altamente industrializados se han podido constatar algunos de los efectos que la introducción de las nuevas tecnologías está teniendo en la evolución de la población activa, en una perspectiva de cierta continuidad con las pautas que se habían apuntado en las últimas fa-

---

[1] Véase José Félix Tezanos, *La sociedad dividida*, ob. cit.
[2] Göran Therborn, *European Modernity and Beyond. The Trayectory of European Societies 1995-2000*, Londres, Sage, 1995, pág. 74 (traducción en castellano en Siglo XXI).

ses de desarrollo de las sociedades industriales maduras. Los datos disponibles (véase Tabla 1) muestran, por ejemplo, que en países muy desarrollados como Estados Unidos, Canadá, Suecia, Alemania o Japón se están produciendo las siguientes tendencias generales:

— Un aumento apreciable en la proporción de profesionales, técnicos, directivos y empleados de cuello blanco en general. En algunos países el conjunto de estos sectores ocupacionales supera el 62% del total de la población activa ocupada (véase Gráfico 1).

— Una reducción, o estancamiento en su caso, en la proporción de los trabajadores agrícolas y del personal de servicios sin cualificaciones.

— Una disminución importante de la proporción de trabajadores manuales no agrícolas, que tienden a situarse por debajo de un tercio del total de la población activa ocupada, incluso en torno al 25% en el caso de Estados Unidos.

La introducción durante los últimos años del siglo XX de nuevos enfoques clasificatorios en las categorías ocupacionales de las estadísticas laborales internacionales (CIUO-88) hace que no se pueda seguir con toda precisión la evolución de los datos en todos los países, debido a que los nuevos criterios incorporan matices diferentes. En concreto, el antiguo grupo de «profesionales, técnicos y similares» se ha ampliado y detallado con nuevos sectores y cuadros cualificados de los servicios y la Administración Pública; a su vez el sector de «personal administrativo y similares» se acota más restrictivamente, quedando referido sólo a los «empleados de oficina»; el grupo de «comerciantes y vendedores» se redistribuye en otros varios, especialmente en el de «trabajadores no cualificados», donde ahora se sitúan —sorprendentemente— los cuadros medios de la venta y de los servicios, lo que da lugar a una lógica disminución de la proporción de activos en el antiguo grupo de «personal» de servicios. Los principales efectos que tiene la utilización de tales criterios clasificatorios en la consideración evolutiva de las magnitudes son un aumento «estadístico forzado» de la categoría de «profesionales, técnicos y similares» y, sobre todo, del bloque de «trabajadores no agrarios en su conjunto», que antes tenían un perfil más industrial y al que ahora se adicionan nuevas categorías de personal de ventas, de los servicios y de la distribución; al mismo tiempo se produce una merma paralela en la presentación del viejo bloque del «personal administrativo». Aunque pueda parecer chocante, estas modificaciones clasificatorias pueden inducir una imagen más «industrialista» de la evolución de la estructura ocupacional en su conjunto que, sin em-

Tabla 1
EVOLUCIÓN DE LA ESTRUCTURA OCUPACIONAL EN VARIOS PAÍSES ALTAMENTE DESARROLLADOS

	Canadá					EEUU					Suecia					Alemania					Japón			
	1980	1989	1992	1997	1998*	1980	1989	1992	1997	1998	1980	1989	1992	1997	1998	1980	1989	1992	1997*	1998*	1980	1989	1992	1997	1998
Profesionales, técnicos y similares	15,3	16,8	17,3	33,3	28,7	16,1	16,4	16,5	18,1	18,4	26,3	31,7	31,8	34,4	34,8	13,8	16,9	16,1	32,0	32,6	7,9	10,9	11,5	12,6	13,0
Directores y funcionarios superiores	7,7	12,4	12,7	—	10,6	11,2	12,7	11,9	14,2	14,5	2,3	—	—	5,1	5,0	2,9	3,7	3,1	5,8	5,8	4,0	3,8	3,9	3,4	3,4
Personal administrativo y similares	17,6	16,7	15,9	13,8	12,9	18,6	15,7	15,4	14,2	14,0	12,2	16,3	15,9	11,1	11,0	1,9	20,2	19,8	12,8	12,7	16,7	18,0	18,6	19,4	19,8
Comerciantes y vendedores	10,4	9,4	9,7	10,2	—	6,3	12,0	11,6	12,1	12,1	8,1	9,2	9,2	—	—	8,7	8,5	8,6	—	—	14,4	15,3	14,4	14,3	14,2
Personal de servicios	13,3	13,2	13,9	13,5	14,2	13,3	13,3	13,6	13,5	13,6	13,5	9,5	9,3	18,1	18,2	11,0	11,1	10,6	11,3	11,4	9,0	8,5	8,6	9,7	10,0
Trabajadores agrícolas y forestales, pescadores y cazadores	5,7	4,2	4,9	4,4	3,2	2,8	2,9	2,9	2,7	2,7	5,5	3,6	3,1	2,3	2,3	5,4	3,8	3,4	2,2	2,1	10,3	7,5	6,2	5,3	5,2
Trabajadores no agrarios, conductores de maquinarias y vehículos de transporte y similares	30,2	27,2	24,9	24,9	30,5	31,7	27,1	26,0	25,1	24,8	32,0	29,4	25,7	28,4	28,1	36,7	32,6	30,2	33,8	33,2	37,5	35,6	34,2	34,7	33,8
Otros trabajadores que no pueden ser clasificados, sin empleo previo y otros	—	—	11,3	—	0,3	—	—	7,9	—	—	—	—	4,9	0,8	0,5	1,5	3,1	8,2	2,4	2,5	0,2	0,5	2,6	0,5	0,5

Fuente: Anuario de Estadísticas de Trabajo, varios años. Elaboración propia

* La utilización de la nueva clasificación CIUO-88 hace que estos datos no sean comparables estrictamente con los anteriores.

Gráfico 1
TENDENCIAS DE EVOLUCIÓN DE LAS OCUPACIONES DE CLASE MEDIA
EN PAÍSES ALTAMENTE DESARROLLADOS
(% SOBRE EL TOTAL DE POBLACIÓN OCUPADA)

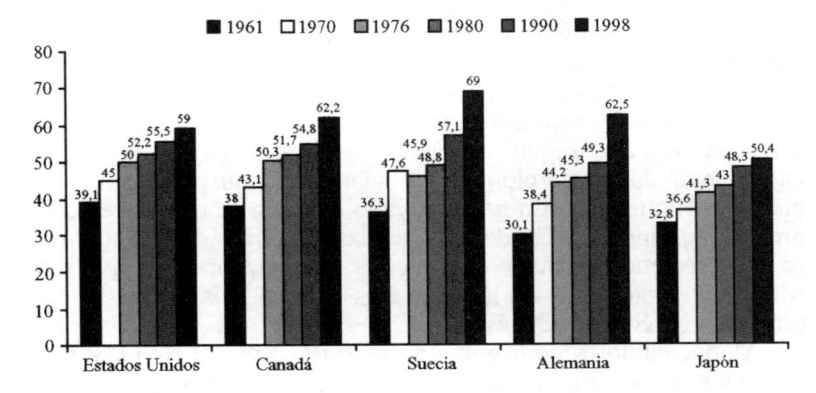

Fuente: OIT, Anuarios de Estadísticas del Trabajo, varios años, ob. cit., elaboración propia.
Nota: Incluye profesionales, técnicos superiores, directores, altos funcionarios, personal administrativo, comerciantes, vendedores y personal cualificado de servicios.

bargo, no resiste la prueba de la comparación cuando se profundiza con más detalle en la dinámica de las categorías socio-ocupacionales concretas, subepígrafe a subepígrafe.

Más allá de la pertinencia de los cambios introducidos en la presentación de los datos ocupacionales, lo cierto es que las sociedades más desarrolladas se caracterizan por la presencia de unas clases medias complejas y diversificadas, mientras disminuye continuamente la proporción de los trabajadores manuales de la industria y los servicios. En contraste con algunas previsiones sociológicas y políticas, los trabajadores manuales no han llegado a constituir un sector ocupacional mayoritario, ni parece que vayan a hacerlo en el futuro[3]. El impacto directo o indirecto de las nuevas tecnologías parece que está

---

[3] En realidad esta cuestión, y los mismos análisis de Marx sobre el particular, han sido objeto de bastantes interpretaciones simplificadoras. De esta temática, con especial referencia a España, me he ocupado en varios libros y artículos. Véase, por ejemplo, *Las nuevas clases medias,* Madrid, Edicusa, 1973; *Estructura de clases y conflictos de poder en la España postfranquista,* Madrid, Edicusa, 1977; «La teoría marxista de las clases, los cambios en la estructura de clases en España y la alternativa socialista», *Revista Sistema,* núms. 29-30, Madrid, 1979; «Clases sociales», en Salvador Giner (ed.), *España: Sociedad y Política,* Madrid, Espasa Calpe, 1990, y, más recientemente, en *La sociedad dividida,* ob. cit., capítulos 7 y 8.

reforzando la tendencia hacia una «mesocratización» social general y más difusa de las estructuras ocupacionales, tal como se puede constatar en perspectivas evolutivas de más largo alcance (véase Gráfico 1).

No obstante, la interpretación de esta tendencia ha sido objeto de algunos cuestionamientos por parte de quienes objetan que la situación de los países poco desarrollados no se ajusta al mismo patrón de evolución, no faltando tampoco los que apuntan algunas «contratendencias» típicas de países asiáticos con un fuerte crecimiento económico, en los que —según se arguye— está aumentando muy significativamente la proporción de trabajadores industriales. Así, por ejemplo, Ramin Raustin ha subrayado que «en lo que se refiere al proletariado industrial tradicional no existen dudas de que su número está creciendo de manera destacada en la mayor parte del Tercer Mundo y en particular en los llamados Nuevos Países Industrializados» (Corea, Singapur, Taiwan, etc.)[4].

Algunos autores de inspiración marxista, como Erik O. Wright, han intentado encontrar fundamentaciones empíricas para sostener que la clase obrera «continúa» siendo «la más numerosa dentro de la fuerza de trabajo. Incluso si adoptamos —dirá Wright— una definición estrecha de clase obrera que excluye a diversos propietarios de bienes de explotación "marginales", en torno al 40% de la fuerza de trabajo pertenece a esta clase»[5]. Tomando en consideración un enfoque más amplio, la «coalición de la clase obrera», según Wright, llegaría a alcanzar en países como Suecia entre el 73% y el 80% de la población activa, y en Estados Unidos el 58%[6]. Aunque algunas de estas tesis han sido matizadas ulteriormente y se encuentran acompañadas por elaboraciones teóricas brillantes, no dejan de traslucir una impresión de notable distanciamiento con lo que verdaderamente ocurre en la realidad concreta de las sociedades de nuestro tiempo. En algunos casos, el esfuerzo analítico se ha centrado en intentos de «bosquejar» construcciones conceptuales que «redefinen» y «recolocan» los datos hasta obtener las mejores y más apetecibles estampas de la realidad, como un fotógrafo de estudio o un diseñador gráfico que retoca y recrea imágenes por ordenador y suma, resuma y desglosa datos hasta conseguir las mejores combinaciones. Pero

---

[4] Ramin Raustin, *Capitalism and Automation. Revolution in Technology and Capitalist Breakdown*, Londres, Pluto Press, 1991, pág. 136.

[5] Erik Olin Wright, *Clases,* Barcelona, Siglo XXI, 1994, pág. 313; primera edición inglesa de 1985.

[6] Erik Olin Wright, «¿Qué hay de "medio" en la clase media?», *Zona Abierta,* núms. 34-35, 1985, pág. 144, véase también, Julio Carabaña (ed.), *Desigualdad y clases sociales. Un seminario en torno a Erik O. Wright,* Madrid, Argentaria-Visor, 1995.

las tendencias sociales, y los datos procedentes de organizaciones solventes como la OIT, apuntan en otras direcciones. Este tipo de objeciones en nada modifican la validez de la interpretación general que antes hemos indicado, ya que estamos ante tendencias empíricamente verificables que plausiblemente se afianzarán cada vez en mayor grado, a medida que la propia evolución socio-económica y tecnológica vaya permitiendo un mayor desarrollo de las capacidades productivas de todas las naciones.

En los países en vías de desarrollo, la transición que está teniendo lugar desde sistemas productivos tradicionales de base fundamentalmente agraria, hacia economías más diversificadas, en realidad ya no se está realizando de acuerdo con los criterios propios de la sociedad industrial clásica, sino de acuerdo con las nuevas condiciones tecnológicas. Es decir, la fabricación de mercancías en estos países no requiere ya el empleo de una fuerza de trabajo industrial muy numerosa, sino que, para ser «competitiva», tiene que efectuarse aplicando intensivamente las tecnologías y los parámetros organizativos propios de las sociedades avanzadas. Las exigencias de «ajustar» los costes de producción en los sistemas económicos emergentes permiten —y de algún modo «obligan» a— obviar los modelos propios de las etapas que atravesaron otros países industrializados en el pasado. De la misma manera que no es verosímil que en cualquier oficina del mundo se trabaje actualmente con ábacos y plumas de cisne —los ordenadores, las fotocopiadoras, los faxes, el correo electrónico, etc., se imponen en la mayor parte de las oficinas del mundo—, asimismo la producción industrial a gran escala cada vez es menos factible que se realice a base del yunque, el martillo pilón y la fragua primitiva.

Las nuevas tecnologías tenderán, pues, a afirmar su presencia en casi todos los lugares del mundo, con lo que ello implica de introducción de nuevas orientaciones en el trabajo, de nuevos perfiles ocupacionales y de formas diferentes de estratificación social. Consecuentemente, lo más verosímil es que los procesos de crecimiento económico de los países poco desarrollados que dispongan de mercados suficientemente autónomos (y no penetrados y monopolizados absorbentemente por las mercancías fabricadas en los países más desarrollados) no darán lugar a un empleo tan numeroso de población activa en la industria como ocurrió en el pasado en los países de Occidente. Ello se traducirá en un trasvase más limitado de población activa desde la agricultura a la industria, pero quizás no a los servicios, donde la población activa podrá crecer en ocasiones de una manera irregular o «atípica», dando lugar a bolsas de subempleo, así como al surgimiento de *infraclases* y a concentraciones de poblaciones precarizadas en los núcleos urbanos.

La evidencia empírica muestra, por ejemplo, que en sociedades poco desarrolladas también existe una tendencia al crecimiento de los profesionales, los técnicos y el personal administrativo y del comercio, mientras que los trabajadores industriales se mantienen en proporciones muy similares, o incluso decrecen (véase Tabla 2).

Algunos países poco desarrollados se encontraban en el último lustro del siglo XX en parámetros de mesocratización similares a los que se dieron en las naciones más prósperas en las décadas de los años 60 y 70 (Gráfico 2), aunque la proporción de población activa ocupada en actividades industriales es similar a la que tienen actualmente los países más desarrollados y no a la que alcanzaban en dichos años (véase Tablas 1 y 2).

Gráfico 2
TENDENCIAS DE EVOLUCIÓN DE LAS OCUPACIONES DE CLASE MEDIA
EN PAÍSES MENOS DESARROLLADOS
(% SOBRE LA POBLACIÓN OCUPADA)

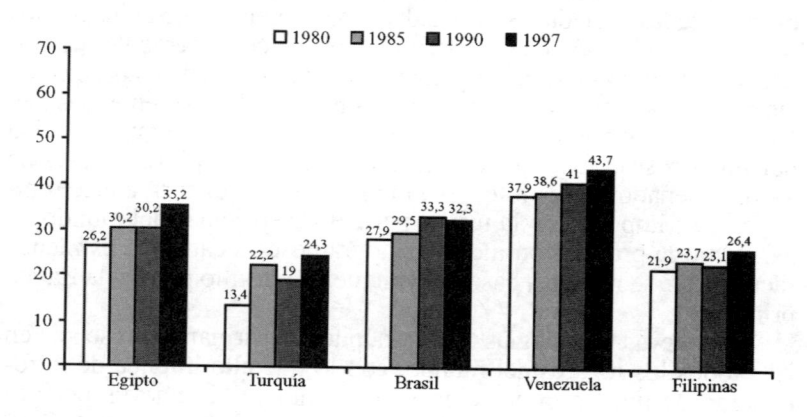

País	1980	1985	1990	1997
Egipto	26,2	30,2	30,2	35,2
Turquía	13,4	22,2	19	24,3
Brasil	27,9	29,5	33,3	32,3
Venezuela	37,9	38,6	41	43,7
Filipinas	21,9	23,7	23,1	26,4

Fuente: OIT, *Anuarios de Estadísticas del Trabajo*, ob. cit., elaboración propia.
Nota: Egipto (1984); Brasil (1981, 1996).

Un caso singular es el de aquellas naciones asiáticas que se convirtieron durante las últimas décadas del siglo XX en exportadoras de mercancías producidas a precios muy competitivos, en virtud de la combinación del empleo de mano de obra barata, capaz de realizar eficientemente largas e intensivas jornadas de trabajo, y de la utilización de modernas tecnologías de producción. En estos países la población activa del sector industrial creció de manera significativa a lo largo de la década de los años 60, aunque presentó una inflexión a la baja a finales de los años 80 y principios de los 90 (Tabla 3). Debido a ello, y a las propias particularidades de algunos de estos países (en

Tabla 2
EVOLUCIÓN DE LA ESTRUCTURA OCUPACIONAL EN VARIOS PAÍSES POCO DESARROLLADOS
(% SOBRE LA POBLACIÓN OCUPADA)

	Egipto				Turquía				Brasil				Venezuela				Filipinas			
	1980	1984	1990	1995	1980	1985	1990	1997	1981	1985	1990	1997	1980	1985	1990	1997	1980	1985	1990	1997
Profesionales, técnicos y similares	10,1	12,0	13,8	16,7	4,7	6,5	5,3	6,4	6,5	6,7	7,5	7,8	9,4	10,7	11,9	12,4	6,0	5,6	5,7	5,9
Directores y funcionarios superiores	1,4	2,7	1,1	1,1	0,8	1,8	2,2	2,6	—	—	—	—	4,1	4,2	3,7	4,2	1,0	1,0	1,1	1,9
Personal administrativo y similares	8,0	9,1	8,1	9,5	3,4	5,8	4,4	5,6	12,7	13,1	15,1	12,3	11,4	9,7	10,4	9,1	4,4	4,3	4,0	4,3
Comerciantes y vendedores	6,7	6,4	7,2	7,9	4,5	8,1	7,1	9,7	8,7	9,3	10,7	12,2	13,0	14,0	15,0	18,0	10,5	12,8	12,3	14,3
Personal de servicios	8,8	7,5	6,9	7,4	5,1	7,1	7,2	8,8	9,3	10,2	10,2	11,0	13,7	14,3	14,2	15,6	7,8	8,5	8,5	10,1
Trabajadores agrícolas y forestales, pescadores y cazadores	41,8	39,9	38,4	33,3	55,9	44,8	43,5	39,4	27,9	27,1	21,0	23,0	15,1	16,1	11,7	10,8	51,3	49,1	40,9	40,0
Trabajadores no agrarios, conductores de maquinarias y transportes similares	23,1	22,5	24,3	24,0	20,7	25,2	22,5	26,7	24,5	23,3	23,6	22,4	32,7	30,6	31,6	29,4	18,9	18,7	18,9	23,3
Trabajadores que no pueden ser clasificados y otros	—	—	—	—	4,8	0,7	0,2	0,8	10,4	10,4	11,9	10,8	0,4	0,4	0,6	0,4	0,1	—	0,4	0,2

Fuente: OIT, *Anuario de Estadísticas del trabajo*, varios años. Elaboración propia.

ciertos casos sin apenas agricultura y con una población reducida), puede decirse que no estamos propiamente ante un *modelo social y económico* generalizable y estable, sino ante singularidades de los mercados internacionales en determinadas fases de transición económica y tecnológica y de búsqueda de nuevas posibilidades de competitividad, en las que se hace notar la presencia de empresas multinacionales bastante voraces, que no dudan en trasladarse a aquellos lugares en los que los salarios son más bajos, los controles sociales menos estrictos y las condiciones laborales más precarias.

Consecuentemente, si algunos autores se hubieran detenido a considerar los datos con más cuidado, o si otros como Ramin Raustin hubieran tenido en cuenta estadísticas más recientes en sus análisis, no se hubieran atrevido a formular conclusiones tan contundentes e inexactas como las que antes apuntamos. En realidad, los datos muestran (véase Tabla 3) que en la segunda mitad de los años 80 se produjeron cambios significativos que aproximaron estos modelos a los de los países occidentales más desarrollados, con un aumento importante de los sectores ocupacionales de clase media (véase Gráfico 3) y una reducción paralela de la proporción de trabajadores industriales. Lo que denota que existe una tendencia hacia la generalización de las pautas de sustitución de fuerza de trabajo humano por tecnología aplicada, en función tanto de la propia evolución de los costes de los factores de producción en los mercados internos, como de las orientaciones generales de los mercados internacionales.

Gráfico 3
TENDENCIAS DE EVOLUCIÓN DE LAS OCUPACIONES DE CLASE MEDIA
EN PAÍSES ASIÁTICOS CON FUERTE CRECIMIENTO
(% SOBRE LA POBLACIÓN OCUPADA)

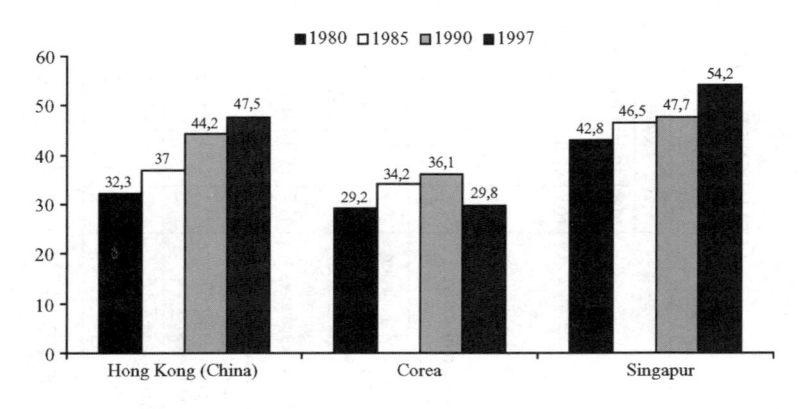

	1980	1985	1990	1997
Hong Kong (China)	32,3	37	44,2	47,5
Corea	29,2	34,2	36,1	29,8
Singapur	42,8	46,5	47,7	54,2

Fuente: OIT, *Anuarios de Estadísticas del Trabajo,* ob. cit., elaboración propia.

Tabla 3
EVOLUCIÓN DE LA ESTRUCTURA OCUPACIONAL EN PAÍSES ASIÁTICOS CON FUERTE CRECIMIENTO ECONÓMICO
(% SOBRE LA POBLACIÓN OCUPADA)

	Hong Kong (China)				Corea				Singapur			
	1980	1985	1990	1997[1]	1980	1985	1990	1997[1]	1980	1985	1990	1997[1]
Profesionales, técnicos y similares	6,2	6,9	8,1	21,5	4,0	5,8	7,2	15,1	8,7	10,4	12,6	26,5
Directores y funcionarios superiores	2,8	3,4	4,3	7,6	1,4	1,5	1,5	2,5	4,8	5,7	7,7	12,6
Personal administrativo y similares	12,9	15,7	19,2	18,4	9,3	11,5	12,9	12,2	14,8	16,0	15,3	15,1
Comerciantes y vendedores	10,4	11,0	12,6	—	14,5	15,4	14,5	—	14,5	14,4	12,1	—
Personal de servicios	16,3	16,5	17,3	13,9	7,9	10,8	1,1	23,1	10,8	1,4	13,3	12,5
Trabajadores agrícolas y forestales, pescadores y cazadores	49,8	44,8	37,5	38,3	29,0	30,3	34,6	36,5	38,8	36,3	34,3	29,8
Trabajadores no agrarios, conductores de maquinarias y transportes similares	49,8	44,8	37,5	38,3	29,0	30,3	34,6	36,5	38,8	36,3	34,3	29,8
Trabajadores que no pueden ser clasificados y otros	0,1	0,1	0,1	—	—	—	—	—	5,7	4,7	4,3	3,3

Fuente: OIT, *Anuario de Estadísticas del trabajo*, varios años. Elaboración propia.

Los datos que hemos manejado hasta aquí son bastante clarificadores, pero no recogen todos los matices de las transformaciones que se están operando en las estructuras ocupacionales de las sociedades más desarrolladas. De una manera más específica, las informaciones empíricas muestran también fuertes tendencias de *desmanualización* y de *diversificación* de las clases trabajadoras, es decir, de reducción de la proporción de asalariados que realizan tareas manuales y de multiplicación de las especializaciones y las cualificaciones; lo que conlleva generalmente una mayor diferenciación de salarios y niveles de vida.

Si queremos tener una imagen precisa de la verdadera complejidad de los cambios que están teniendo lugar en la conformación de la fuerza de trabajo, los indicadores sobre *desmanualización* deben ser completados con el análisis de las actividades concretas desarrolladas por los grandes sectores ocupacionales. Así, por ejemplo, en países como Estados Unidos, a mediados de la década de los años 90 sólo el 55,9% de los activos ocupados en las industrias realizaban tareas manuales, mientras que un 9,8% efectuaban tareas administrativas, un 3,5% tareas de comercialización y un 23,5% formaban parte de los equipos profesionales y de dirección. Es decir, en realidad *sólo el 9,1% del total de la población ocupada eran trabajadores manuales industriales* (en comparación con un 9,4% en 1991 y un 10,3% en 1989), ascendiendo esta cantidad al 14,3% si se incluyen también a los trabajadores manuales de minas y canteras, electricidad, gas, agua y construcción[7].

Algo parecido ocurre también en la mayor parte de los países más desarrollados, en donde se está reduciendo el volumen global de la *clase obrera manual,* en el sentido clásico, y cuyas proporciones se situaban a finales de la década de los años 90 entre el 10% y el 25% de la población activa (véase Gráfico 4). No obstante, estas cifras aún deberían ser reajustadas en mayor grado si las refiriésemos no solamente a los operarios manuales, sino más específicamente a los trabajadores *con empleo regular a tiempo completo;* es decir a aquellos que no están realizando empleos eventuales, de temporada, de media jornada, a domicilio, subcontratados, etc.

La extensión de nuevas modalidades de trabajo «de menos calidad» es una tendencia que permite completar algunas de las apreciaciones anteriores. En concreto, en los países de la Unión Europea los empleados a tiempo parcial pasaron de ser un 11,9% en 1986 a un 17,7% a finales de la década de los años 90, ascendiendo la propor-

---

[7] OIT, *Anuario de Estadísticas del Trabajo 1991,* Ginebra, 1992, págs. 236-237 y *Anuario de Estadísticas del Trabajo 1995,* Ginebra, 1995, pág. 110.

Gráfico 4
PROPORCIÓN DE TRABAJADORES ASALARIADOS
EN LAS INDUSTRIAS MANUFACTURERAS SOBRE EL CONJUNTO
DE LA POBLACIÓN ACTIVA EN PAÍSES ALTAMENTE INDUSTRIALIZADOS EN 1998

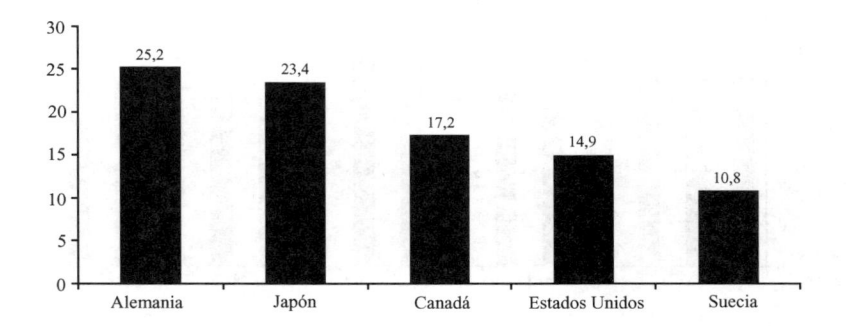

País	%
Alemania	25,2
Japón	23,4
Canadá	17,2
Estados Unidos	14,9
Suecia	10,8

Fuente: OIT, *Anuarios de Estadísticas del Trabajo 1999,* elaboración propia.

ción de mujeres que trabajaban en estas condiciones a un 33,1% del total de mujeres activas[8]. Este aumento de la proporción de los empleados a tiempo parcial, sobre todo entre las mujeres, se mantiene en la mayor parte de los países más desarrollados (véase Gráfico 5).

En el caso de los hombres, la proporción de empleo a tiempo parcial ha pasado en los países de la OCDE de ser menos de un 5% a principios de los años 60 a un 8% en los años 90[9]. Sin embargo, donde este fenómeno adquiere mayor relevancia es entre los más jóvenes (menos de veinticinco años) y entre las personas de más edad (cincuenta y cinco años o más)[10], así como en el sector servicios en general. Es decir, la expansión de las modalidades de empleo a tiempo parcial, con todo lo que ello significa, está teniendo lugar en su mayor parte en los ámbitos donde actualmente se podría —y se debería— generar trabajo en mayor grado: entre las mujeres, entre los jóvenes y en los servicios. Lo cual permite caracterizar esta modalidad laboral como un rasgo emergente de los sistemas productivos en su actual fase de evolución.

---

[8] Eurostat, *Europa en cifras,* Madrid, Mundi-Prensa, 1999, pág. 77. El Ministerio de Trabajo español da cifras de un 17,9% para 1999, con un 33,9% de mujeres (véase Tabla 4).
[9] OCDE, *Perspectivas del empleo 1998,* Madrid, Ministerio de Trabajo, 1998, pág. 386.
[10] Ibíd., pág. 387.

Gráfico 5
EVOLUCIÓN DE LA DISTRIBUCIÓN DEL TRABAJO A TIEMPO PARCIAL POR SEXOS
(% SOBRE EL EMPLEO TOTAL)

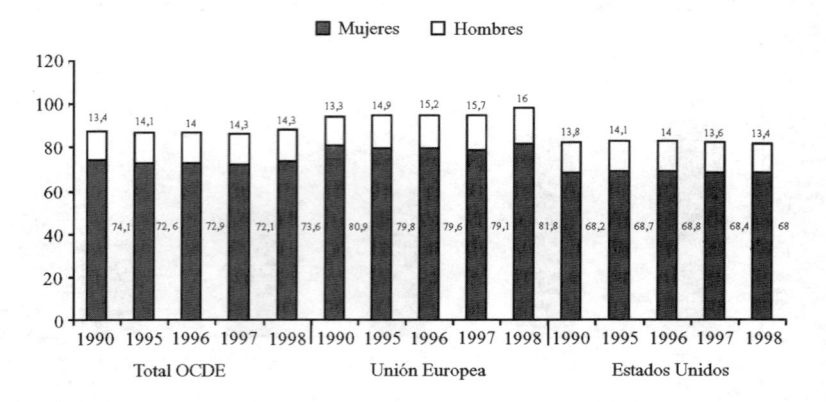

■ Mujeres   □ Hombres

Fuente: OCDE, *Employment outlook, June 1999,* París, 1999, pág. 240. Elaboración propia.

En algunos países (véase Tabla 4 y Gráfico 6), la proporción de empleados a tiempo parcial ha alcanzado cotas del 39% (Países Bajos), superando apreciablemente el nivel del 20% en sociedades bastante desarrolladas como Australia, Suecia, Suiza, Japón, Reino Unido, Dinamarca, etc. Incluso si tenemos en consideración las variaciones que se aprecian en algunas fuentes estadísticas, estas cifras tendrían que ser elevadas en magnitudes apreciables en los Países Bajos, en Suiza, en Noruega, en el Reino Unido, en Suecia, etc.[11].

El aumento de los empleos a tiempo parcial ha corrido paralela a una cierta proclividad simplista a exaltar sus ventajas, al igual que se hace con otras modalidades laborales a las que se pondera por ser más «flexibles», como ocurre con los trabajos temporales. Este tipo de interpretaciones contrasta con las resistencias a aceptar la reivindicación sindical de la jornada de 35 horas. Sin embargo, lo cierto es que de continuar afianzándose las tendencias apuntadas, el debate sobre la jornada de 35 horas puede acabar resultando una «maniobra de diversión», mientras la reducción efectiva de los tiempos reales de

---

[11] No deja de resultar significativo que no coincidan los datos ni de la OCDE, ni del Eurostat, ni de la OIT, ni del Ministerio de Trabajo español. Incluso, atendiéndonos a una misma fuente como la OCDE, la utilización de diferentes criterios y fuentes da lugar a que se presenten estadísticas algo disimilares hasta en la misma publicación (véase págs. 386 y 484-485 del Informe sobre *Perspectivas del empleo 1998*).

Tabla 4
EVOLUCIÓN DE LOS OCUPADOS A TIEMPO PARCIAL EN LOS PAÍSES DE LA UNIÓN EUROPEA, SEGÚN SEXO
%

	Ambos Sexos					Varones					Mujeres				
	1995	1996	1997	1998	1999	1995	1996	1997	1998	1999	1995	1996	1997	1998	1999
Unión Europea	16,0	16,3	16,9	17,4	17,9	5,2	5,5	5,8	6,1	6,2	31,2	31,5	32,3	32,9	33,9
Bélgica	13,6	14,0	14,7	15,7	16,4	2,8	3,0	3,3	3,5	3,9	29,8	30,6	31,4	33,1	33,5
Dinamarca	21,6	21,5	22,2	22,3	20,7	10,3	10,8	12,1	10,9	9,6	35,4	34,5	34,4	35,7	33,8
Alemania	16,3	16,5	17,5	18,3	19,0	3,6	3,8	4,2	4,7	4,9	33,8	33,6	35,1	36,4	37,2
Grecia	4,8	5,3	4,6	6,0	—	2,8	3,3	2,6	3,3	—	8,4	8,9	8,1	10,5	—
España	7,5	8,0	8,2	8,1	8,3	2,7	3,1	3,2	3,0	3,0	16,6	17,0	17,4	17,2	17,6
Francia	15,6	16,0	16,8	17,3	17,2	5,1	5,2	5,4	5,7	5,6	28,9	29,5	30,9	31,6	31,7
Irlanda	12,0	11,5	12,3	16,7	16,7	5,5	5,0	5,4	7,8	7,4	23,0	22,2	23,2	30,0	30,5
Italia	6,4	6,6	7,1	7,4	7,9	2,9	3,1	3,3	3,5	3,4	12,7	12,7	13,7	14,4	15,7
Luxemburgo	8,0	7,9	7,7	9,4	10,8	1,0	1,9	1,0	1,9	1,9	21,1	18,3	19,0	21,9	24,6
Países Bajos	37,3	38,1	37,9	38,7	39,3	16,7	17,0	17,0	18,1	17,9	67,3	68,3	67,6	67,6	68,3
Austria	13,9	14,9	14,9	15,8	16,7	4,0	4,2	4,0	4,4	4,4	26,9	28,8	29,0	30,3	32,6
Portugal	7,5	8,7	9,9	11,1	11,0	4,2	5,1	5,7	6,1	6,3	11,6	13,1	15,0	17,2	16,7
Finlandia	11,7	11,6	11,4	11,7	12,2	8,0	7,9	7,6	6,9	7,9	15,7	15,6	15,5	16,9	17,0
Suecia	25,0	23,7	23,9	23,2	23,0	10,2	8,8	9,1	9,1	9,2	41,0	39,7	39,9	39,0	38,2
Reino Unido	24,0	24,6	24,9	24,8	24,8	7,7	8,1	8,7	8,8	8,9	44,3	44,8	44,8	44,8	44,4

Fuente: Ministerio de trabajo y Asuntos Sociales, *Anuario de estadísticas laborales y de asuntos sociales 1997*, págs. 1018; 1998, págs. 1036; y 1999, pág. 1076.

Gráfico 6
PAÍSES DESARROLLADOS CON MAYOR PROPORCIÓN DE EMPLEO
A TIEMPO PARCIAL (1998-1999)
%

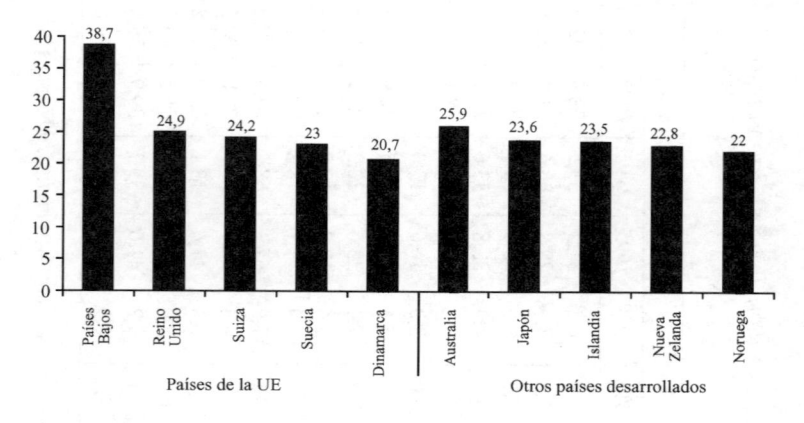

	Países Bajos	Reino Unido	Suiza	Suecia	Dinamarca	Australia	Japón	Islandia	Nueva Zelanda	Noruega
%	38,7	24,9	24,2	23	20,7	25,9	23,6	23,5	22,8	22

Países de la UE — Otros países desarrollados

Fuentes: OCDE, *Employment outlook 1999,* ibíd. y Ministerio de Trabajo, *Anuario de estadísticas laborales y de asuntos sociales, 1999,* Madrid, 1999, pág. 1076. Elaboración propia.

actividad laboral se extiende *de facto* por otras vías «espurias», en forma de trabajos a tiempo parcial menos remunerados y de menos calidad, pero de mayor utilidad económica, ya que, como es sabido, el rendimiento de dos trabajos a tiempo parcial es de hecho bastante mayor que el de uno a tiempo completo (la productividad es superior, no influye tanto el cansancio, se ahorran «tiempos muertos», etc.). Es decir, en este caso estamos ante un ejemplo de la confusión deliberada con la que tienden a abordarse ciertos debates laborales.

El incremento de contratos temporales ha dado lugar a que estos hayan llegado a representar a finales de la última década del siglo XX una proporción de un 13,2% en los países de la Unión Europea (véase Tabla 5), con una mayor incidencia general entre las mujeres (14,1%) y en países como España (33,7%), Portugal (18,6%), Finlandia (18,2%), Francia (14%), Suecia (13,9%), Alemania (13,1%), etc.

Si se suman las modalidades atípicas de experiencias laborales, se constata que incluso en los países más desarrollados una proporción muy apreciable de la población activa (sobre todo jóvenes y mujeres) se encuentra ante vivencias que suponen una regresión o un deterioro de las condiciones de trabajo que se habían alcanzado durante los años en los que se afianzó el modelo de Estado de Bienestar. En concreto la suma de los ocupados a tiempo parcial, de los

Tabla 5
EVOLUCIÓN DE LOS OCUPADOS CON CONTRATO TEMPORAL EN LOS PAÍSES DE LA UNIÓN EUROPEA, SEGÚN SEXO
%

	Ambos Sexos					Varones					Mujeres				
	1995	1996	1997	1998	1999	1995	1996	1997	1998	1999	1995	1996	1997	1998	1999
Unión Europea	11,4	11,7	12,1	12,7	13,2	10,6	11,0	11,4	11,9	12,4	12,4	12,6	13,0	13,6	14,1
Bélgica	5,3	5,9	6,3	7,8	10,3	3,9	4,4	4,6	5,9	7,7	7,4	8,0	8,6	10,4	13,7
Dinamarca	12,1	11,2	11,1	10,1	10,2	10,9	10,7	10,6	9,3	9,2	13,5	11,8	11,5	11,0	11,3
Alemania	10,3	11,0	11,6	12,2	13,1	9,8	11,0	11,4	12,0	12,8	11,0	11,1	11,9	12,3	13,4
Grecia	10,2	11,0	10,8	13,0	—	9,5	10,5	10,2	11,9	—	11,3	11,9	11,9	12,3	13,4
España	35,0	33,6	33,6	32,9	32,7	33,2	31,8	32,4	32,0	31,4	38,3	36,7	35,7	34,4	34,9
Francia	12,2	12,5	13,0	13,9	14,0	11,3	11,4	12,0	12,9	13,3	13,3	13,8	14,2	14,9	14,8
Irlanda	10,2	9,2	9,3	7,3	—	8,6	7,0	7,0	5,6	—	12,1	11,9	12,0	9,3	—
Italia	7,2	7,5	8,2	8,5	9,8	6,0	6,6	7,3	7,4	8,5	9,1	8,9	9,7	10,2	11,8
Luxemburgo	—	2,7	2,0	2,6	3,4	—	2,1	1,1	2,1	2,8	—	3,6	1,7	3,4	4,4
Países Bajos	10,9	12,0	11,4	12,7	12,0	8,6	9,1	8,8	10,2	9,4	14,1	15,9	14,9	16,1	15,4
Austria	6,0	8,0	7,8	7,8	7,5	5,7	8,1	7,2	8,0	7,3	6,4	7,9	8,4	7,7	7,8
Portugal	9,9	10,4	11,9	17,4	18,6	8,9	9,9	11,4	16,5	17,1	11,0	10,9	12,6	18,5	20,4
Finlandia	16,4	17,3	17,1	17,7	18,2	13,4	14,0	15,2	13,3	15,2	19,3	20,4	18,8	21,9	21,2
Suecia	12,4	11,7	12,0	12,7	13,9	10,5	10,0	10,0	10,4	11,2	14,4	13,3	13,9	15,0	16,6
Reino Unido	6,8	6,9	7,0	7,0	6,8	6,1	5,9	6,4	5,9	6,2	7,7	8,1	8,3	8,2	7,5

Fuente: Ministerio de trabajo y Asuntos Sociales, *Anuario de estadísticas laborales y de asuntos sociales 1997*, págs. 1019; y 1998, págs. 1037; y 1999, pág. 1077.

que tienen trabajos temporales[12], de los empleados con bajos salarios[13] y de los parados representaban en la última década del siglo XX más de un 40% de la población activa total de los países de la Unión Europea, con casos extremos como los de los Países Bajos, Suecia, España, Alemania o el Reino Unido, en donde eran más de la mitad de la población activa (véase Tabla 6). En países como Estados Unidos no es fácil encontrar personas que permanezcan más de dos años trabajando en el mismo empleo, asistiéndose a una «continuada disminución del porcentaje de relaciones laborales relativamente aseguradas en el plano social», estimándose que en «los años 90 dos tercios de las relaciones sociales» se podían «considerar ya precarias o inseguras»[14]. Es decir, lo «irregular» en muchos casos tiende a convertirse en lo habitual, en lo cotidiano, en sociedades en las que el viejo modelo del trabajador con una jornada de 7 u 8 horas y un empleo razonablemente estable y seguro ya no se puede considerar como la figura social típica.

2. TENDENCIAS OCUPACIONALES

En el epígrafe anterior hemos comprobado cómo se han transformado las estructuras ocupacionales durante las últimas décadas del siglo XX. Ahora, intentaremos precisar las principales proyecciones y previsiones de evolución de cara al futuro.

Los análisis de demandas específicas de puestos de trabajo y su proyección durante la primera década del siglo XXI en países como Estados Unidos realizadas por el *Bureau of Labor Statistic* prevén un fuerte descenso de la demanda de aquellas ocupaciones cuyas tareas están siendo suplidas por robots industriales y sistemas automáticos, es decir, montadores eléctricos y electrónicos, operadores de maquinaria industrial, impresores, correctores de imprenta, instaladores y

---

[12] Hay que tener en cuenta que no todos los trabajadores a tiempo parcial «desean» trabajar a tiempo completo. Por ejemplo según medias no ponderadas de la OCDE para once países de la UE el 59% de los varones empleados a tiempo parcial desearían trabajar a tiempo completo, pero sólo el 26% de las mujeres (véase OCDE, *Perspectivas del empleo 1999,* Madrid, Ministerio de Trabajo, 1999, pág. 64).

[13] El crecimiento de los «empleados de bajos salarios» es un fenómeno sociológico y económico al que no se está prestando la importancia que merece y sobre el que no se dispone de datos suficientemente precisos y actualizados. A efectos de interpretación de la Tabla 6, por ejemplo, hay que tener en cuenta que pueden darse solapamientos entre las cifras de «empleados de bajos salarios» y los ocupados con trabajos temporales. Sobre este tema puede verse: Eric Marlier y Sophie Ponthieus, *Low-wage employees in EEUU. Countries,* Statistics in focus, Eurostat, 2000.

[14] Gerd Mutz, «El fin de la cultura de la caravana», en Ulrich Beck, *Un nuevo mundo feliz,* ob. cit., pág. 216.

Tabla 6
POBLACIÓN ACTIVA EN SITUACIONES «IRREGULARES» EN LOS PAÍSES EUROPEOS (1998)
(EN MILES)

	Ocupados a tiempo parcial	Ocupados con trabajos temporales	Empleados con bajos salarios[2]	Parados	Activos en situaciones «irregulares» N.º total	% sobre la población activa
Unión Europea	26.239	15.234	(19.617)	17.259	78.349	46,4
Bélgica	605	248	(113)	397	1.313	30,9
Dinamarca	594	243	(221)	142	1.200	42,7
Alemania	6.521	3.851	(5.898)	3.856	20.126	51,1
Grecia	237	258	(236)	518	1.249	28,1
España	1.060	3.327	(1.452)	3.065	8.904	54,9
Francia	3.877	2.726	(2.712)	3.098	12.413	48,6
Irlanda[1]	169	101	(172)	156	598	39,1
Italia	1.342	1.060	(1.658)	2.740	6.800	29,8
Luxemburgo	16	4	(40)	5	65	37,1
Países Bajos	2.863	831	(861)	340	4.895	63,2
Austria	573	245	(426)	212	1.456	37,9
Portugal	531	584	(507)	233	1.855	37,1
Finlandia	254	329	(102)	332	1.017	40,5
Suecia	915	444	(680)	387	2.426	56,0
Reino Unido	6.682	1.635	(4.539)	1.778	14.634	51,0

[1] Cifras de 1997.
[2] Los datos se refieren a trabajadores a tiempo completo, con salarios inferiores a dos tercios de las ganancias medias del grupo. Año de referencia 1994 (panel de hogares 1994).
Fuente: Ministerio de trabajo, *Anuarios de Estadísticas Laborales y Asuntos Sociales 1997 y 1998*, ob. cit., OCDE, *Perspectivas del Empleo 1998*, Madrid, 1998, pág. 135, y *Anuarios de Estadísticas del Trabajo de la OIT*, varios años. Elaboración propia.

reparadores de telefonía, procesadores de semi-conductores electrónicos, supervisores y comprobadores, operarios de ferrocarriles, empleados textiles y de confección, etc.[15].

No deja de ser significativo el declive augurado desde la perspectiva de finales del siglo xx para algunas actividades que aumentaban en la década de los años 80 y que tienden a mostrar una regresión debido a las innovaciones que se prevén en los primeros años del siglo xxi como consecuencia de la automatización de las oficinas, en tareas de contabilidad, copia y duplicado, correo, comunicaciones, secretaría, estadística, supervisión, clasificación, manejo de maquinaria de oficina, etc.[16].

El declive de actividades de servicios y de oficina que prevén las últimas proyecciones evidencian los impactos de la revolución de la informática y de las comunicaciones en espacios laborales en los que apenas se habían hecho notar sus efectos durante la década de los años 80 y la primera parte de los 90. Asimismo se empieza a detectar una reducción del crecimiento de las actividades relacionadas con la venta y la intermediación comercial, debido a una expansión de la práctica de compra directa en redes (Internet) que puede causar efectos muy intensos en los primeros lustros del siglo xxi.

Las ocupaciones cuya demanda crece más en términos absolutos y relativos se pueden agrupar en cinco grandes grupos: en *primer lugar* las actividades relacionadas con la prestación de servicios, especialmente en el sector de la alimentación y las tareas domésticas (camareras/os, niñeras, porteros, limpiadores, personal doméstico, *barmans*, cocineros, jardineros, guardas de seguridad, personal de mantenimiento y reparación, etc.); en *segundo lugar* las actividades de gestión administrativa alta e intermedia (ejecutivos, asesores legales, cajeros, recepcionistas y empleados de información, etc.); en *tercer lugar* actividades que tienen que ver con el cuidado y la atención física personal (asistentes médicos, enfermeras, fisioterapeutas, asistentes a domicilio, podólogos, auxiliares de clínicas, higienistas dentales, oculistas, cuidadores de ancianos, etc.); en *cuarto lugar,* de manera muy especial, las actividades relacionadas con las nuevas

---

[15] Véase George T. Silvestri, «Occupational employment projections to 2006», en *Monthly Labor Review,* noviembre de 1997, págs. 58-83; Douglas Braddock, «Occupational projections to 2008», *Monthly Labor Review,* noviembre de 1999, págs. 51-77; The United States Department of Labor, *Occupational Outlook Handbook 1998-99 Edition,* V. G. M. Career Horizons, Chicago, Lincolnwood, 1998; Chris Freeman y Luc Soete, *Cambio tecnológico y empleo,* Madrid, Fundación Universidad-Empresa, 1996, págs. 83-84; Carl McDaniels, *The Changing Workplace,* San Francisco, Jossey-Bass Publishers, 1989, págs. 67 y sig.

[16] G. T Silvestri «Occupational employment proyections to 2006» ob. cit., páginas 79-80 y Douglas Braddock, «Occupational proyections to 2008», ob. cit., pág. 74.

ocupaciones en el sector electrónico (ingenieros, programadores de computadoras y especialistas de apoyo, analistas de sistemas, etc.); y en *quinto lugar,* se apunta también una perspectiva de aumento de la demanda de tareas relacionadas con el entretenimiento y con las nuevas necesidades sociales (trabajadores sociales, expertos en educación especial, profesores, asistentes educativos y de apoyo escolar, etcétera)[17].

En su conjunto, las proyecciones efectuadas para Estados Unidos —que de alguna manera permiten anticipar tendencias de alcance más general— apuntan hacia una expansión de las actividades conectadas con la revolución informacional en marcha (ingenieros informáticos, especialistas de apoyo para computadoras, analistas de sistemas, etc.), así como de las tareas relacionadas con las bases de datos, la publicidad, los cuidados personales a domicilio y las terapias físicas (véase Gráfico 7). Es decir, los trabajos que tienen que ver con la información y con las atenciones personales y sociales[18]. En las proyecciones realizadas hasta el año 2008 se estima que la categoría profesional que más crecerá será la de «informáticos», previéndose que el empleo en este sector se duplicará, llegando a una cifra próxima a los 3 millones de activos.

A la hora de valorar los cambios experimentados en las estructuras ocupacionales de países avanzados y las proyecciones estimadas para los próximos años hay que tener en cuenta que algunas tareas para las que se prevén crecimientos muy importantes en realidad no emplean un volumen importante de fuerza de trabajo, por lo que atendiendo solamente a los porcentajes de variación podemos obtener imágenes un tanto distorsionadas de la realidad. Por ejemplo, las últimas proyecciones del *Bureau of Labor Statistic* disponibles en el momento de escribir este texto *(Employment Outlook 1998-2008)* permiten constatar que las tres ocupaciones con más altas tasas de

---

[17] G. T. Silvestri, ibíd., págs. 77 y 78 y Douglas Braddock, ob. cit. págs. 56 y sig. Las previsiones de la *Agencia de planificación económica* de Japón apuntan también un severo declive del empleo en las industrias manufactureras, con una expansión paralela de los servicios a empresas, servicios de información, actividades de salud e higiene, servicios recreativos y culturales (incluidos restaurantes, etc.) y tareas de mantenimiento y servicio doméstico (OCDE, *Recursos humanos y flexibilidad,* 1988-1989, Madrid, Ministerio de Trabajo y Seguridad Social, 1990, págs. 294-295). En concreto para el año 2010 se prevé un descenso del 17% en los sectores de producción de mercancías (bienes básicos de consumo, materiales industriales y construcción) y un 7% en sectores como transportes, comunicaciones, distribución, finanzas y energía (Kenichi Imai, *Information infrastructures and the creation of new markets: Japan's perspective,* en OCDE, *The future of work: towards jobless employments?,* OCDE, Futures Studies Information Base, Highlights, núm. 12, noviembre de 1995, págs. 2 y 15.
[18] G. T. Silvestri, ob. cit., pág. 79.

Gráfico 7
PROYECCIONES DE CRECIMIENTO DEL EMPLEO EN LAS DOCE OCUPACIONES
CON MÁS RÁPIDO INCREMENTO EN LOS ESTADOS UNIDOS, 1998-2008
(VARIACIONES PORCENTUALES)

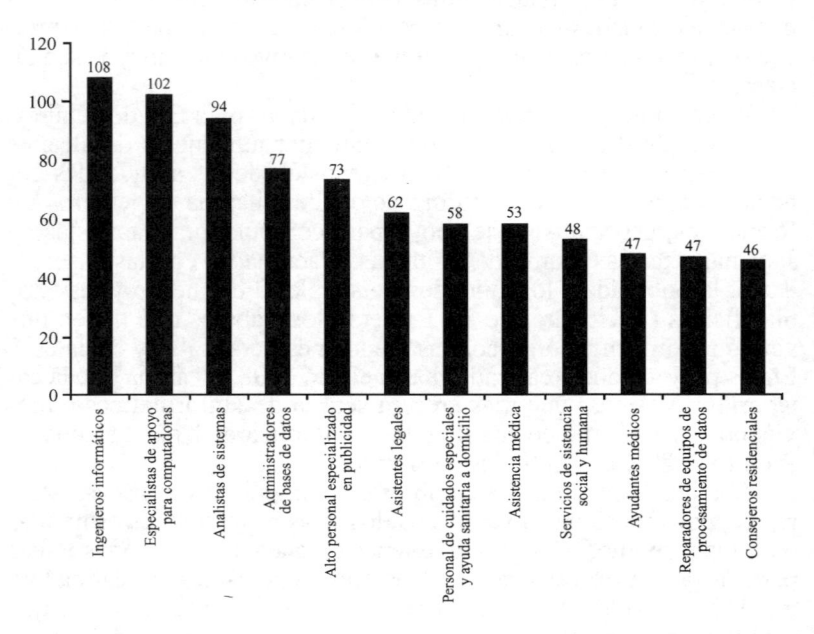

Ocupación	%
Ingenieros informáticos	108
Especialistas de apoyo para computadoras	102
Analistas de sistemas	94
Administradores de bases de datos	77
Alto personal especializado en publicidad	73
Asistentes legales	62
Personal de cuidados especiales y ayuda sanitaria a domicilio	58
Asistencia médica	53
Servicios de sistencia social y humana	48
Ayudantes médicos	47
Reparadores de equipos de procesamiento de datos	47
Consejeros residenciales	46

Fuente: Douglas Braddock, *Occupational employment projections to 2008,* ob. cit., pág. 73.

crecimiento (en torno al 100%), es decir, los analistas de sistemas, los ingenieros de computación y los especialistas de apoyo en computación se estima que van a dar lugar a poco más de 1.300.000 empleos hasta el año 2008, mientras que los trabajos en actividades de servicios, para las que se prevén unas tasas de crecimiento mucho más modestas (17,1%), darán lugar, de cumplirse las previsiones, a casi 4 millones de empleos; y lo mismo podría decirse respecto a las tareas de gestión y administración, a los profesores, los bibliotecarios, los cuidadores personales y, en general, los trabajos que se relacionan con los servicios sociales y humanos.

En concreto las actividades en las que se espera un mayor crecimiento en números absolutos (véase Tabla 7) se concentran en cuatro sectores en los que los expertos esperan que van a tener lugar «las tres quintas partes del crecimiento total en trabajos asalariados de 1998 al 2008: ventas al por menor (incluyendo comida y bebida);

Tabla 7
OCUPACIONES QUE APORTARÁN UN MAYOR VOLUMEN DE EMPLEO EN ESTADOS UNIDOS

Proyecciones 1998-2008

	Crecimiento en número de empleos (en miles)	Crecimiento en %	Rango general en crecimiento porcentual
Analistas de sistemas	577	94	Muy Alto
Vendedores del comercio (al por menor)	563	14	Bajo
Cajeros	556	17	Bajo
Gerentes y altos ejecutivos	551	16	Bajo
Conductores de camiones pesados y ligeros	493	17	Bajo
Empleados de oficina	463	15	Bajo
Enfermeras	451	22	Intermedio
Especialistas de apoyo para computadoras	439	102	Muy alto
Personal de cuidados y ayuda domiciliaria	433	58	Alto
Profesores auxiliares	375	31	Alto
Porteros, limpiadores y servicio doméstico	365	11	Bajo
Auxiliares de clínica, practicantes y subalternos	325	24	Intermedio
Ingenieros de computadoras	323	108	Muy alto
Profesores de escuelas secundarias	322	23	Intermedio
Supervisores y directivos de apoyo en oficinas y administración	313	19	Intermedio-bajo
Recepcionistas y empleados de información	305	24	Intermedio
Camareros/as	303	15	Bajo
Guardas	294	29	Alto
Supervisores de ventas y marketing	263	10	Bajo
Empleados en establecimientos de comida y bebida	247	12	Bajo
Empleados en el cuidado de niños	236	26	Intermedio
Peones, jardineros y cuidadores de instalaciones deportivas	234	21	Intermedio
Trabajadores sociales	218	36	Alto
Empaquetadores y embaladores	213	22	Intermedio
Profesores de enseñanza primaria	205	12	Bajo
Capataces	196	9	Bajo
Profesores universitarios	195	23	Intermedio
Programadores informáticos	191	30	Alto

Fuente: Douglas Braddock, *Occupational employment projections to 2008,* ob. cit., pág. 73.

servicios a empresas; servicios de salud; y educación pública y privada»[19].

Por ello, si se quiere obtener una imagen precisa y rigurosa de cuál puede ser la evolución de las estructuras ocupacionales hay que tener en cuenta estos aspectos de la evolución laboral, y al mismo tiempo, atender a las tendencias de fondo que están dando lugar a un retroceso de ciertas actividades, especialmente en sectores industriales clásicos, en la agricultura y en otras ocupaciones para las que apenas existe demanda (véase Gráfico 8). En este sentido, los que han estudiado la evolución de los últimos datos en el mercado laboral norteamericano hacen notar que las tendencias a la concentración económica, las nuevas prácticas empresariales y los factores tecnológicos están conduciendo a una reducción de las demandas ocupacionales en la mayoría de las industrias. «El cambio en el empleo industrial —según se nos advierte— es la causa principal de las previsiones de declive del empleo para operadoras de máquinas de coser, empleados textiles y operarios de industrias cárnicas. Sin embargo, la mayor parte de las ocupaciones con mayor retroceso se encuentran afectadas por el cambio tecnológico, en particular con el uso de la tecnología de computadoras, lo cual dará lugar a una significativa reducción de la demanda de tipógrafos y procesadores de textos, de empleados de contabilidad y del personal de oficinas bancarias. También se encuentran en esta lista los operarios de computadoras, a excepción de los que trabajan con equipos periféricos, debido a los cambios desde las grandes computadoras centrales a los equipos personales con los que operan los empleados... Las transformaciones vertiginosas que están teniendo lugar en las telecomunicaciones, incluyendo tanto las tecnologías automatizadas como los cambios en las prácticas empresariales, conducirán a un declive del empleo para operadores de conmutadores telefónicos, para instaladores y reparadores de estaciones y centralitas y para telefonistas»[20].

Es decir, los cambios tecnológicos nos sitúan ante nuevos escenarios laborales, en los que incluso sectores punteros a los que generalmente se considera generadores netos de empleo, como los que se relacionan con los ordenadores y las telecomunicaciones, se verán afectados por desfases ocupacionales y por orientaciones declinantes en la capacidad de generación de puestos de trabajo. Lo cual, parece

---

[19] Douglas Braddock, *Occupational employment projections to 2008*, ob. cit., pág. 72.
[20] Ibíd., pág. 74. Un análisis detallado de los sectores en los que tiende a crecer y a declinar más, respectivamente, el empleo puede verse en Allison Thomson, «Industry output and employment projections to 2008», *Monthly Labor Review*, noviembre de 1999. Véase en especial Cuadro 5, ibíd., pág. 45.

Gráfico 8
PROYECCIONES DE RETROCESOS DEL EMPLEO EN LAS DOCE OCUPACIONES
CON MÁS RÁPIDO DECLIVE EN LOS ESTADOS UNIDOS, 1998-2008
(EN PORCENTAJE)

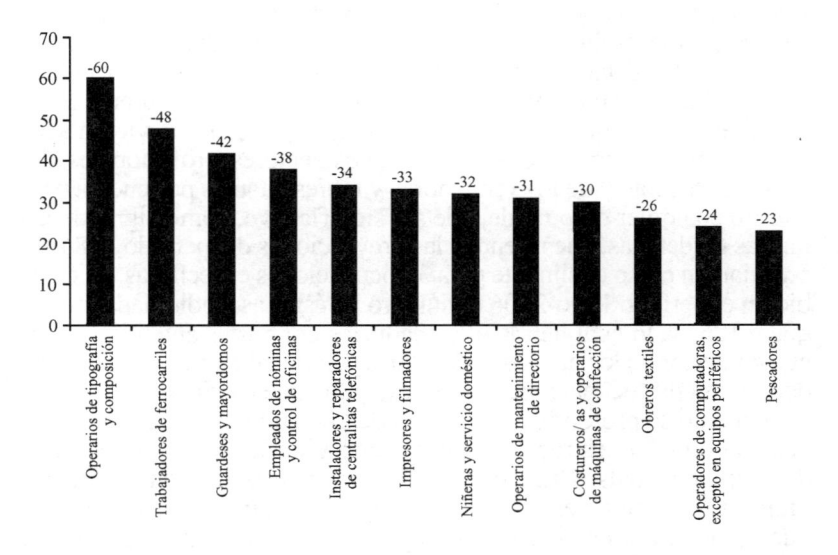

Ocupación	%
Operarios de tipografía y composición	-60
Trabajadores de ferrocarriles	-48
Guardeses y mayordomos	-42
Empleados de nóminas y control de oficinas	-38
Instaladores y reparadores de centralitas telefónicas	-34
Impresores y filmadores	-33
Niñeras y servicio doméstico	-32
Operarios de mantenimiento de directorio	-31
Costureros/as y operarios de máquinas de confección	-30
Obreros textiles	-26
Operadores de computadoras, excepto en equipos periféricos	-24
Pescadores	-23

Fuente: Douglas Braddock, *Occupational employment projections to 2008,* ob. cit., pág. 74.

indicarnos que nos encontramos en una nueva fase de «destrucción» de puestos de trabajo que afecta también a tareas poco especializadas relacionadas con las tecnologías de la información y la computación.

A su vez, muchos de los puestos de trabajo que se están creando en realidad no obedecen a una generación neta de empleo, sino a una movilidad desde unos sectores y unas ocupaciones a otras. Así, por ejemplo, se estima que en el período 1998-2008 «la mayor parte de los nuevos empleos serán más bien el resultado de una sustitución o reemplazamiento de las necesidades (34,7 millones) que de un crecimiento del empleo en la economía (20,3 millones)... Una gran cantidad de los reemplazamientos —según advierten los expertos— se espera que serán el resultado del movimiento de jóvenes empleados en la preparación de comida y en ocupaciones de servicios hacia otras actividades»[21].

---

[21] Douglas Braddock, ob. cit., pág. 45.

El dinamismo de la situación económica y la falta de referentes precisos sobre la dirección que puede tomar la evolución de los sistemas productivos y la estructura ocupacional da lugar a que frecuentemente las proyecciones ocupacionales presenten desfases significativos respecto a lo que finalmente acaba ocurriendo. Así, por ejemplo, las evaluaciones ulteriores de las proyecciones del *Bureau of Labor Statistic* de los Estados Unidos, muestran que las últimas estimaciones sobre reducción en el número de operarios manuales y obreros poco especializados se quedaron cortas, al tiempo que no se previeron adecuadamente los crecimientos de algunos sectores profesionales del personal docente y de los vendedores y representantes por cuenta propia. En cualquier caso no deja de ser significativo, como signo de las nuevas tendencias, que mientras las proyecciones del período 1984-95 preveían un curso declinante para 39 ocupaciones específicas, en cambio en el período 1996-2006 el número de éstas ascendió nada menos que a 125. A lo cual habría que añadir los contrastes añadidos por el curso ulterior de los hechos reales, tales como la disminución de cerca del 50% de las ocupaciones que se esperaba que crecieran[22].

Cuando se profundiza con cierto detalle en lo que realmente está ocurriendo en la estructura ocupacional y en la evolución efectiva del empleo en países que son tomados por ciertos analistas como paradigmas encomiables de futuro, la verdad es que no es infrecuente que nos topemos con sorpresas muy notables. Los análisis de Vicenç Navarro, por ejemplo, demuestran que en Estados Unidos durante los últimos lustros del siglo XX ha tenido lugar una degradación de las condiciones de empleo, hasta el punto de que el «salario del trabajador promedio (medido por remuneración horaria) en 1999 era prácticamente idéntico al que recibía en 1979», pese a que en este período la productividad laboral creció en un 37,7%. De manera específica, el descenso del salario por hora trabajada fue más acentuado entre los trabajadores de cuello azul y entre las categorías inferiores de empleados administrativos y de servicios, ascendiendo la proporción de los trabajadores varones que en 1999 tuvieron «salarios horarios menores que en 1998» a un 53,8%. El estudio pormenorizado de los datos concretos permite constatar también que «el gran distanciamiento del nivel salarial entre los trabajadores altamente cualificados y los no cualificados se debe más al descenso salarial de los no cualificados que al crecimiento de los cualificados». El deterioro de las condiciones salariales de la población activa se está viendo directamente influido por el hecho de que el mayor aumento de puestos de trabajo en Estados Unidos está teniendo lugar en «dos secto-

---

[22] Neal H. Rosenthal, «The quality of BLS projections: a historical account», *Monthly Labor Review,* mayo de 1999, véase en especial págs. 31-34.

res caracterizados por tener salarios bajos, es decir, en el comercio *(retail trade)* y los servicios (los prestados a las empresas, los servicios personales y los servicios sanitarios). En realidad —según recalca Navarro— estos dos sectores representaron el 79% de todos los nuevos puestos de trabajo»[23].

Uno de los tópicos más habituales sobre la evolución ocupacional norteamericana que ha sido puesto en cuestión por analistas cuidadosos, como Vicenç Navarro, es el que se refiere a las supuestas altas cualificaciones y altos salarios de los trabajadores empleados en las empresas de las NSI propias de la «Nueva economía». Lo cierto es que la mayoría de los activos «del sector NSI —como resalta Navarro— no son de alta cualificación. Tales trabajadores representan menos del 4% de toda la fuerza laboral y no son trabajadores de alta cualificación... En realidad la gran mayoría de trabajadores de las empresas de Silicon Valley, la meca de los NSI, son trabajadores inmigrantes, de baja cualificación, que trabajan en condiciones altamente desfavorables que explican su elevada tasa de abandono del trabajo»[24].

Estos hechos muestran hasta qué punto muchas de las valoraciones sobre las nuevas condiciones del trabajo que son formuladas por los panegiristas más acríticos de la revolución tecnológica carecen, a veces, de una fundamentación empírica suficientemente contrastada. Las dificultades que existen para fijar imágenes precisas de lo que está ocurriendo tienen su origen en las propias limitaciones de los actuales instrumentos estadísticos con los que se intenta dar cuenta de los nuevos fenómenos sociales y económicos. No se trata únicamente de una cuestión de matices o de carencias conceptuales colaterales para la definición de las categorías ocupacionales emergentes y las nuevas condiciones de empleo, sino de desfases de fondo, e incluso de desajustes y de prácticas «manipuladoras», que muchas veces tienden a sesgar los datos en una dirección «decidida» de antemano, impidiendo una comprensión correcta del curso social. A este lamentable fenómeno de distorsión y manipulación estadística ya nos hemos referido en páginas anteriores, y sobre él han llamado la atención autores como Ulrich Beck, que ha llegado a hablar del «cinismo de la estadística» que borra de sus cálculos a aquellos sec-

---

[23] Vicenç Navarro, «¿Existe una "Nueva Economía"?», *Sistema,* núm. 159, noviembre de 2000, págs. 29-51.
[24] Ibíd., pág. 51. Un ejemplo paradigmático es el que proporciona una empresa tan pujante como Microsoft, en donde un 35% de los empleados llegaron a ser temporales hasta que, a iniciativa de los sindicatos, en 1999 la Corte Suprema de Estados Unidos obligó a hacer permanentes muchos de estos contratos (ibíd., págs. 50-51). La prensa diaria también ha recogido otras informaciones sobre discriminaciones raciales internas y sobre aplicación de prácticas laborales irregulares a los trabajadores afroamericanos empleados en esta empresa.

tores excluidos y marginados que «caen» de la sociedad y a los que ya ni siquiera se cuenta como parados. Para Beck, los «falseamientos de las estadísticas» y los esfuerzos para que la «realidad se adapte a la propaganda» tienen sus antecedentes en prácticas que vienen siendo habituales en países latinoamericanos desde hace años, donde grandes sectores de población son excluidos de los cómputos laborales por encontrarse en las fronteras exteriores de los sectores formales de la economía, con el resultado de unas tasas de paro bastante más reducidas que las que se corresponden con los hechos. Por ello —subraya Beck— el sector informal no sólo modifica la comprensión del trabajo, sino también la del paro»[25].

Pero no es sólo el aumento de los sectores informales el que está distorsionando y sesgando la validez de las estadísticas sobre el empleo, sino que muchos de los cambios que están teniendo lugar en el trabajo quedan oscurecidos con harta frecuencia por una especie de cortina de humo estadística, causada por la persistencia en mantenerse aferrados a criterios y conceptos desfasados que ya no permiten reflejar fielmente la realidad. Por ello, no es extraño que en algunos informes de la OCDE se haya reconocido que «las evidencias empíricas sobre la quiebra de la mayor parte de las pautas laborales del pasado pueden verse oscurecidas parcialmente por las viejas categorías estadísticas y definiciones»[26].

En cualquier caso, aun con los datos disponibles, en estos momentos es posible efectuar aproximaciones más finas a la realidad de los hechos que aquellas que es habitual encontrar en algunas publicaciones demasiado «oficialistas». José Manuel Montero y Santos Ruesga, por ejemplo, han realizado un «reanálisis» de las informaciones contenidas en las Encuestas de Población Activa de España efectuadas por el INE y de varias encuestas del CIS que arrojan alguna luz sobre estas cuestiones. Según un detallado análisis de los datos, Montero y Ruesga proporcionan información empírica que muestra tendencias hacia una «degradación del trabajo que afecta al conjunto de la población empleada» (descontractualización de las relaciones laborales, precarización, desregulación del tiempo de trabajo, desmotivación, deseos de cambiar de empleo), así como una creciente «dualidad entre los que tienen una vida laboral estable y los que viven en la inestabilidad permanente»[27].

---

[25] Ulrick Beck, *Un nuevo mundo feliz,* ob. cit., págs. 113-115.
[26] OCDE, *The future of work,* ob. cit., pág. 2.
[27] José Manuel Montero Llerandi y Santos M. Ruesga, «La inestabilidad permanente. El mercado de trabajo en España», en José Félix Tezanos (ed.), *Escenarios del Nuevo Siglo. IV Foro sobre Tendencias Sociales,* Madrid, Editorial Sistema, 2000, págs. 134-135.

Uno de los aspectos más relevantes del estudio realizado por Montero y Ruesga es la propuesta de emplear nuevas categorías conceptuales que permitan una «lectura» distinta de los datos, a partir de la consideración de varios elementos de complejidad y de la utilización conjunta de informaciones objetivas y subjetivas. De esta manera, demuestran que para poder entender cabalmente las condiciones de empleo que están dándose en las sociedades de nuestro tiempo es necesario disponer de criterios clasificatorios más precisos. Así la utilización de categorías tales como «ocupados marginales» (sin contrato laboral), de «parados ocultos» (que de hecho están parados, pero enmascaran su situación objetiva sobreponiendo algún *rol* social más próximo a la condición de «inactivo»), de «población en el margen» (los que se encuentran en las fronteras-límites del mercado para encontrar empleo) y de «inactivos desanimados» (que ni siquiera buscan empleo), permite trazar una imagen más exacta de la verdadera degradación del trabajo que está teniendo lugar y que, en un país como España, da lugar a una distribución de la población en relación con su situación laboral como la que se incluye en el Gráfico 9, y en la que menos del 40% pueden considerarse propiamente como «ocupados en sentido estricto»[28].

Gráfico 9
DISTRIBUCIÓN DE LA POBLACIÓN EN RELACIÓN CON SU SITUACIÓN LABORAL

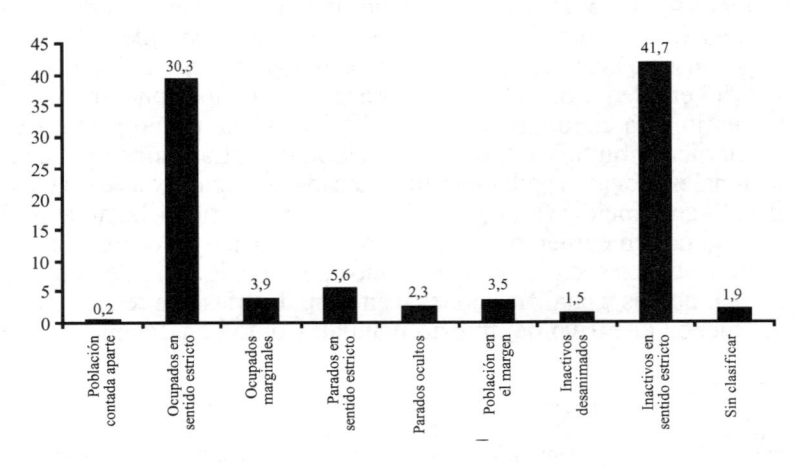

Categoría	Valor
Población contada aparte	0,2
Ocupados en sentido estricto	30,3
Ocupados marginales	3,9
Parados en sentido estricto	5,6
Parados ocultos	2,3
Población en el margen	3,5
Inactivos desanimados	1,5
Inactivos en sentido estricto	41,7
Sin clasificar	1,9

Fuente: José Manuel Montero y Santos Ruesga, *La inestabilidad permanente...*, ob. cit., pág. 123.

---

[28] Ibíd., véase págs. 107 y sigs.

Aproximaciones similares a este intento de comprender en su heterogeneidad las estructuras ocupacionales de las sociedades de nuestro tiempo pueden encontrarse también en otros autores, en consideración asimismo a variables contractuales y sociales. Ulrich Beck, por ejemplo, ha reflejado gráficamente la evolución de los empleos en Alemania durante los últimos lustros del siglo XX, presentando un panorama que permite constatar la progresiva y rápida reducción de la proporción de los trabajadores dependientes con contrato normal (véase Gráfico 10), mientras que aumentan los que tienen empleo temporales a tiempo parcial, subcontratados, a través de oficinas de empleos, en casa, etc. Esta evolución, como antes indicábamos, muestra la tendencia hacia una conversión en mayoritarias de pautas laborales hasta hace poco consideradas irregulares o atípicas, con afloramiento de nuevas categorías clasificatorias, tan «singulares» como la de «trabajadores permanentemente temporales» *(permanently temporary)*, que en Estados Unidos llegó a alcanzar la cifra de los 2 millones y medio de activos a finales de los años 90.

3. Escenarios y previsiones de futuro

Las valoraciones y previsiones sobre evolución ocupacional que formulan los especialistas, así como los resultados de los últimos estudios Delphi realizados en el marco de la investigación sobre Tendencias Sociales del GETS, apuntan un panorama complejo de efectos y consecuencias de la revolución tecnológica sobre las ocupaciones y el empleo. Los expertos en prospectiva ocupacional trazan un escenario para el horizonte del año 2010 afectado por impactos que conciernen a múltiples dimensiones laborales[29]. Las tendencias ocupacionales previstas para la primera década del siglo XXI (véase Cuadro 1) van a incidir en una triple dirección: En primer lugar se prevén algunos crecimientos selectivos de empleo que se localizarán sobre todo en los sectores caracterizados por la exigencia de mayores conocimientos y cualificaciones y en las industrias que requieren un uso menos intensivo del trabajo manual. Como consecuencia de la

---

[29] Para un análisis general de los resultados del Estudio Delphi sobre esta materia, véase José Antonio Díaz, *Prospectiva de las ocupaciones en España*, Madrid, julio de 2000, y José Antonio Díaz, «Cambios en la estructura laboral española en la próxima década», en José Félix Tezanos (ed.) *Escenarios del nuevo siglo. IV Foro sobre Tendencias Sociales*, Madrid, Editorial Sistema, 2000, págs. 141-170. De una manera particular sobre los impactos de la robótica en el empleo, véase también Antonio López Peláez, «Tendencias en Robótica y automatización avanzada: ¿hacia un nuevo modelo de trabajo?», en José Félix Tezanos (ed.), *Escenarios del nuevo siglo*, ibíd., págs. 171-196.

Gráfico 10
EMPLEADOS DEPENDIENTES EN RELACIONES LABORALES NORMALES
Y NO NORMALES EN ALEMANIA OCCIDENTAL, 1970-1995
(ESQUEMÁTICAMENTE)
(EN % DE LOS EMPLEADOS DEPENDIENTES Y AUTÓNOMOS DEPENDIENTES)

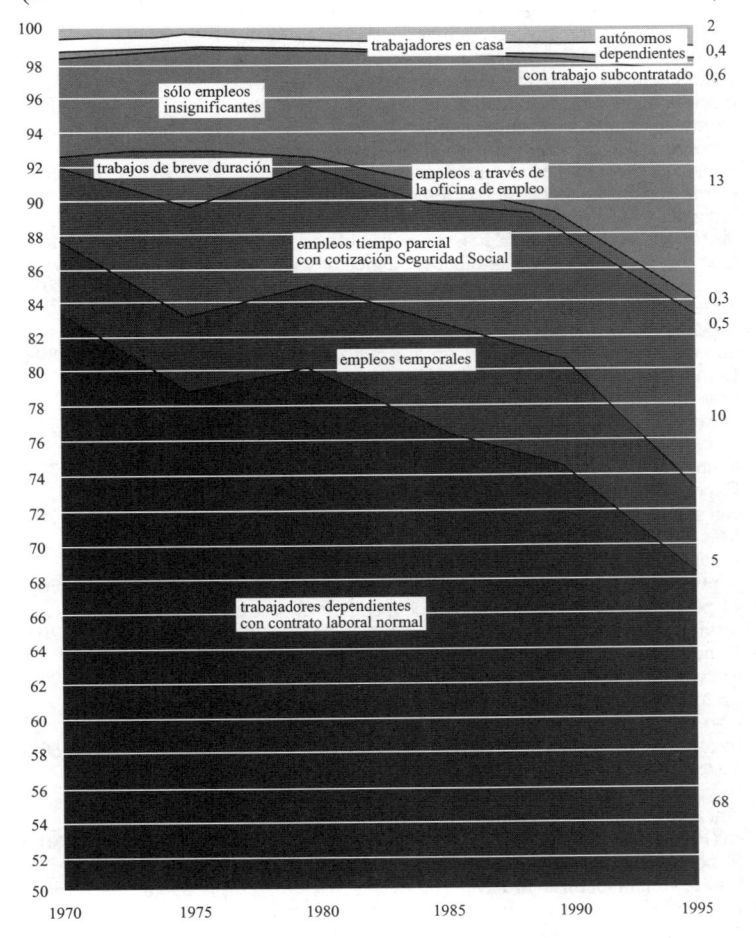

- trabajadores en casa
- autónomos dependientes
- con trabajo subcontratado
- sólo empleos insignificantes
- trabajos de breve duración
- empleos a través de la oficina de empleo
- empleos tiempo parcial con cotización Seguridad Social
- empleos temporales
- trabajadores dependientes con contrato laboral normal

Fuente: Ulrich Beck, *Un nuevo mundo feliz,* ob. cit., pág. 116.

robotización y la informatización se considera que los nuevos empleos corresponderán a las tareas que demandan más cualificaciones (profesionales, ingenieros, técnicos, etc.), que llegaran a representar el 40% del aumento del total de puestos de trabajo. De igual manera se estima que el crecimiento del empleo se producirá básicamente en

Cuadro 1
Tendencias previstas por los expertos en el horizonte 2010 que se relacionan con la evolución de la estructura ocupacional

Tendencias	Probabilidad estimada	
	Media %	Q3
• La demanda de trabajo crecerá más deprisa en los sectores que requieren un mayor nivel de conocimientos y cualificaciones (comercio, telecomunicaciones, intermediación financiera, actividades informáticas, investigación y desarrollo, educación, auditorías, etc.).	83,8	83,1
• Alrededor del 25% del aumento total de los puestos de trabajo se producirá en el sector servicios.	78,6	85,0
• Como consecuencia del desarrollo de la fabricación robotizada e informatizada integral disminuirán un 10% las ocupaciones no cualificadas o semicualificadas.	77,8	80,0
• Como consecuencia del cambio tecnológico desaparecerá el 10% de los puestos de trabajo administrativos.	77,2	80,0
• Entre un 50% y un 75% de las empresas del sector servicios experimentarán transformaciones en el nivel tecnológico que afectarán al nivel de empleo (destrucción de empleo).	70,5	80,0
• Como consecuencia del desarrollo de la fabricación robotizada e informatizada integral aumentarán el 30% de las ocupaciones cualificadas (ingenieros y técnicos, sobre todo).	69,4	75,5
• Se experimentará un proceso generalizado de pérdida de ocupaciones manuales.	67,8	70,0
• El porcentaje de trabajadores con contratos a tiempo parcial se situará en torno al 15% de la población asalariada.	67,5	70,0
• Más del 75% de las empresas del sector industrial experimentarán transformaciones tecnológicas que afectarán al nivel de empleo (destrucción de empleo).	67,5	70,0
• El porcentaje de población activa ocupada en el sector servicios se situará en torno al 75%.	64,3	70,0
• El porcentaje de trabajadores cualificados se situará en torno al 75% del total de trabajadores.	61,1	70,0
• En torno al 40% del aumento total de los puestos de trabajo se producirá en las ocupaciones más cualificadas (profesionales, técnicos, directivos, etc.)	59,9	60,0
• En los próximos 10 años, los conceptos sector industrial, servicios, trabajo, población activa y otros se redefinirán. Igual ocurrirá con los índices de medición económica (PIB, etc.).	58,6	80,0
• El porcentaje de población ocupada en el sector industrial se situará en torno al 15%.	56,8	80,0
• En torno al 10% del aumento total de puestos de trabajo se producirá en las industrias menos intensivas en trabajo manual.	56,2	60,0
• En torno al 70% del empleo no manual se producirá por el aumento del empleo no manual femenino.	55,6	60,0
• En torno al 25% del aumento total de los puestos de trabajo se producirá en el empleo por cuenta propia (autoempleo, autónomos no agrarios, etc.)	50,3	52,5

Fuente: GETS, *Estudio Delphi sobre prospectiva de las ocupaciones en España*, Madrid, 2000.

el sector servicios, que llegará a representar un 75% del total de la población activa, es decir quince puntos más que a finales del siglo XX, y en el que también se experimentarán fuertes impactos como consecuencia de la aplicación de las nuevas tecnologías; lo que dará lugar a transformaciones y exigencias de adaptaciones en las cualificaciones que afectarán a más de un 50% de los empleados en los servicios, así como a la destrucción de puestos de trabajo. Finalmente es de destacar la previsión de que el horizonte 2010 «el 70% del empleo no manual se producirá por el aumento del empleo no manual femenino».

En tercer lugar, se anticipan otros cambios que afectarán también a la población ocupada, como un crecimiento del 15% de los trabajadores a tiempo parcial y un mayor peso numérico de los autónomos, ya que «un 25% del aumento total de los puestos de trabajo se producirá en el empleo por cuenta propia (autoempleo, autónomos no agrarios, etc.)».

Otras tendencias que también formulan los expertos para el horizonte 2010 hacen referencia a un crecimiento de la presencia de las mujeres en la población activa, la elevación general de las cualificaciones y el nivel cultural y técnico de los trabajadores, con mayor capacitación para el uso de ordenadores, una mayor descentralización y especialización funcional-territorial de las actividades productivas, un aumento del número de empleados con contratos temporales hasta llegar al 50% del total y un incremento de la proporción de personas que realizarán el trabajo desde su domicilio (un 15%).

Todos estos cambios se estima que acabarán requiriendo una redefinición de buena parte de los conceptos que actualmente se utilizan para los cálculos económicos y los análisis sociolaborales. Esto es lo que se espera que ocurra con el PIB, o con la misma noción de trabajo, o con la actual clasificación de la población activa, superando el modelo limitado a los tres grandes sectores clásicos (agricultura, industria y servicios).

En lo que atañe de manera particular a los sectores ocupacionales específicos (véase Cuadro 2), los expertos prevén fuertes aumentos de los profesionales de la ciencias físicas y químicas y de los ingenieros informáticos, así como de los médicos, biólogos y otros técnicos y profesionales de nivel intermedio relacionados con actividades de gestión financiera, comercial y administrativa. Al mismo tiempo se pronostican crecimientos moderados o estabilidad en el número de empleos de directivos y gerentes, personal de los servicios y las ventas, docentes y otros profesionales especializados.

Las mayores posibilidades de crecimiento del empleo se sitúan en las tareas de ayudas a domicilio (de personas mayores, de minusválidos, de enfermos y de servicio doméstico en general), así como en el tratamiento de aguas y el control de normas de calidad. A segundo ni-

Cuadro 2
PREVISIONES DE LOS EXPERTOS SOBRE TENDENCIAS OCUPACIONALES EN ESPAÑA EN EL HORIZONTE 2010

	Ocupaciones	Rango/ tendencia/ crecimiento*	Sectores ocupacionales	Rango/ tendencia/ crecimiento*
Aumentarán mucho	• Profesionales de las ciencias físicas, matemáticas, ingeniería e informática.	4	• Ayuda a domicilio (personas mayores, minusválidos, atención sanitaria, preparación de comida y tareas domésticas).	5
	• Profesionales de las ciencias biológicas, la medicina y la salud.	4	• Tratamiento de aguas y saneamientos de zonas contaminadas.	5
	• Técnicos y profesionales de nivel medio de las ciencias físicas, químicas, ingeniería e informática.	4	• Control de normas de calidad	5
	• Otros técnicos y profesionales de nivel medio (en operaciones financieras y comerciales, agentes comerciales y corredores, servicios de administración, etc.).	4		
	• Técnicos y profesionales de nivel medio de ciencias biológicas, medicina y salud.	4		
Aumentarán algo	• Directores y gerentes.	3	• Guardería y cuidado de niños.	4
	• Trabajadores de los servicios y vendedores de comercios y mercados.	3	• Asistencia a jóvenes (apoyo escolar, ofertas de ocio, ayudas a los más necesitados, etc.).	4
	• Profesionales de la enseñanza.	3	• Renovación y modernización de barrios y viviendas.	4
	• Otros profesionales, científicos e intelectuales (organización y administración de empresas, derecho, archiveros, bibliotecarios, documentalistas, especialistas en ciencias sociales y humanas).	3	• Desarrollo de transportes colectivos.	4
			• Conservación de zonas rurales y espacios públicos, reciclaje de residuos, etc.	4
			• Equipamientos para ahorro energético, especialmente para hogares.	4

Fuente: GETS, *Estudio Delphi sobre prospectiva de las ocupaciones en España,* ob. cit., Madrid, 2000.

* 5: Crecimientos muy intensos; 4: Crecimientos intensos; 3: Crecimientos moderados o estabilidad; 2: Decrecimientos; 1: Fuertes decrecimientos.

vel se prevén aumentos algo menores de los empleos relacionados con el cuidado de niños, con las actividades de apoyo social, educativo y asistencia a jóvenes y con otras funciones de matenimiento, de seguridad, de conservación ecológica y equipamientos colectivos.

Cuando de una manera más específica se demandan previsiones sobre la evolución de una serie de ocupaciones y tareas concretas como consecuencia de la revolución tecnológica se obtiene el panorama que se presenta esquemáticamente en el Cuadro 3, con un bloque importante de ocupaciones propias de las sociedades industriales clásicas que tienden a disminuir de manera sustancial, otro bloque de actividades que tendrán que adaptarse a las nuevas circunstancias, especialmente a las condiciones de mercados en la red (ventas y servicios), y finalmente un tercer conjunto de tareas que serán estimuladas por las nuevas orientaciones tecnológicas de los sistemas de trabajo, por las nuevas oportunidades de expansión de actividades asociadas a los perfiles emergentes de la demanda, así como al surgimiento de necesidades colectivas e individuales derivadas de las nuevas condiciones socio-económicas y laborales.

Es decir, la oferta de nuevos empleos parece que tenderá a desarrollarse en buena medida en torno a un doble polo de referencia. Por una parte la demanda/sustitución de empleos marcada directamente por la evolución tecnológica y por las nuevas condiciones de la producción (menos operarios manuales, menos personal administrativo no especializado, más servicios especializados y más expertos en electrónica y comunicación) y, por otra parte, una demanda social más general relacionada con el nuevo estatus de la mujer y su incorporación al trabajo, lo que da lugar a que una serie de funciones que antes realizaban la mayoría de las mujeres en el hogar ahora adquieran una proyección organizativa diferente (comida, cuidado de niños y ancianos, tareas de la casa, atenciones personales, etc.). De ahí la fuerte expansión de los sectores ocupacionales que tienen que ver con este tipo de tareas, en cierta conexión también con la mayor demanda de *cuidados personales* y la intensificación de las aspiraciones de mejora de la calidad residencial. Según las proyecciones del *Bureau of Labor Statistics* de los Estados Unidos, de las treinta ocupaciones con previsiones de crecimiento más fuerte en su demanda hasta el año 2008, siete u ocho corresponden a actividades que pueden ser catalogadas como ocupaciones relacionadas con la sustitución de las tareas domésticas atribuidas tradicionalmente a la mujer, totalizando más de 10 millones de puestos de trabajo[30].

---

[30] Véase George T. Silvestri, *Occupational employment projections to 2006*, ob. cit. y Douglas Braddock, *Occupational employment projections to 2008*, ob. cit., pág. 73.

Cuadro 3
ALGUNOS IMPACTOS OCUPACIONALES DE LA REVOLUCIÓN TECNOLÓGICA PREVISTOS POR LOS EXPERTOS EN OCUPACIONES

Trabajos que tienden a desaparecer o disminuir	Previsiones más enfatizadas*	Trabajos que tienden a transformarse-adaptarse	Previsiones más enfatizadas*	Trabajos que tienden a surgir o aumentar	Previsiones más enfatizadas*
• Trabajos industriales repetitivos, sencillos y poco especializados (operarios, montadores reparadores, etc.)	103,4	• Comunicación (a la carta)	70,5	• Informática, programación	73,4
• Trabajos rutinarios de oficina	77,3	• Artes gráficas	61,4	• Actividades de ocio y esparcimiento	62,1
• Trabajos de control de inventario	61,4	• Enseñanza	57,6	• Tareas científicas y tecnológicas	56,8
• Impresores y correctores	55,3	• Empleos especializados y artesanales	50,0	• Trabajos ambientales	53,8
• Tareas básicas de supervisión	43,9	• Servicios especializados personalizados (atenciones directas muy específicas y sofisticadas)	48,5	• Nuevas tareas sociales (trabajadores sociales, expertos en apoyo escolar y enseñanzas especiales, etc.)	53,0
• Trabajos comerciales accesibles por Internet y similares	42,4	• Terapias personales	43,9	• Servicios de información (producciones, mantenimiento y selección)	52,3
• Trabajos de intermediación (información, venta, representación, etc.)	41,7	• Servicios de atención personal a domicilio	36,4	• Tareas de cuidados personales	47,7
• Empleos en actividades extractivas	37,1	• Trabajos de intermediación y ventas	34,8	• Actividades médicas y bioquímicas	41,7
		• Actividades de seguridad	32,6	• Servicios de seguridad	32,6
		• Comercio al por menor	29,5	• Servicios de mantenimiento	31,8

Fuente: GETS, *Estudio Delphi sobre Prospectiva de las ocupaciones en España*, ob. cit.
* Valores ponderados de acuerdo con el número de expertos que coinciden en la previsión y a la estimación de la tendencia (cuatro niveles, de 1 a 4).

No deja de resultar significativo que algunos de los empleos que los expertos estiman que tendrán mayor expansión no requieren niveles de cualificación ni de titulación elevados, ni implican un grado de compromiso acentuado con el trabajo: en muchos casos se trata de tareas eventuales, de corta duración, fácilmente sustituibles e intercambiables, que generalmente se pueden realizar en régimen de *empleo autónomo* y en empresas de tamaño reducido. De ahí que estas previsiones deban ser conectadas con la tendencia al crecimiento de la población que trabaja en régimen de auto-empleo y en pequeñas empresas. Lo que explicaría el dinamismo ocupacional que están alcanzando estas pequeñas empresas en muchos países desarrollados[31].

En el *Informe sobre los empleos del futuro en Europa,* efectuado por la Comisión de Empleo y Asuntos Sociales del Parlamento Europeo en diciembre de 1998 se subrayaba, por ejemplo, que «con más de 100 millones de empleados las PYME's son el motor de empleo de la UE. Más del 99% de ellas son empresas con menos de 250 trabajadores. En los países del sur de Europa (Grecia, España, Portugal e Italia) el porcentaje de las PYME's en el empleo total supera el 80%. Sólo en sectores como la minería y la energía dominan las grandes empresas; en todos los demás dominan las PYME's: por ejemplo, en los servicios financieros con un 61,6%, en los "otros" servicios con un 56,7%, en la hostelería con un 83,3% y en la construcción con un 85,7%»[32].

Sin embargo, estas tendencias no deben llevarnos a pensar que nos encaminamos hacia un mundo de pequeñas empresas y trabajadores autónomos en un orden económico «idílico» en el que la mayoría de las personas gozarán de un alto grado de autonomía personal y de capacidad de autorrealización y en el que los mercados no estarán sesgados por la presencia de grupos poderosos que introduzcan graves asimetrías en su funcionamiento. En realidad, algunos de los nuevos fenómenos ocupacionales esconden en el fondo tendencias que implican una mayor precarización laboral e inestabilidad en el empleo.

El aumento en el número de autoempleados que se ha experimentado en los países europeos en los tres últimos lustros del siglo XX, y que ha supuesto pasar del 9% al 10% en el sector manufacturero y

---

[31] Carl McDaniels refiere, por ejemplo, cómo en la primera mitad de la década de los años 80 el 48,7% de los nuevos empleos generados en el área de Nueva York se crearon en empresas de menos de cien empleados *(The Changing Workplace,* ob. cit., pág. 128).

[32] Comisión de Empleo y Asuntos Sociales, *Informe sobre los empleos del futuro en Europa,* Parlamento Europeo, 1998, pág. 17.

del 4% al 16% en los servicios privados, no refleja situaciones de acceso a una verdadera independencia económica y laboral, como se nos advierte desde el *Institute for Prospective Technological Studies*. «Se puede sospechar que un número sustancial de éstos son autoempleados sólo "teóricamente" y que tienen tan poca libertad financiera respecto a sus principales clientes, como la que tenían de sus empleadores anteriores»[33]. En muchos casos más que hablar de «autónomos» habría que emplear conceptos como «autoempleados dependientes» o «*free-lance* eventuales», o «desalariados contingentes» o «autónomos aparentes». Lo mismo ocurre con aquellas pequeñas empresas que operan como «suministradoras» eventuales de trabajo precario y peor pagado a las grandes corporaciones, como en buena medida sucede con las «empresas de trabajo temporal». Otras unidades productivas de tamaño reducido funcionan de hecho como entidades subcontratadas de las grandes compañías para la realización de piezas y el suministro de componentes a más bajos costes, en el marco de nuevas redes organizacionales en las que, en el fondo, se están «burlando» las exigencias contractuales que fueron conquistadas a lo largo de los años por los trabajadores. En muchos de estos casos, lo que se está haciendo es «esquivar» las normativas laborales, sustituyéndolas por la legislación mercantil, a la que ahora se ven sometidas, como marco regulador de las relaciones productivas, un número creciente de personas en condición de «semi-asalariados» autónomos con menos ventajas reales.

Por lo tanto, algunas de las nuevas formas de relaciones laborales y productivas, que con harta frecuencia se presentan como un signo de modernidad, de flexibilidad y de innovación, en realidad no pueden ser correctamente interpretadas y valoradas si no se ponen en conexión con la alteración de la lógica de las relaciones laborales y con los fenómenos del paro estructural y la precarización en el empleo. Incluso no faltan los analistas que sostienen que los crecimientos espectaculares en el número de los pequeños empresarios y de los autónomos están ocultando la verdadera dimensión que está alcanzando el desempleo, ya que en muchos casos los activos que recurren a estas nuevas formas de relaciones lo que están haciendo es intentar «salir adelante» como pueden, y a veces sencillamente «encubrir» su situación objetiva de paro o de subempleo en un contexto en el que no es fácil encontrar buenas oportunidades para desempeñar un trabajo regular a tiempo completo y de manera continuada.

---

[33] Ken Ducatel y Jean Claude Burgelman, *The Future Project. Employment Map,* Institute for Prospective Technological Studies, Eur-19033EN, Sevilla, diciembre de 1999, pág. 54.

Los «autónomos aparentes» son, de esta manera, un exponente de las tendencias de precarización de las relaciones laborales. Sus biografías personales están más próximas en la mayor parte de los casos a las exigencias cotidianas de supervivencia y a los «vacíos» de actividad propios de los jornaleros agrícolas, que al paradigma de un empresario por cuenta propia que aspira a tener éxito en los negocios y labrarse una fortuna. Su objetivo es «sobrevivir» y no enriquecerse, y en algunas ocasiones su registro como autónomo es utilizado como un simple mecanismo para poder «pagar» unas cuotas a la seguridad social y adquirir así el derecho a una pensión de jubilación en el futuro. Por ello, muchos de estos nuevos «autónomos» son «falsos empresarios» o autónomos «irreales», cuya presencia en las estadísticas laborales permite enmascarar situaciones de desempleo estacional y de precarización contractual. Consecuentemente puede decirse que en buena medida la «nueva cultura de la autonomía» responde a situaciones más aparentes que reales y en el fondo forma parte del universo de lo precario y lo inestable[34].

Uno de los efectos de esta evolución socio-económica está siendo la acentuación de las tendencias hacia una mayor precarización laboral y hacia una definición más asimétrica de las relaciones económicas dependientes, ya que la mayor parte de los autónomos subsidiarios y las pequeñas empresas «semi-asalariadas» no cuentan con redes de protección y apoyo mutuo como las que hasta hace poco brindaban a los trabajadores los sindicatos y los partidos de inspiración obrera. Esta situación da lugar a que el poder efectivo de mediación y negociación de tales activos se vea muy debilitado, frente a empresas poderosas que imponen taxativamente sus precios, sus condiciones, sus calendarios, sus ritmos y procedimientos y sus modalidades de pago. Muchas corporaciones obligan *de facto* a interiorizar estas exigencias a los nuevos sectores dependientes, bien sean estos individuos u organizaciones subordinadas, en el marco de modelos productivos en los que la asimetría de poder alcanza tal grado que muchas veces está desbordando no sólo los requisitos mínimos de equidad, de reciprocidad y de armonía social, sino la propia funcionalidad económica del sistema.

---

[34] El Instituto alemán para el Empleo y la Investigación Profesional cifró a mediados de la década de los años 90 el volumen de «autónomos aparentes» en Alemania en más de 1 millón y medio de activos, muchos de los cuales trabajaban de manera colateral o poco regular en actividades compensatorias, transportes, secretaría, etcétera, en las que las tasas de despido son muy altas, y muchos de los despedidos acaban trabajando «por su cuenta» para sus antiguos patronos, véase U. Beck, *Un nuevo mundo feliz,* ob. cit., pág. 94.

CAPÍTULO 5

La oferta de trabajo disponible

Nuestros abuelos trabajaban prácticamente sin descanso, en jornadas laborales que duplicaban a los promedios actuales y en unas condiciones físicas y ambientales generalmente bastante inapropiadas. Aunque el movimiento sindical hizo una labor muy intensa para humanizar aquellas condiciones de trabajo, no deja de ser curioso que en los escritos de los teóricos del nuevo orden industrial capitalista sea bastante habitual encontrar quejas y reflexiones pesimistas sobre la poca inclinación de la gente hacia el trabajo. Incluso algunos grandes teóricos liberales llegaron a aconsejar políticas salariales restrictivas, con la finalidad —según explicaban— de que los operarios se «vieran obligados» a trabajar un número suficiente de horas como para poder subsistir, evitando que dejaran de acudir a las fábricas en cuanto tenían suficiente dinero en el bolsillo como para «comer y beber». ¡Cuánto han cambiado las cosas desde que se hicieron estas reflexiones tan pintorescas y tan poco humanas! Sin embargo, pese al cambio en las circunstancias, se mantiene el afán por imponer las supuestas exigencias de las «cosas» por encima de las necesidades y las sensibilidades de las personas, aun con otras argumentaciones. A principios del siglo XXI, evidentemente, no se intenta convencer a la gente de que se trabaja poco y se gana demasiado —aunque algunos no le hacen ascos a la idea—, sino que el principal esfuerzo de persuasión se orienta a intentar convencernos de que *«no hay problemas con el trabajo, ni los habrá»*. ¿Que las estadísticas dicen que aumenta el paro?, pues se cambian los criterios de elaboración de las estadísticas. ¿Que surgen temores ante los riesgos del paro tecnológico?, pues se descalifica como «demagogos» y «charlatanes» a los que siembran los temores. ¿Que los sindicatos presionan?, pues se intensifican los cambios que conducen a mermar sus condiciones de poder...

Entre los muchos despropósitos y ocultaciones con los que se tiende a reaccionar frente a la evolución de los hechos socio-laborales, uno de los más peculiares, y que puede causar efectos más perniciosos a medio plazo, es el que concierne a la ya referida «manipu-

[121]

lación» de los instrumentos estadísticos y los conceptos analíticos con los que sería posible establecer diagnósticos precisos y fiables que permitan entender el curso real de los hechos sociales. Como hemos indicado, en muchas ocasiones los datos se enmascaran y los análisis se mediatizan utilizando conceptos y enfoques desfasados que ya no pueden reflejar toda la complejidad de las nuevas situaciones. Lo que está sucediendo, a veces, recuerda historias y acontecimientos de otros tiempos. En cierta medida es como si los médicos de las sociedades de principios del siglo XXI continuaran utilizando los viejos instrumentos diagnósticos y se limitaran a poner la mano en la frente de sus enfermos, o a aplicar un espejillo debajo de sus fosas nasales, para recomendar al final la observación de los humores y excreciones y la aplicación de sanguijuelas para aliviar el flujo sanguíneo, prescindiendo de todas las modernas técnicas e instrumentos diagnósticos.

¿Por qué se entorpecen las posibilidades y los medios para hacer diagnósticos precisos de las transformaciones en el trabajo? ¿Por qué preocupa tanto que puedan surgir dudas sobre el futuro del empleo y de las ocupaciones ¿Por qué tanta resistencia a entender que las actividades laborales son una realidad cambiante? ¿Por qué se presta tan poca atención al curso de la historia?

En las *sociedades tecnológicas avanzadas del futuro* el trabajo no sólo se va a realizar de manera diferente, sino que también se modificará sustancialmente el volumen global de tareas y actividades humanas que será necesario efectuar para la producción de los bienes y mercancías que la sociedad demandará. ¿Se reducirá, pues, la oferta de trabajo disponible de una manera paralela? ¿Estamos evolucionando inevitablemente hacia un tipo de sociedad que tendrá un fuerte paro estructural? ¿De cuánto trabajo se dispondrá en el futuro, y en qué condiciones?

1. El trabajo mermado

En la sociedad industrial se ha venido produciendo desde hace años un progresivo perfeccionamiento y especialización de los sistemas de organización del trabajo —ejemplificado por la célebre fábrica de alfileres de Adam Smith— y una aplicación creciente de máquinas y herramientas que cada vez han permitido realizar un mayor volumen de actividades productivas en menos tiempo y con menor esfuerzo humano.

Si nos atenemos a un horizonte temporal dilatado, en el curso histórico es posible identificar una tendencia en la organización social de los sistemas de supervivencia que marca una línea progresiva de mejor utilización de los recursos, cada vez con menos esfuerzo muscular y mental, desde el invento de la rueda y el arado y la utilización de la energía animal, hasta la moderna revolución tecnológica Esta línea histórica de evolución implica una cierta situación paradójica de «escisión» y «dualización», en la medida en la que cada vez con menos *trabajo-esfuerzo* realizado, como actividad, se logra un mayor *trabajo-resultado,* como producto (véase Gráfico 1). Lo cual significa que los *resultados* productivos cada vez dependen menos del despliegue físico y psíquico de la actividad humana. No obstante, esta línea de «escisión» permite un desarrollo más pleno de enormes potencialidades económicas.

Gráfico 1
EVOLUCIÓN HISTÓRICA DE LA ECUACIÓN TRABAJO-ESFUERZO-RESULTADO

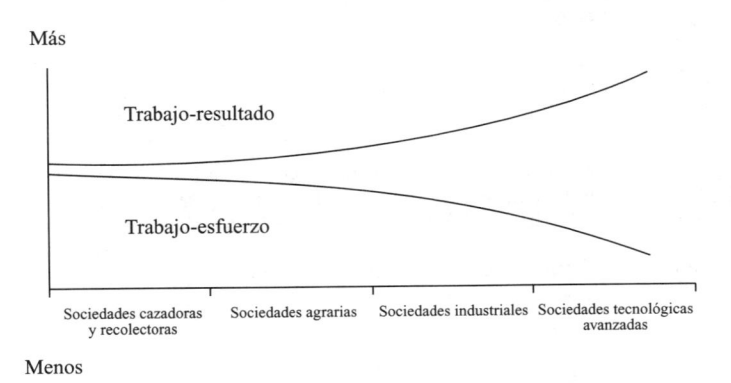

Más

Trabajo-resultado

Trabajo-esfuerzo

| Sociedades cazadoras y recolectoras | Sociedades agrarias | Sociedades industriales | Sociedades tecnológicas avanzadas |

Menos

La tendencia a «liberar» y «suplir» los esfuerzos humanos en el trabajo ha quedado plasmada claramente en la evolución concreta del industrialismo, donde las jornadas de más de *60 horas* de hace unas pocas décadas han dado lugar a la aspiración actual hacia la *semana laboral de 35 horas* (aspiración que, por cierto, pronto quedará desfasada, como ya ocurrió en el pasado con la reivindicación de las 48 horas, las 40, etc.).

La reducción del número de horas trabajadas por persona y año ha sido tan acusada que en las sociedades industriales se ha pasado de promedios cercanos a las 3.000 horas anuales a finales del siglo XIX, a cifras que se aproximaban a finales del siglo XX a las 1.500 ó 1.600 horas, es decir, prácticamente la mitad (véase tabla 1).

Pero, incluso a más corto plazo, desde la década de los años 70 el promedio de horas trabajadas por persona ocupada se ha reducido significativamente en la mayor parte de los países más desarrollados: un 20,7% en Noruega, un 16,7% en Francia, un 16,4% en Ale-

Tabla 1
EVOLUCIÓN DEL NÚMERO ANUAL MEDIO DE HORAS TRABAJADAS POR PERSONA OCUPADA

	Francia	Alemania	Japón*	Holanda	Reino Unid0	EEUU
1870	2.945	2.941	2.945	2.964	2.984	2.964
1890	2.770	2.765	2.770	2.789	2.807	2.789
1913	2.588	2.584	2.588	2.605	2.624	2.605
1929	2.297	2.284	2.364	2.260	2.286	2.342
1938	1.848	2.316	2.391	2.244	2.267	2.062
1950	1.989	2.316	2.289	2.208	1.958	1.867
1960	1.948	2.081	2.430	2.214	1.877	1.835
1973	1.904	1.804	2.195	1.805	1.929	1.924
1979	1.813	1.764	2.126	1.591	1.821	1.905
1983	1.711	1.724	2.095	1.530	1.719	1.882
1990	1.668	1.611	2.031	1.433	1.773	1.943
1995	1.638	1.561	1.910	1.397	1.735	1.952
1996	1.666	1.550	1.919	1.374	1.732	1.951
1997	1.634	1.558	1.891	1.365	1.731	1.996
1998	—	1.580	1.871	—	1.737	1.957

Fuente: OCDE, *Las nuevas tecnologías en la década de los noventa (1988),* Madrid, Ministerio de Trabajo y Seguridad Social, 1990, pág. 93; OCDE, *Perspectivas del empleo 1999,* Madrid, 1999, pág. 486 y OCDE, *Employment Outlook,* 1999, pág. 241.
* A partir de 1979 datos referidos a empleo asalariado.

Tabla 2
DISMINUCIÓN DEL NÚMERO MEDIO DE HORAS TRABAJADAS POR PERSONA OCUPADA DESDE LA DÉCADA DE LOS AÑOS 70

	1970	1998	Diferencia N	Diferencia %
Alemania	1.868 *(1)*	1.562	−306	−16,4
Finlandia	1.982	1.761	−221	−11,1
Francia	1.962	1.634 *(3)*	−328	−16,7
Reino Unido	1.929 *(1)*	1.737	−192	−9,9
Noruega	1.766	1.401	−365	−20,7
España	2.148 *(2)*	1.821	−327	−15,2
Suecia	1.641	1.551	−90	−5,5
Japón	2.185 *(1)*	1.889 *(4)*	−296	−13,5
Canadá	1.890	1.777 *(3)*	−113	−6,0
Estados Unidos	1.886	1.957	+71	+3,8

Fuente: OCDE, *Perspectivas del empleo,* varios años. Elaboración propia.
(1) 1973; *(2)* 1979; *(3)* 1996; *(3)* 1995; *(4)* 1997.

manía, un 15,2% en España, un 13,5% en Japón, un 9,9% en el Reino Unido, etc. (véase Tabla 2). Si consideramos las diferencias entre el empleo total y el empleo asalariado, podemos comprobar que las pautas de reducción varían de unos lugares a otros; por ejemplo, en países como Islandia, Alemania, Francia, España o Finlandia trabajan menos horas los asalariados, mientras que existe más uniformidad en Estados Unidos (véase Tabla 3).

Tabla 3
DIFERENCIAS ENTRE EL NÚMERO MEDIO DE HORAS TRABAJADAS
POR PERSONAS OCUPADAS (EMPLEO TOTAL) Y POR EMPLEADOS ASALARIADOS

	Población ocupada	Empleos asalariados	Diferencia
Finlandia	1.761	1.672	–89
Francia	1.634	1.519	–115
Alemania	1.562	1.508	–54
Islandia	1.817	1.672	–145
España	1.821	1.754	–67
Reino Unido	1.737	1.709	–28
Estados Unidos	1.957	1.957	

Fuente: OCDE, *Perspectivas del empleo 1999*, ob. cit., Elaboración propia.

Algunos analistas han hecho notar que el acortamiento de las jornadas laborales, unido a «las vacaciones y otras ventajas sociales como las bajas por accidente y enfermedad», dan lugar a que actualmente se pueda decir que prácticamente —y en términos comparativos— se está trabajando a tiempo parcial, si nos atenemos a las jornadas laborales que se veían obligados a hacer nuestros abuelos. «Además si tenemos en cuenta que se ha reducido... también el número de años de trabajo, el tiempo total del trabajo remunerado del trabajador medio es sólo una pequeña parte del que se realizaba en otros tiempos. Y, sin embargo —según se subrayaba en el Informe del Club de Roma de 1998—, ni siquiera esta importante división del trabajo garantiza un empleo para todos»[1]. En cualquier caso, la evolución seguida da lugar a que prácticamente «lo que hoy se considera un trabajo a tiempo completo en el siglo pasado se hubiera considerado un trabajo a tiempo parcial»[2].

---

[1] Orio Giarini y Patrick M. Liedtke, *El dilema de empleo. El futuro del trabajo*, Barcelona, Galaxia Gutenberg, 1998, pág. 142.
[2] Ibíd., pág. 225. En este *Informe del Club de Roma* dicho proceso de reducción de la jornada se interpreta como una opción inteligente de «repartir entre ingresos y tiempo libre las ganancias de los trabajadores derivadas del aumento de productividad», para no influir negativamente en la oferta de empleo.

Esta manera de contemplar la evolución de la jornada laboral, desde la perspectiva de las personas individuales, ha sido objeto de algunos cuestionamientos por parte de aquellos que entiendan que es necesario tomar como referencia el conjunto social. Es decir, el volumen total de trabajo humano que efectúa una sociedad globalmente se considera que debe verse como el resultado del aumento general del empleo, al que habría que sumar la incorporación de las mujeres al trabajo, el pluriempleo, la realización de horas extras, el aumento de la proporción de trabajos de larga duración y, a veces, casi «sin horario tope» por parte de gerentes, de profesionales ocupados en servicios con horarios dilatados, de empleados de hospitales, etc. Los que formulan este tipo de interpretaciones han llegado a poner en cuestión la propia verosimilitud de la tendencia hacia una reducción del tiempo general de trabajo y la correspondiente expansión del tiempo de ocio[3], habiéndose sostenido, por ejemplo, que el «ciudadano medio» norteamericano trabaja *«un mes más»* que a comienzos de la década de los años 70[4].

Algunas presentaciones paradójicas de los hechos encierran en ocasiones una parte de verdad, en la medida en que reflejan matices y contratendencias que se están haciendo presentes en sociedades muy específicas, en las que se tiende a emplear más intensivamente los recursos humanos —aunque no todos, ni de la misma manera—, especialmente en coyunturas de expansión económica. Sin embargo, el problema real se plantea más agudamente en aquellas situaciones en las que la *racionalidad económica* establecida se traduce en decisiones organizativas que implican una sustitución efectiva de horas de trabajo humano por «trabajo» realizado de forma automática. Y en este sentido —dando un nuevo giro aparentemente paradójico a las chocantes visiones de algunos analistas—, el problema será mayor y socialmente más peliagudo en la medida en que pueda llegarse a una mayor intensificación y duración de las jornadas que realizan algunos activos concretos y a una extensión de la población potencialmente demandante de horas de trabajo (con más activos, más mujeres, más inmigrantes, más duración de las jornadas laborales de algunos). Entonces, en estos supuestos, el «reparto» o el «reajuste»

---

[3] Benjamin Kline Hunnicutt, *Work without end. Abandoning shorter hours for the right to work*, Philadelphia, Temple University Press, 1988.
[4] Juliet B. Schor, *The overworked american. The unexpected decline of leisure*, Nueva York, Basic Book, 1991. Las tesis de este libro son bastante controvertidas, no sólo por la forma de elaboración de los cálculos de tiempos trabajados —que contrastan con los datos de otros estudios americanos— sino también por el significado —y la credibilidad— de algunas de las explicaciones aducidas (sobre tendencia al acortamiento de los tiempos de vacaciones, la reducción de las bajas por maternidad de las mujeres, la prolongación de las jornadas, etc.).

de los tiempos de *trabajo necesario* tendrá que efectuarse entre un mayor número de «empleados» o «demandantes» de actividad.

A partir de las previsiones de evolución de las pautas laborales que aquí estamos analizando, las cuestiones que es necesario plantearse sobre el futuro del trabajo, en función de los cambios tecnológicos emergentes, nos remiten a considerar los siguientes aspectos:

a) El grado en que determinados trabajos pueden ser objeto de sustitución por sistemas robotizados y en qué magnitudes. El listado de las tareas concretas que se pueden realizar con robots industriales y sistemas informáticos es muy amplio y las posibilidades aún no están agotadas[5].

b) El ritmo-velocidad al que se introducen los robots y los sistemas automáticos de trabajo. De hecho en algunos países este ritmo es superior al previsto hasta hace pocos años. Sólo desde el año 1990 al 1999 los robots instalados aumentaron en un 61,6%, habiéndose multiplicado por diecinueve desde principios de los 80 (véase Tabla 4), siendo especialmente significativa la incorporación de robots a los sistemas productivos en los países más desarrollados (véase Gráfico 2). ¿Qué ocurrirá dentro de una década si continúa el actual ritmo de progresión? ¿Existirá realmente un grado de saturación en la introducción de robots?

c) Las pautas previsibles de evolución a corto y medio plazo de las poblaciones activas y de los niveles generales de ocupación, en función de las tendencias apuntadas en los últimos años (influidas no sólo por factores tecnológicos).

La acentuación en el ritmo de introducción de robots industriales debe ser contemplada en una doble perspectiva: en primer lugar, en relación con la evolución de la densidad de robots instalados de acuerdo con la población activa de cada país (Tabla 4) y, en segundo lugar, en función de las características específicas y las capacidades de los robots. En lo que al primer aspecto se refiere, los datos evidencian que la modernización de los aparatos productivos de algunas naciones asiáticas, con Japón a la cabeza a gran distancia, y de otros países europeos, es bastante intensa y mayor que la de Estados Unidos (Tabla 5); lo cual se relaciona verosímilmente con la dinámi-

---

[5] Un listado bastante sugerente referido a dieciocho campos concretos puede verse, por ejemplo, en Colin Gill, *Work, uneployment and the new technology*, Cambridge, Polity Press, 1985, págs. 13 y sigs. El artículo de Thomas Ran Ide y Arthur Cordell publicado en el número 6 de la revista *El socialismo del futuro* resulta también muy ilustrativo sobre las posibilidades de sustitución de tareas en el sector servicios (Thomas Ran Ide y Arthur J. Cordell, «Las nuevas herramientas: Implicaciones para el futuro del trabajo», en *El socialismo del futuro*, núm. 6, Madrid, 1992, págs. 33-36).

Tabla 4
EVOLUCIÓN DEL NÚMERO DE ROBOTS INDUSTRIALES INSTALADOS

	1981	1982	1983	1984	1985	1986	1987	1988	1989	1990	1991	1992	1993	1994	1995	1996	1997	1998	1999
Japón	21.000	32.000	47.000	67.000	93.000	116.000	141.000	176.219	219.565	274.210	324.895	349.458	368.054	377.025	387.290	399.629	412.961	411.812	402.212
Estados Unidos	6.000	7.000	8.000	13.140	19.350	25.570	29.510	33.080	35.850	38.980	42.250	45.610	50.454	57.088	66.286	70.858	77.108	81.746	92.860
Alemania	2.300	3.500	4.800	6.600	8.800	12.400	14.900	17.700	21.940	27.320	32.760	37.550	41.415	45.340	51.375	60.000	66.817	73.155	81.203
Italia	750	1.300	2.050	2.850	3.650	4.900	6.650	8.300	9.850	12.200	14.090	16.410	18.735	20.593	22.963	25.494	28.386	31.517	34.991
Francia	500	700	1.100	1.290	1.960	2.640	4.380	5.660	6.960	8.350	9.510	10.420	11.295	12.292	13.276	14.784	15.632	16.211	18.163
Reino Unido	710	1.150	1.750	2.430	3.020	3.490	4.110	4.840	5.570	5.940	6.550	7.030	7.476	8.123	8.314	8.751	9.958	10.765	11.537
Austria	60	80	130	180	250	360	470	650	860	1.140	1.410	1.640	1.845	2.079	2.243	2.441	2.618	2.753	3.000
Benelux	260	360	510	660	860	1.090	1.420	1.970	1.860	2.350	2.660	3.450	3.882	4.474	5.114	5.808	6.514	7.245	7.803
Dinamarca	50	60	80	110	160	210	290	350	400	470	520	540	568	622	672	744	824	993	1.169
Finlandia	40	70	110	180	260	350	430	550	670	810	940	1.030	1.129	1.223	1.398	1.493	1.633	1.923	2.276
Noruega	100	100	150	200	270	350	380	420	420	440	450	450	454	486	477	479	473	463	485
España	250	340	430	530	690	860	1.130	1.380	1.700	2.100	2.580	3.310	3.721	4.177	4.913	5.954	6.994	8.633	10.473
Suecia	1.130	1.270	1.450	1.750	2.050	2.380	2.750	3.040	3.240	3.340	3.420	3.650	3.677	4.177	4.459	4.670	4.986	5.340	5.595
Suiza	50	70	110	190	290	380	500	780	1.090	1.510	1.750	1.990	2.225	2.452	2.672	2.863	3.053	3.318	3.632
Checoslovaquia	250	250	750	1.750	2.750	3.750	4.750	5.440	6.710	6.810	6.810	6.810	—	—	—	—	—	—	—
Hungría	10	15	23	28	34	45	56	61	138	199	229	237	247	113	128	126	130	133	164
Polonia	30	50	80	100	200	380	410	470	500	520	620	630	642	629	618	646	611	484	496
Eslovaquia	—	—	—	—	—	—	—	—	—	—	—	—	522	527	532	536	541	550	580
Rep. Checa	—	—	—	—	—	—	—	—	—	—	—	—	1.103	1.106	1.108	1.135	1.163	1.215	1.315
Eslovenia	—	—	—	—	—	—	—	—	—	—	—	—	208	223	238	253	268	288	303
Australia	180	300	450	530	650	800	930	1.200	1.310	1.430	1.550	1.630	1.739	1.776	1.840	2.012	2.416	2.613	2.871
Rep. Corea	30	80	130	230	430	630	830	1.230	2.020	3.020	4.090	6.090	8.811	12.673	18.149	24.640	30.199	31.430	33.656
Singapur	15	65	165	265	415	565	765	965	1.177	1.389	1.463	1.537	1.941	2.280	3.275	4.270	4.620	4.970	5.270
Taiwan (China)	—	20	80	150	230	290	450	680	970	1.290	1.690	2.220	2.730	3.277	3.849	4.467	5.141	5.835	6.422
Rusia	5.000	12.000	20.000	25.000	34.068	44.071	53.115	59.218	62.339	64.204	50.000	40.000	30.000	20.000	10.000	10.000	10.000	10.000	10.000
Otros países	30	80	230	300	400	560	750	930	1.150	1.420	1.810	2.210	2.850	3.350	3.900	5.125	6.325	7.000	5.974
Total	38.700	60.900	89.600	125.500	173.800	222.000	270.000	324.800	386.300	459.400	512.000	543.900	565.723	586.101	615.089	657.179	699.371	720.392	742.500

Fuente: United Nations-International Federation of Robotics, *World Robotics*, varios años. Última referencia: Informe 2000, pág. 30.

Gráfico 2
EVOLUCIÓN DEL NÚMERO TOTAL DE ROBOTS NDUSTRIALES INSTALADOS EN ALGUNOS PAÍSES DESARROLLADOS

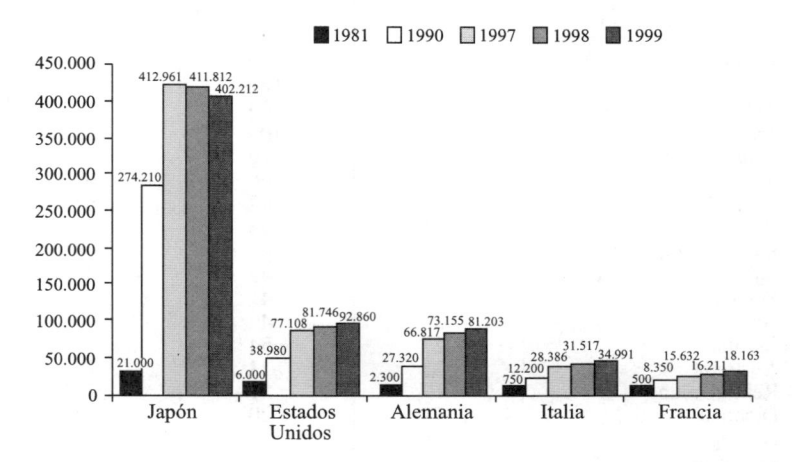

■ 1981 □ 1990 ☐ 1997 ■ 1998 ■ 1999

	Japón	Estados Unidos	Alemania	Italia	Francia
1981	21.000	6.000	77.108	2.300	750
1990	274.210	38.980	81.746	27.320	12.200
1997	412.961		92.860	66.817	28.386
1998	411.812		73.155	31.517	8.350
1999	402.212		81.203	34.991	15.632 / 16.211 / 18.163 / 500

Fuente: International Federation of Robotics, varios años, ob. cit., elaboración propia.

ca de las respectivas poblaciones activas, pero también con las expectativas particulares de evolución económica a medio plazo.

En segundo lugar, en algunos países no sólo se está produciendo una incorporación masiva de robots, sino de manera más específica de robots avanzados que son más potentes y efectivos y pueden realizar más tareas que los de hace varios años, introduciendo un plus adicional de capacidad, y de diferencia cualitativa respecto a las primeras generaciones. De esta manera, algunos de los procesos que aquí estamos analizando adquieren una mayor intensidad.

En tercer lugar, la reducción de los costes de producción de los robots, debido a su creciente producción en masa y en muchos casos de manera también robotizada, está dando lugar a que los índices de relación entre los precios de los robots y los costes laborales (humanos) vayan reduciéndose progresivamente; hasta el extremo que en los últimos años del siglo XX los costes comparativos de los robots son casi la mitad que a finales de los años 80, encontrándose en algunos países por debajo de los costes laborales. Los datos del Informe *Word Robotics 2000* muestran que desde 1990 a 1999 los precios de los robots industriales se redujeron en un 40%, mientras que los costes laborales aumentaron aproximadamente en el mismo porcentaje. Como puede entenderse tal evolución incentiva enormemente la incorporación de estos equipamientos a los procesos de producción (véase Gráfico 3).

Tabla 5
DENSIDAD DE ROBOTS INDUSTRIALES POR 10.000 EMPLEADOS

	1997	1998	1999
Japón	277	279	280
Singapur	93	140	148
República de Corea	104	109	116
Alemania	88	100	102
Italia	63	70	67
Suecia	63	66	69
Finlandia	41	48	51
Benelux	41	45	49
Estados Unidos	42	44	48
Suiza	49	42	46
Francia	40	41	48
Austria	38	40	44
España	27	34	41
Australia	22	23	25
Reino Unido	19	21	23
Dinamarca	17	20	24
Noruega	18	15	16
Eslovenia	—	12	13
Eslovaquia	—	12	13
República Checa	—	10	11
Federación Rusa	18	8	8
Polonia	3	2	2
Hungría	2	2	2

Fuente: International Federation of Robotics, ob. cit.

Gráfico 3
EVOLUCIÓN DE LOS ÍNDICES COMPARADOS DE LOS PRECIOS DE LOS ROBOTS
EN RELACIÓN CON LOS COSTES LABORALES

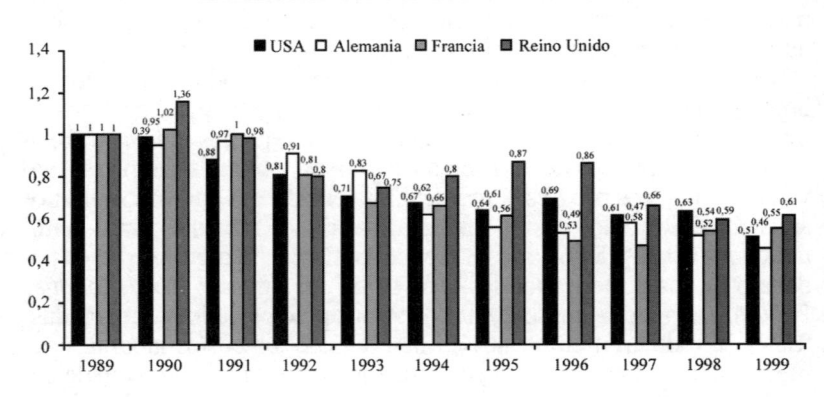

Fuente: ONU e International Federation of Robotic, *World Robotics 2000*, ob. cit., pág. 78.

A partir de los datos hasta aquí considerados, debemos plantearnos, por lo tanto, hasta qué punto nos encontramos ante una tendencia consistente de evolución social que perfila un nuevo paradigma de *«trabajo tipo»*, influido por un nuevo contexto tecnológico y caracterizado por los siguientes rasgos tendenciales:

— Cada vez se trabajarán menos horas a la semana.
— Cada vez se realizarán menos semanas de trabajo al año (más vacaciones, ciclos de estudio más dilatados, más cuidados sanitarios y personales, nuevos períodos para reciclajes, etc.).
— Cada vez se tendrán menos años de trabajo en la vida (edad escolar más dilatada, prejubilaciones, ciclos de desempleo y subempleo, etc.).
— Cada vez serán menores los requerimientos de esfuerzos humanos aplicados al trabajo (demanualización y robotización).

Los cambios tecnológicos y organizativos que están teniendo lugar en los sistemas productivos implican una acentuación de la tendencia general a sustituir progresivamente tiempos de trabajo por tiempos de ocio, de forma que en la primera década del siglo XXI puede que los tiempos efectivos de trabajo sean ya inferiores a los que se dediquen al ocio y al entretenimiento, con la perspectiva apuntada por algunos estudios prospectivos que prevén que en torno al horizonte del 2.025 las horas semanales dedicadas al ocio lleguen a ser el doble (64 respecto a 32) que las dedicadas al trabajo (Gráfico 4). Y muy posiblemente estas anticipaciones se quedarán bastante cortas.

Gráfico 4
A QUÉ DEDICA EL TIEMPO LA GENTE SEMANALMENTE EN ESTADOS UNIDOS

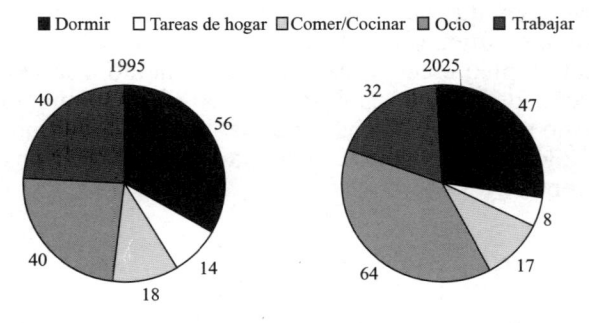

■ Dormir □ Tareas de hogar □ Comer/Cocinar ■ Ocio ■ Trabajar

1995: 40, 56, 14, 18, 40

2025: 32, 47, 8, 17, 64

Fuente: J. F. Coates, J. B. Mahaffie, A. Hines, *2025. Scenarios of U.S. and Global Society Reshaped by Science and Technology,* Greensboro, Oakhill Press, 1997, pág. 470.

A partir de las pautas de evolución que aquí estamos reseñando no es extraño que hayan perdido el carácter provocativo y futurista que tenían algunas de las previsiones formuladas en la década de los años 80, y que auguran que «los robots y los sistemas automatizados producirían la mitad de todos los productos manufacturados, como consecuencia de lo cual desaparecerá más de una cuarta parte de la fuerza de trabajo fabril»[6]. El curso de los hechos, es muy posible que en poco tiempo nos sitúe ante nuevos horizontes y tendencias laborales que resulta difícil imaginar desde el presente.

2. Nuevas pautas en la generación de empleo

El apasionamiento que rodea los debates sobre la evolución del empleo obliga a ser muy meticulosos en la evaluación de las informaciones estadísticas disponibles. Los asuntos que estamos analizando no pueden despacharse con un par de tablas de segunda mano que no permitan profundizar en los trasfondos de la cuestión. Por ello, aun a riesgo de ser excesivamente detallista, me gustaría considerar aquí una parte de la información que es necesario analizar, y en la que es necesario profundizar, para precisar las tendencias ocupacionales y de empleo que se están apuntando.

El primer bloque de datos que es necesario considerar en esta perspectiva es el que se refiere a las grandes magnitudes que enmarcan la cuestión. Es decir, a la manera en que está creciendo la riqueza, la población y el empleo (véase Tabla 6). Aunque los datos presentan muchos matices, la primera lectura que podemos hacer de esta información es que la presión demográfica continúa siendo bastante fuerte, duplicando en muchos casos en intensidad a las propias tasas de crecimiento anual del PIB, aunque en principio dichas magnitudes no son comparables. Por otra parte, las descompensaciones que se producen entre la evolución de las tasas anuales de crecimiento de la mano de obra y las tasas de crecimiento del empleo efectivo explican el aumento o la persistencia de altas cotas de paro, lo cual obedece no sólo a la presión demográfica, sino también a un conjunto más amplio de variables culturales, tecnológicas, económicas, etc., a las que nos hemos referido anteriormente.

---

[6] Edmund Byrne, «Robots and the future of work», en Howard F. Disbury (ed.), *The world of work, World Future Society,* Maryland, Bethesda, 1983, pág. 32. Más adelante analizaremos las previsiones recientes de los expertos españoles sobre este particular.

Tabla 6
EVOLUCIÓN DE LA POBLACIÓN, EL EMPLEO Y LA RIQUEZA
EN LOS ÚLTIMOS AÑOS DEL SIGLO XX EN DIVERSOS PAÍSES

	Tasa de crecimiento anual del PIB per cápita (1980-1995)	Tasa de crecimiento anual de la población (1980-1997)	Tasa de crecimiento anual de la mano de obra (1980-1997)	Tasa de crecimiento anual del empleo (1980-1996)	Tasa desempleo (1996)	Tasa de actividad femenina (1998)
Argelia	−0,8	2,7	4,0	2,4	27,9	27,6
Egipto	1,4	2,3	2,6	3,0(*)	11,3	34,0
Marruecos	0,7	2,1	2,6	—	17,8	40,9
Nigeria	−1,2	3,0	3,0	—	—	48,0
Sudáfrica	−1,2	2,4	2,6	—	5,1	46,2
Argentina	−0,3	1,4	1,6	—	16,3	34,3
Brasil	0,0	1,7	2,7	—	6,1	44,0
Colombia	3,2	1,6	2,5	—	11,9	47,3
Chile	1,9	2,0	3,5	3,4	5,4	36,6
México	−0,8	2,0	3,2	3,1	3,7	38,4
Perú	−0,8	2,0	3,0	—	7,0	33,5
Venezuela	−1,0	2,5	3,4	4,0(*)	10,3(*)	42,1
China	8,7	1,3	1,8	—	3,0	73,2
Corea	7,4	1,1	2,3	2,6	2,0	52,6
Filipinas	−0,5	2,3	2,6	3,0	7,4	49,2
Hong Kong (China)	4,7	1,3	1,6	1,9	2,8	49,0
India	3,3	2,0	2,0	1,4	—	41,8
Indonesia	4,9	1,8	2,8	3,2	4,0	54,5
Irán	−0,2	3,6	3,6	—	—	27,6
Pakistán	2,6	3,1	3,3	2,1(*)	5,4(*)	34,4
Japón	2,6	0,4	1,0	1,0	3,4	51,0
Australia	1,6	1,3	1,9	1,8	8,6	55,3
Estados Unidos	1,6	1,0	1,3	1,5	5,4	58,2
Canadá	1,2	1,2	1,6	1,2	9,7	59,6
Alemania	—	0,3	0,5	0,2	8,8	48,0
España	2,1	0,3	1,2	0,3	22,2	36,9
Francia	1,4	0,5	0,6	0,2	12,4	47,8
Italia	1,8	0,1	0,7	−0,2(*)	12,1	38,2
Países Bajos	1,5	0,6	1,5	0,4	6,6	45,1
Portugal	2,2	0,0	0,4	0,8	7,2	50,6
Reino Unido	1,9	0,2	0,4	−0,8	8,2	52,4
Suecia	1,0	0,4	0,8	−0,4	8,0	62,9
Suiza	0,7	0,8	1,4	1,1	3,7	51,4
Turquía	2,3	2,1	2,7	2,1	5,8	48,7
Rusia	−3,1	0,4	0,1	—	9,3	59,0
Rumanía	−0,7	0,1	−0,1	—	6,7	51,0
Letonia	−2,2	−0,1	−0,3	—	18,3	61,2
Polonia	0,1	0,5	0.3	—	12,3	57,2
Bulgaria	0,7	−0,3	−0,4	−4,7	12,5	57,4
Hungría	0,8	−0,4	−0,5	—	9,9	48,4

Fuente: OIT, *Informe sobre el empleo en el mundo 1998-1999,* Ginebra, 1998, páginas 235 y sigs. OIT, *Anuario de Estadísticas del Trabajo,* 1999. PNUD, *Informe sobre Desarrollo Humano 2000,* Madrid, Mundi Prensa, 2000, pág. 259 y ss. y OCDE, *Employment Outlook 1999,* Ginebra, 1999, pág. 17. Elaboración propia.
(*) Datos referidos hasta 1995.

Las informaciones disponibles sobre la evolución del empleo en el momento de escribir este texto muestran que no se está generando tanto empleo efectivo como la dinámica de la población y el crecimiento de la riqueza y las propias demandas socio-culturales harían esperar (Tabla 7). En realidad, durante los últimos años del siglo xx en las naciones desarrolladas prácticamente sólo se ha creado empleo de manera apreciable en Estados Unidos, y proporcionalmente en Canadá, siendo más reducida la cantidad de nuevos trabajos generados en países muy desarrollados como Japón. En cambio, en países europeos con poco crecimiento demográfico como Suecia y Alemania el volumen de empleo está disminuyendo, encontrándose, a su vez, en práctico estancamiento en zonas con alta presión demográfica. Finalmente, algunas naciones asiáticas presentan peculiaridades específicas que se han visto afectadas por las crisis financieras de finales del siglo xx que dieron lugar, por ejemplo, a que las tasas de desempleo pasarán en Indonesia de un 4,9% a un 15%, en Tailandia de un 2,2% a un 6%, en Corea del 2,3% al 8,4%, en Malasia del 2,6% al 5,2%, en Singapur del 1,8% al 4,5%, etc.[7].

Por otro lado, está teniendo lugar una apreciable reducción del empleo en las industrias manufactureras en general (Tabla 8) y de empleo remunerado en particular (Tabla 9), especialmente en las sociedades más desarrolladas, habiendo llegado a alcanzar la destrucción de puestos de trabajos industriales durante las últimas décadas del siglo xx una proporción del 50,4% en Inglaterra, de un 43% en Bélgica, de un 31,6% en Austria, de un 28,5% en Francia, de un 21% en Suecia, etc. Incluso en Estados Unidos desde la década de los años 70 la proporción de puestos de trabajo industriales destruidos representó un 6,3%, habiendo sido un 8% desde la década de los años 80, en contraste con los crecimientos anteriores.

En cualquier caso, estamos ante fenómenos que no sólo afectan a los países más desarrollados y al empleo manufacturero remunerado, sino prácticamente a todo el sector industrial. Los datos demuestran, en este sentido, que tanto los países más avanzados, como los asiáticos, como los menos desarrollados, tenían menos empleos manufactureros en los últimos años del siglo xx que a finales de la década de los 80, con sólo algunas excepciones particulares (véase Tabla 8).

Junto a estas tendencias, resulta bastante significativo que durante los últimos lustros del siglo xx el volumen de empleo creado en otros sectores productivos, especialmente en el sector servicios, no haya sido suficiente para compensar las pérdidas experimentadas en

---

[7] Eddy Lee, *The Asian Financial Crisis: The Challenge for Social Policy*, Ginebra, OIT, 1998.

Tabla 7
EVOLUCIÓN DEL VOLUMEN TOTAL DE EMPLEO EN ALGUNOS PAÍSES CON DIFERENTE NIVEL DE DESARROLLO (MILLARES)

	1988	1989	1990	1991	1992	1993	1994	1995	1996	1997	1998
Países muy desarrollados											
Estados Unidos	114.968	117.342	118.793	117.718	118.492	120.259	123.060	124.900	126.708	129.558	131.463
Canadá	12.445	12.486	12.572	12.340	12.240	12.383	13.292	13.505	13.676	13.941	14.326
Suecia	4.375	4.442	4.485	4.396	4.209	3.964	3.928	3.986	3.963	3.922	3.979
Japón	60.110	61.280	62.490	63.690	64.360	64.500	64.530	64.570	64.860	65.570	65.140
Alemania	—	—	—	37.445	36.940	36.381	36.076	38.048	35.892	35.805	35.860
Países asiáticos con fuerte desarrollo											
Hong Kong (China)	2.725	2.723	2.71	2.754	2.738	2.800	2.873	2.905	3.008	3.145	3.201
Corea	16.870	17.560	18.085	18.612	18.961	19.253	19.837	20.377	20.764	21.048	19.926
Singapur	1.332	1.390	1.537	1.524	1.576	1.592	1.649	1.702	1.748	1.830	1.870
Países menos desarrollados											
Brasil	58.729	60.622	62.100	—	65.395	66.570	—	69.629	67.900	69.332	—
Venezuela	6.035	6.113	6.404	6.701	6.986	7.103	7.626	7.667	7.819	8.287	—
Turquía	18.445	18.856	19.946	19.452	19.959	19.905	20.396	21.378	21.698	20.815	21.958
Egipto	—	14.926	14.361	13.827	14.399	14.703	15.241	15.344	—	—	—
Filipinas	21.497	21.849	22.532	22.979	23.917	24.443	25.166	25.698	27.442	27.888	28.662

Fuente: OIT, *Anuarios de Estadísticas del Trabajo 1998 y 1999*. Elaboración propia.

Tabla 8
EVOLUCIÓN DEL VOLUMEN DEL EMPLEO EN INDUSTRIAS MANUFACTURERAS EN ALGUNOS PAÍSES CON DIFERENTE NIVEL DE DESARROLLO (MILLARES)

	1988	1989	1990	1991	1992	1993	1994	1995	1996	1997	1998
Países muy desarrollados											
Estados Unidos	21.320	21.652	21.346	20.580	20.124	19.711	20.157	20.493	20.518	20.835	20.733
Canadá	2.104	2.139	2.021	1.868	1.791	1.807	1.868	1.958	1.983	2.067	2.147
Suecia	951	965	941	878	794	726	719	761	767	759	762
Japón	14.540	14.840	15.050	15.500	15.690	15.300	14.960	14.560	14.450	14.420	13.820
Alemania	—	—	—	11.634	10.814	10.230	9.643	8.945	8.536	8.475	8.961
Países asiáticos con fuerte desarrollo											
Hong Kong (China)	871	809	751	717	651	594	563	535	482	444	392
Corea	4.667	4.882	4.911	4.994	4.828	4.652	4.652	4.773	4.677	4.474	3.884
Singapur	379	431	—	430	434	429	422	408	406	414	404
Países menos desarrollados											
Brasil	8.986	9.647	9.410	—	8.377	8.539	—	8.548	8.410	8.507	—
Venezuela	1.061	1.001	993	1.064	1.119	1.094	1.007	1.041	1.005	1.112	—
Turquía	2.629	2.796	2.958	2.727	3.284	3.002	2.985	2.948	3.134	3.602	3.300
Egipto	—	1.959	1.868	2.127	2.014	2.045	2.055	2.183	—	—	—
Filipinas	2.238	2.298	2.188	2.391	2.546	2.455	2.582	2.571	2.756	2.755	2.687

Fuente: OIT, *Anuarios de Estadísticas del Trabajo 1998 y 1999.* Elaboración propia.

Tabla 9
EVOLUCIÓN DEL EMPLEO REMUNERADO EN INDUSTRIAS MANUFACTURERAS
EN VARIOS PAÍSES DESARROLLADOS
(MILLARES)

	1970	1975	1980	1985	1988	1990	1991	1992	1993	1994	1995	1996	1997	1998	Puestos de trabajo disminuidos	% Variación
Estados Unidos	19.919	18.323	20.285	19.260	19.314	19.076	18.406	18.104	18.075	18.321	18.524	18.495	18.657	—	−1.262	−6,3
Francia	5.328	5.502	5.260	4.626	4.303	4.410	4.347	4.208	4.012	3.899	3.902	3.858	3.811	—	−1.517	−28,5
Alemania	8.995(1)	8.347	8.717	8.064	—	8.876	8.518	8.339	—	—	8.499	8.111	8.022	8.023	−972	−10,8
Inglaterra	8.342	7.490	6.936	5.320	4.839	4.709	4.299	4.084	3.906	3.923	4.021	4.062	4.106	4.139	−4.203	−50,4
Suecia	—	—	—	—	914	903	837	750	683	680	716	722	717	722	−192	−21,0
Austria	—	—	921	843	797	803	802	783	746	725	630	—	—	—	−291	−31,6
España	2.826	3.018	2.620	2.116	2.229	2.461	2.385	2.281	2.061	1.972	1.974	1.996	2.102	2.233	−593	−21,0
Bélgica	1.087	1.033	870	753	753	739	727	—	—	649	645	634	620	—	−467	−43,0

Fuente: OIT, *Anuarios de Estadísticas del trabajo*, varios años, última referencia Anuario 1999. Elaboración propia.

las empresas industriales. Lo cual ha dado lugar a un aumento del paro en bastante países de la OCDE en un período que en su conjunto no ha sido precisamente de declive económico y de contracción de la demanda y de la producción. Así, el número total de parados en los países de la OCDE (Tabla 10) estaba a finales del siglo XX en torno a los 35 millones de personas, es decir tres veces más que en 1973 y 11 millones más que en 1990, de los cuales 17 millones correspondían a países de la Unión Europea, con casi seis veces más que en 1973 y 5 millones más que en 1990. A su vez, las estimaciones inmediatas prevén un volumen de paro en los países de la OCDE que se mantiene en niveles similares[8], aun sin considerar los posibles efectos de crisis y alteraciones financieras y monetarias como las que tuvieron lugar a finales del siglo XX y que repercutieron en una elevación del volumen del paro en los países menos avanzados, especialmente —como hemos indicado— en algunas naciones asiáticas que habían tenido un fuerte desarrollo[9].

En cualquier caso, hay que tener en cuenta que en muchas ocasiones las cifras oficiales no están reflejando la realidad con total transparencia; lo cual ha obligado a advertir a los propios expertos de la OCDE que el número real de parados podría ser un 40% mayor si se computara en las cifras oficiales a los trabajadores desanimados, a los que ya no buscan trabajo, a los asalariados con ingresos por debajo del nivel de pobreza y a las personas que trabajan involuntariamente en ocupaciones esporádicas o a tiempo parcial[10]. De hecho, según estudios europeos, las diferencias entre las cifras reales de paro y las que se reflejan en las estadísticas «oficiales» son especialmente abultadas, llegando en algunos países a ser el doble (Italia y el Reino Unido), suponiendo en promedio no ponderado desfases de hasta el 73%[11]. (Véase Tabla 10.)

Las últimas tendencias registradas a finales del siglo XX no parecen apuntar hacia una superación de esta situación. Así, mientras que la OCDE ha venido previendo cifras de parados inferiores a las que finalmente se han acabado dando en bastantes países, en otros casos, como Estados Unidos, varios analistas vienen insistiendo en la necesidad de tener en cuenta las complejidades y opacidades de las infor-

---

[8] OCDE, *Perspectivas del empleo 1998 y 1999,* Madrid, Ministerio de Trabajo y de Seguridad Social, 1999, págs. 40 y sigs. OCDE, *Economic outlook,* París, OCDE, varios años.

[9] Véase en este sentido, el informe de Eddy Lee, *The Asian Financial Crisis: The Challenge for Social Policy,* ob. cit.

[10] OCDE, *Perspectivas del empleo, 1994,* Madrid, Ministerio de Trabajo, 1994, pág. 43.

[11] Véase European Antipoverty Network, *From Welfare to de Rigth to Work. Experiences in Europe,* Bruselas, 1998, pág. 39. Datos referidos a 1996 y 1997.

Tabla 10
EVOLUCIÓN DEL DESEMPLEO EN LOS PAÍSES ECONÓMICAMENTE DESARROLLADOS
(EN MILLONES)

	1973	1975	1979	1981/1989	1990	1991	1992	1993	1994	1995	1996	1997	1998	1999 (*)	2000 (*)
Total países de la OCDE	11,3	17,8	17,9	27,8	24,4	29,4	31,9	33,9	34,2	36,4	36,4	35,5	35,0	34,9	35,1
Países europeos de la OCDE	5,7	7,9	9,4	16,1	14,4	15,8	18,5	20,3	21,2	23,1	23,2	22,9	21,7	21,3	20,9
Unión Europea	3,1	4,6	5,9	13,8	12,1	13,1	16,0	18,3	19,0	18,4	18,9	18,7	17,6	17,1	16,6
EEUU de América	4,9	8,6	6,9	8,4	6,9	8,4	9,4	10,8	10,0	7,4	7,2	6,7	6,2	5,9	6,3
Japón	0,7	1,0	1,2	1,5	1,3	1,4	1,5	1,7	1,9	2,1	2,2	2,3	2,8	3,3	3,6

Fuente: OCDE, *Perspectivas del empleo*, varios años (último año de referencia 1999), Madrid, Ministerio de Trabajo, 1999, ob. cit.
(*) Previsiones

maciones oficiales sobre el desempleo. Por ejemplo, Jeremy Rifkin ha sostenido, como ya hemos indicado, que la tasa de paro real alcanza proporciones similares a las europeas (13%) si se incluye en las estadísticas a los desempleados desanimados, a los empleados a tiempo parcial que quieren un trabajo de jornada completa, a los sectores marginales de la sociedad y a núcleos importantes de las minorías étnicas y raciales en situaciones de grave precarización y marginalización social[12].

Los cálculos detallados realizados por Vicenç Navarro han cifrado la tasa real de paro en Estados Unidos en una proporción que al menos duplica los datos oficiales[13]. Sus estimaciones son que el desempleo norteamericano es mayor que el promedio de la Unión Europea. «Añadiendo a los 8 millones de personas que oficialmente constan como en paro, los 6 millones que han abandonado la búsqueda de trabajo por su falta de esperanza de poder encontrarlo y los 18 millones que están "artificialmente trabajando"... solamente unas horas a la semana..., alcanzamos una cifra que representa el 14% de la población activa. Si a ella añadimos —advertirá Navarro— como hace Thurow, los 8 millones que están en situación precaria en contra de su voluntad, 2 millones que trabajan esporádicamente (a pesar de desear trabajo constante), 8,3 millones de profesionales que declaran ser autónomos (para evitar el estigma de ser parado) después de haber perdido su trabajo, los 18 millones que están insatisfechos con sus trabajos y desean cambiarlos pero no encuentran otro, los 5,8 millones de adultos (varones) de veinticinco a sesenta años que existen en el censo pero no aparecen en las encuestas laborales (en su mayoría los "sin hogar" y trabajadores de la economía sumergida) y los 11 millones de inmigrantes (legales o ilegales) que llegaron en el período 1980-1993 y que están buscando trabajo, nos encontraremos que un tercio de la población activa está buscando trabajo y no lo encuentra»[14]. Esta enor-

---

[12] Véase Jeremy Rifkin, *The End of Work*, ob. cit., pág. 11. Rifkin considera que sumando todos estos sectores de población se llegaría a una cifra de 16 millones de personas sin empleo que desean trabajar a tiempo completo. En el caso de los Estados Unidos la valoración sobre los niveles actuales de empleo y desempleo debe ser vista también en relación con otras variables que denotan tendencias de desagregación social, por ejemplo el hecho de que la población penada o en proceso de enjuiciamiento casi se ha triplicado desde 1980, llegando a finales de los años 90 a unas cifras de 5 millones y medio de personas. ¿Cómo habría que considerar a esta población desde un punto de vista laboral? ¿Como activos? ¿Como parados? ¿Como subsidiados?

[13] Vicenç Navarro, «Los mercados laborales y la cuestión social en la Unión Europea (incluyendo notas comparativas con EEUU)», *Sistema*, núm. 143, Madrid, marzo de 1998, pág. 21.

[14] Vicenç Navarro, *Neoliberalismo, Desempleo y Estado de Bienestar*, Barcelona, Ariel, 1998, págs. 103-104.

me presión de activos demandando empleo explicaría, según Vicenç Navarro, el descenso experimentado por los salarios en los Estados Unidos, al que ya nos hemos referido en el capítulo anterior.

A su vez, no deja de ser significativo —como ha subrayado Daniel Bell entre otros— que en los últimos años por «primera vez es más elevado el desempleo en los trabajos de tipo administrativo que en los de tipo manual, lo que afecta de manera especial a la clase media». Lo cual nos sitúa ante un horizonte sociológico poco habitual, ya que «hasta ahora los trabajadores de tipo administrativo... tenían asumido que gozaban de seguridad en el trabajo»[15].

Estos datos contrastan con la imagen «exultante» que suele presentarse del «éxito laboral» de la economía norteamericana y de su «idoneidad» para crear más empleos, por ejemplo, que el modelo europeo. Pero los hechos concretos, como vemos, parecen indicar que este supuesto «milagro» no sólo va acompañado de una mayor precarización y deterioro social —lo que algunos han motado irónicamente como «el milagro de los contratos basura»—, sino que en gran medida es el resultado de las peculiaridades en la recogida de la información estadística, o incluso de una mirada tan culpabilizadora hacia los parados, en una sociedad magnificadora del éxito, que no se llega ni siquiera a recogerlos en las estadísticas si no demuestran que son «buscadores» hiperactivos de empleo, de cualquier tipo de empleo. De ahí las distorsiones estadísticas y la extrañeza de muchos analistas rigurosos que están llegando a la conclusión de que el «milagro ocupacional» de Estados Unidos tiene mucho de simple «milagro estadístico y «parece más la consecuencia de métodos... contables «apañados» que un cambio objetivo del volumen de la masa laboral». Esta peculiar peripecia analítica permite que se produzca el «milagro» de que las estadísticas mejoren y se vea reducido el número de parados y que sin embargo no «haya mediado una mejora radical en el mercado laboral»[16].

Por lo tanto, hay que ser muy cautelosos a la hora de interpretar algunos datos sobre el empleo y no dejarse influir por la propaganda simplista, ni por el espíritu de algunas «miradas admirativas» hacia el modelo norteamericano, que sólo persiguen crear condiciones propicias en la opinión pública europea para continuar avanzando en la dirección de una mayor «desregulación» de las relaciones laborales.

---

[15] Daniel Bell, «Y después ¿qué?», *El País,* 8 de octubre de 1992.
[16] Gerd Mutz, «El fin de la cultura de la caravana», en Ulrick Beck, *Un nuevo mundo feliz,* ob. cit., pág. 126. Mutz advierte que si los criterios estadísticos norteamericanos se emplearan en algunos países europeos, por ejemplo los escandinavos, éstos podrían presumir perfectamente de haber alcanzado y mantenido el pleno empleo.

En realidad, cuando se efectúa una observación atenta y rigurosa sobre el panorama laboral en países como Estados Unidos se encuentran más razones para la preocupación que para la exaltación propagandística. El aumento de la precarización de las relaciones laborales, el deterioro de los niveles salariales, la acentuación de las desigualdades, el paro encubierto, el desánimo de los excluidos y todos los fenómenos de deterioro social señalados por los analistas que aquí hemos mencionado, dibujan un panorama de regresión y de desajuste social.

En sociedades tan individualistas y tan competitivas como la norteamericana, la buena funcionalidad del sistema depende en gran medida de la fortaleza y la estabilidad de las clases medias y de la consistencia de los lazos comunitarios en todo el entramado social. El papel de ambos referentes es especialmente importante en la medida que en los Estados Unidos no se cuenta con apoyos institucionales similares a los que en Europa brinda la protección social inspirada en el modelo de Estado de Bienestar, y en la medida en que la exacerbación de las orientaciones individualistas —también la creciente individualización de las relaciones laborales, como estamos viendo— tienden a debilitar los lazos sociales, especialmente los familiares.

Sin la protección social del Estado, sin el amparo primario de la familia y con los lazos comunitarios debilitándose[17] puede llegarse a producir una mezcla social explosiva si las condiciones de trabajo continúan precarizándose y se hacen notar en mayor grado sus efectos críticos en términos de desigualdad y deterioro de las condiciones de vida para sectores importantes de población, incluso para las clases medias. Por lo tanto, si los datos y los diagnósticos que aquí estamos manejando son correctos y si la tendencia es hacia una creciente crisis del trabajo es posible que las sociedades en las que en un futuro se producirán mayores tensiones e incertidumbres políticas sean precisamente aquellas en las que la conjunción de individualización, desprotección, desregulación y crisis laboral genere condiciones vitales más desesperanzadas para las personas. Estas tendencias pueden alimentar incluso riesgos de reacción autoritaria entre aquellos sectores de las clases medias que vean amenazado su estatus y la prosperidad —y la relativa seguridad— que habían alcanzado, como en los años 30 ocurrió en Europa, especialmente en un país como Alemania, que había sido cuna de grandes músicos, filósofos, juristas, etc., y al que hasta entonces todo el mundo consideraba

---

[17] Algunos datos y referencias sobre este particular pueden verse en U. Beck y en Gerd Mutz *(Un nuevo mundo feliz,* ob. cit., págs. 126 y sigs. y 205 y sigs.).

como una de las avanzadillas de la cultura y la civilización. En este sentido es, precisamente, en el que quizás no resulte extemporáneo manifestar inquietudes legítimas sobre las posibles derivadas políticas de una eventual crisis económica de cierta entidad, en un país tan imbuido de su poderío como Estados Unidos, sobre todo si una crisis de este signo le coge con el pie cambiado políticamente, con una Administración tan «derechizada», y tan «ilegitimada» por su origen, como la de Bush II, que en nada se parece a la del presidente Roosvelt, que fue capaz de reaccionar inteligentemente ante los efectos de la Gran Depresión durante la década de los años 30. Por lo tanto, se puede entender que cuando analizamos la crisis del trabajo, y reclamamos rigor y precisión, estamos poniendo sobre el tapete cuestiones de una considerable trascendencia social y política.

La mejor manera de estar prevenidos contra la imprevisión, contra las falacias interpretativas y contra las imágenes distorsionadas y falsificadas de la realidad es estudiar con mucho cuidado las estadísticas laborales disponibles, analizando todos los detalles y particularidades. Procediendo de esta manera podemos comprobar, por ejemplo, que durante las dos últimas décadas del siglo XX el mayor volumen de nuevos empleos en los sectores no agrícolas han sido ocupados por mujeres, produciéndose incluso reducciones en el número efectivo de empleos para hombres en países como Inglaterra, Suecia y Alemania, con proporciones muy bajas de incremento en Francia y Canadá. En su conjunto, del total de empleos creados en las dos últimas décadas del siglo XX en seis de los países más industrializados de Occidente, un 74% fueron ocupados por mujeres (véase Tabla 11).

Si tenemos en cuenta que la generación de un buen número de puestos de trabajo en el sector servicios ha sido estimulada indirectamente debido a la incorporación de la mujer a la población activa (en parte con la expansión de los «trabajos de sustitución doméstica» en restaurantes, servicios de atención, cuidados personales, etc.), es posible que algunos países se estén aproximando a un punto de «saturación» de esta tendencia, que podría influir en la desaceleración del crecimiento de tales empleos durante los próximos años.

Si a todo esto añadimos que en el sector servicios —especialmente en las áreas administrativas y comerciales— está acentuándose la sustitución de fuerza de trabajo debido al uso creciente de sistemas informatizados de trabajo y a la expansión de las modalidades de ventas a través de redes (Internet), comprenderemos que podemos encontrarnos ante el final del ciclo de sustituciones sectoriales en el empleo que inauguró la revolución industrial. Es decir, primero los excedentes del sector agrícola fueron empleados en la industria. Más tarde los excedentes de la industria fueron a los servicios. Pero, ¿qué

Tabla 11
EVOLUCIÓN DEL EMPLEO REMUNERADO NO AGRÍCOLA
DURANTE LAS DÉCADAS DE LOS AÑOS 80 Y 90
EN VARIOS PAÍSES DESARROLLADOS (MILLARES)

Países	1980	1985	1990	1991	1992	1995	1998	Balance
Estados Unidos								
Totales	90.406	97.519	109.403	108.249	108.601	117.191	122.690(*)	+32.284
Hombres	52.220	53.600	57.509	56.233	56.118	60.548	63.310	+11.090
Mujeres	38.186	43.919	21.894	52.016	52.483	56.643	59.380	+21.194
Canadá								
Totales	9.416	9.817	11.123	10.931	10.752	11.144	11.597	+2.181
Hombres	5.588	5.508	6.018	5.858	5.723	5.817	6.022	+434
Mujeres	3.828	4.309	5.105	5.073	5.029	5.326	5.575	+1.752
Francia								
Totales	17.730	17.611	19.468	19.581	19.522	19.645	19.847(*)	+2.117
Hombres	10.630	10.119	10.975	10.952	10.825	10.740	10.784	+154
Mujeres	7.100	7.492	8.493	8.630	8.697	8.894	9.064	+1.964
Alemania								
Totales	31.118	31.143	33.802	33.068	32.651	31.763	31.357	+239
Hombres	18.475	18.198	19.318	19.015	18.807	18.061	17.475	−1.000
Mujeres	12.651	12.946	14.493	14.053	13.899	13.632	13.872	+1.221
Inglaterra								
Totales	22.618	21.165	22.606	21.964	21.622	21.752	23.383	+765
Hombres	13.040	11.712	11.822	11.317	11.007	10.909	11.813	−1.227
Mujeres	9.579	9.452	10.784	10.647	10.615	10.843	11.569	+1.990
Suecia								
Totales	3.995	4.090	4.010	3.937	3.742	3.497	3.523	−472
Hombres	2.149	2.123	1.986	1.939	1.816	1.704	1.744	−405
Mujeres	1.847	1.968	2.038	1.998	1.926	1.793	1.779	−68

Fuente: OIT, *Anuario de Estadísticas del Trabajo,* varios años. Elaboración propia.
(*) 1997

ocurre cuando los servicios empiezan a producir excedentes laborales?, ¿dónde pueden emplearse?, ¿pasarán a engrosar irreversiblemente las filas del paro de larga duración?

En cualquier caso, como venimos subrayando, hay que tener en cuenta que en la evolución del empleo y del paro están influyendo no sólo factores de índole tecnológica, sino también variables de carácter social, política, económica y organizacional. Los procesos de reajuste de plantillas que han tenido lugar durante los últimos años revelan, por ejemplo, que las reducciones de personal han estado afectadas por consideraciones que van desde las oscilaciones de la demanda, las dificultades financieras, las políticas de reorganización de las empresas, las fusiones, los reajustes de costes en función de las nuevas exigencias nacionales e internacionales de competitividad, etc.

Muchos de estos factores también se encuentran relacionados directa o indirectamente con los desarrollos tecnológicos que están imponiendo su propia lógica en el mercado, no sólo debido a las condiciones de la competitividad y a las exigencias de financiación que introducen, sino también en tanto en cuanto están influyendo en la configuración de un *nuevo paradigma organizacional del trabajo*. El nuevo paradigma implica una forma extrema de regular la economía basada en el principio de la maximalización de la *producción (trabajo-resultado)*, y una mayor flexibilidad organizativa con utilización de menos empleo *(trabajo-actividad realizada)*, como nueva plasmación del criterio clásico orientado a obtener más *producción con menos costes* (especialmente costes fijos o constantes). Y todo ello, lógicamente, está causando impactos importantes en la estructura y la naturaleza del empleo. De esta manera, aunque la introducción de robots y sistemas automáticos de trabajo no pueda considerarse como una variable aislada en los sistemas productivos, lo cierto es que está contribuyendo poderosamente a imponer —o facilitar— una *nueva orientación productiva* y *nuevas condiciones* en las formas de competitividad de las economías modernas.

La *evolución de los mercados* durante los próximos años será una de las variables que más influirá, verosímilmente, en los procesos de introducción de robots y en la configuración de la población activa. Si se afianzan las orientaciones apuntadas en los últimos años del siglo XX hacia ciclos cortos de expansión económica, seguidos por crisis de sostenibilidad y alteraciones financieras («tormentas» monetarias y financieras), lo más probable es que se produzcan nuevas intensificaciones en la tendencia hacia la sustitución de trabajo humano por sistemas robotizados e informatizados, capaces de reducir costes fijos y permitir respuestas más flexibles a la evolución cambiante de la demanda (en un sentido o en otro) y a las condiciones cada vez más exigentes de la competencia internacional[18]. De hecho, la convicción de bastantes analistas y empresarios es que las fases ascendentes de los ciclos económicos pueden ser momentos idóneos para la introducción en las empresas de equipamientos tecnológicos avanzados, ya que en estos períodos se dispone de liquidez

---

[18] Véase en este sentido, por ejemplo, Ian McLoughlin y Jon Clark, *Technological change at work*, Milton Keynes, Open University Press, 1988, págs. 10 y sigs.; R. W. Coombs, «Long-term trends in automation», en Pauline Marstrand (ed.), *New technology and the future of work and skills*, Londres, Frances Pinter, 1984, páginas 146 y sigs.; Chris Freeman, Luc Soete, *Cambio tecnológico y empleo*, ob. cit., 1996 y Peter Cappelli *et alii*, *Change at work*, Oxford, Oxford University Press, 1997.

[145]

y hay una demanda solvente. Y, a su vez, una vez realizadas la inversiones en nuevas tecnologías productivas, los equipos instalados pueden operar como mecanismos de ajuste y adaptación, facilitando respuestas flexibles ulteriores que permitan poder «aguardar» con más seguridad a relanzamientos económicos posteriores. En este caso lo único que hay que hacer —según se argumenta— es utilizar las instalaciones robotizadas durante menos horas, sin necesidad de tener que afrontar problemas de despidos o de reducción de costes laborales.

3. Los perfiles sociales del empleo y el paro

Los datos empíricos demuestran que estamos no solamente ante cifras importantes de desempleo en los países más desarrollados, sino más específicamente ante un desempleo que presenta perfiles y caracterizaciones sociológicas bastante definidas. Se trata de un paro que está afectando especialmente a los jóvenes, que en algunos casos están llegado a representar más de un tercio del total de parados (véase Gráfico 5) y que cada vez tienen menos oportunidades de encontrar un primer empleo de cierta calidad (en la Unión Europea uno de cada dos parados menor de veinticinco años aún está buscando su primer trabajo).

Gráfico 5
PARADOS MENORES DE VEINTICINCO AÑOS EN LOS PAÍSES EUROPEOS
%

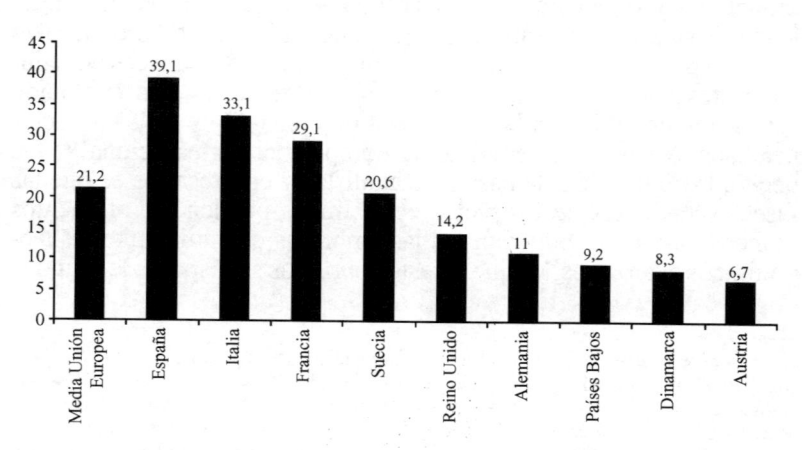

País	%
Media Unión Europea	21,2
España	39,1
Italia	33,1
Francia	29,1
Suecia	20,6
Reino Unido	14,2
Alemania	11
Países Bajos	9,2
Dinamarca	8,3
Austria	6,7

Fuente: Eurostat, *Europa en cifras 1999,* Madrid, Mundi-Prensa, 1999, pág. 83.

Asimismo, el paro está afectando en mayor grado a las mujeres. En un ámbito tan privilegiado como Europa la tasa de actividad de las mujeres es bastante más baja que la de los hombres (en 1999 era un 45,6% respecto a un 65,9%). La proporción de mujeres que trabajan con contratos temporales es también superior (14%), siendo igualmente mucho más elevados los porcentajes de ocupadas a tiempo parcial (un 34% respecto a un 6% de los hombres) y de paradas de larga duración, especialmente entre las mujeres jóvenes, en las que concurren dos circunstancias desfavorables (23%, respecto a un 19,7% entre los hombres jóvenes)[19].

El desempleo lo sufren también de manera especial las personas con menos cualificaciones, así como los trabajadores maduros de empresas que están experimentando procesos de reajuste como consecuencia de los imperativos de la revolución tecnológica y de las inestabilidades de los mercados financieros.

Pero el problema no es sólo la caracterización sociológica de los parados, sino que lo fundamental es la duración del paro. En este sentido, los datos evidencian que los parados de larga duración se están convirtiendo en un sector numeroso de la población desempleada (Gráfico 6). Su crecimiento nos sitúa ante un dato sociológico

Gráfico 6
EVOLUCIÓN DEL PARO DE LARGA DURACIÓN (MÁS DE 12 MESES)
(EN % DEL PARO TOTAL)

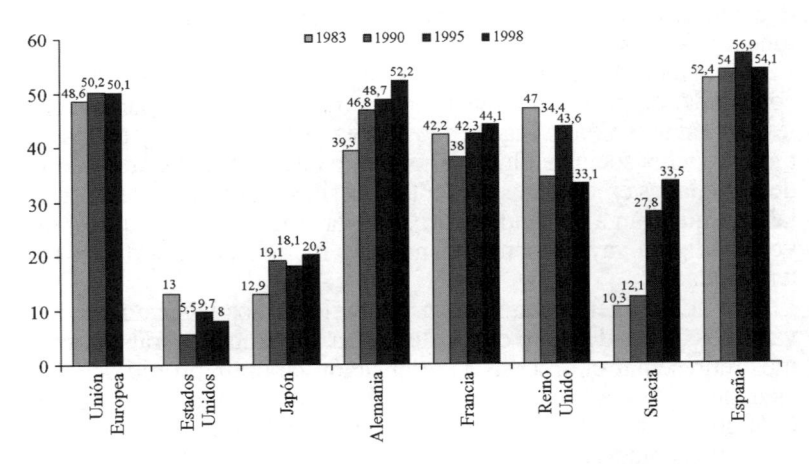

Fuente: OCDE, *Perspectivas del empleo,* varios años, ob. cit. Elaboración propia.

---

[19] Según los datos del Eurostat de 1999, ob. cit., y Ministerio de Trabajo, *Anuarios de estadísticas laborales,* varios años, ob. cit.

nuevo, ya que en muchos de estos casos no se trata de trabajadores afectados por ajustes económicos coyunturales y temporalmente acotados en función de la fase del ciclo que se atraviesa, como se había venido sosteniendo en las interpretaciones clásicas, sino que estamos ante sectores importantes de población que no tienen oportunidades virtuales de trabajar y, por lo tanto, se encuentran excluidos durante largos períodos de tiempo de las actividades regulares del sistema económico-social. Lo cual resulta especialmente grave en el caso de aquellos jóvenes que aún no han podido encontrar un primer trabajo.

Muchas de las nuevas circunstancias laborales están situándonos ante un panorama de «atipicidades» y desajustes que en poco se parecen a las situaciones sociológicas del trabajo de hace unos lustros. Ahora, si sumamos todas las personas que padecen las condiciones más negativas del paro y las que se encuentran en condiciones más precarias de trabajo (temporal, a tiempo parcial, etc.), en muchos países nos encontramos con un bloque bastante numeroso de la población activa total, que en algunos casos llega a superar, como vimos en el capítulo anterior, el 50% de la población activa total. ¿Llegará, de esta manera, a convertirse lo «irregular» y lo «atípico» en la experiencia social mayoritaria con carácter estable?

Las pautas de transformación en las formas y en las oportunidades de realizar el trabajo que venimos analizando revelan que nos encontramos ante una evolución laboral de hondo calado, que no se circunscribe exclusivamente a la problemática relacionada con la reducción de los tiempos y las necesidades de trabajo, sino que presenta muchas facetas.

En la medida que la dinámica laboral y ocupacional se encuentra conectada, como estamos viendo, con las transformaciones generales que están teniendo lugar en los sistemas productivos y en los propios modelos sociales globales, podemos decir que los nuevos tipos de sociedades emergentes presentan perfiles específicos de actividad laboral que irán afirmándose progresivamente a medida que el nuevo paradigma vaya desenvolviéndose y manifestando todas sus potencialidades.

De una manera esquemática, y ateniéndonos básicamente a las variables de edad y sexo que influyen en las pautas de trabajo, podemos representar el proceso de «transición laboral» propio de las sociedades tecnológicas avanzadas en la forma en que se refleja en el Gráfico 7. Como vemos, el modelo laboral industrial fordista (Tipo I) podía presentarse con una caracterización bastante compacta y homogénea. El trabajo lo realizaban básicamente los hombres y una parte de las mujeres solteras; la gente se incorporaba pronto al trabajo (había poca escolarización media y superior) y permanecía en él, con pocas alteraciones, hasta edades que estaban muy próximas a las

Gráfico 7
LA TRANSICIÓN LABORAL (PAUTAS-MODELO DE DISTRIBUCIÓN DE LA POBLACIÓN ACTIVA POR GRUPOS DE EDAD Y SEXO)

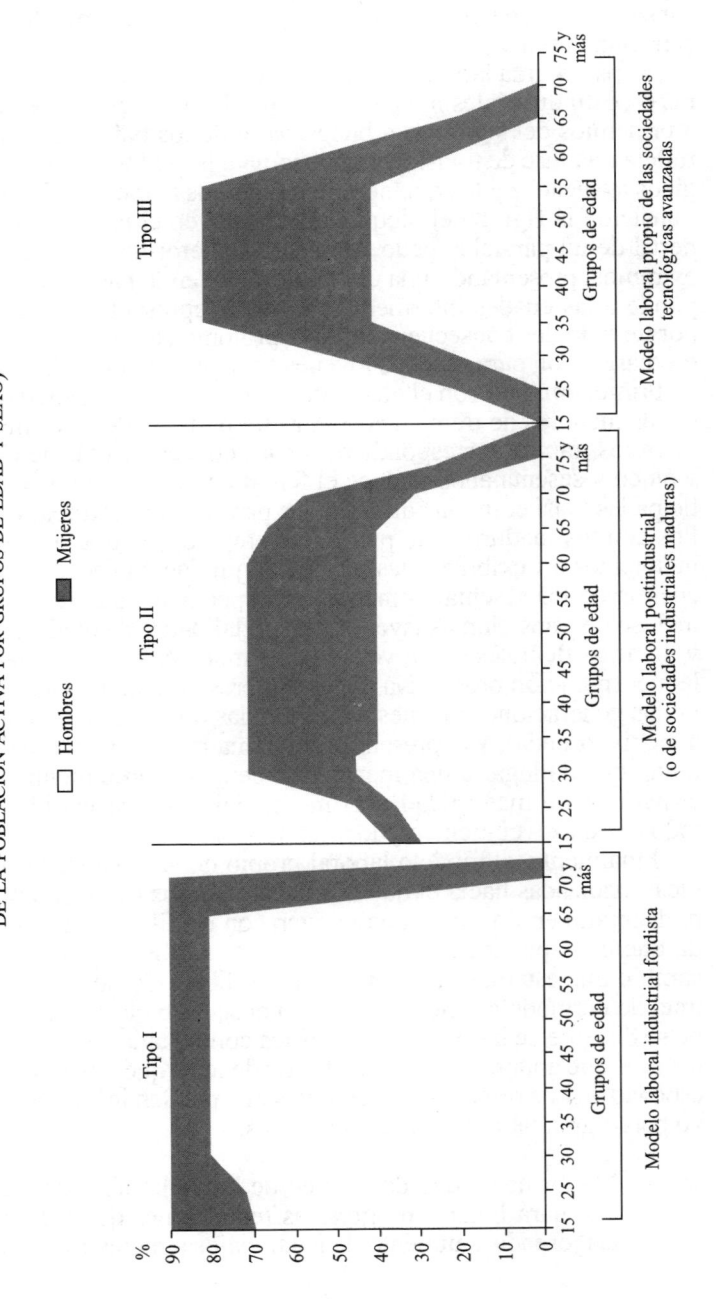

☐ Hombres   ■ Mujeres

Tipo I — Modelo laboral industrial fordista

Tipo II — Modelo laboral postindustrial (o de sociedades industriales maduras)

Tipo III — Modelo laboral propio de las sociedades tecnológicas avanzadas

expectativas medias de vida de aquel período; es decir, una de las causas de retirada efectiva del trabajo era por fallecimiento, o por incapacidad total. El paradigma laboral propio de las sociedades industriales maduras o postindustriales incipientes (Tipo II), en el que podemos situar a principios del siglo XXI a buena parte de los países desarrollados, refleja una fase de transición ocupacional hacia los modelos tecnológicos avanzados a los que nos encaminamos (Tipo III). En la fase de transición la figura del bloque laboral que en el primer tipo tenía el perfil de un paralelepípedo compacto se deforma, se achata por los extremos, presentando una cierta «joroba» en la parte que se corresponde a las edades intermedias. En esta representación se reflejan, por un lado, las consecuencias de la prolongación de los procesos de escolarización para muchos jóvenes y las dificultades para encontrar un primer empleo, con el efecto general de una reducción de los ocupados menores de treinta años. Por otra parte, el declinar de la figura en los tramos correspondientes a las edades de más de cincuenta y cinco y sesenta años traduce el fenómeno de las «jubilaciones anticipadas», así como las dificultades para encontrar trabajo de aquellos adultos-maduros que pierden el empleo, junto a las tendencias incipientes a flexibilizar las edades de jubilación (por debajo y por encima de los sesenta y cinco años respectivamente), con fórmulas incluso de transición «suave» hacia modalidades de medias jornadas y horarios flexibles. A su vez, en este modelo laboral se hace notar la incorporación progresiva de las mujeres al trabajo, sobre todo entre las generaciones jóvenes e intermedias (aunque en muchos casos a media jornada), y la presencia del llamado «ciclo de trabajo femenino» que da lugar a una menor tasa de actividad femenina durante el período de maternidad y primeros cuidados de los hijos (sobre todo entre los veinticinco y los treinta y cinco años).

Finalmente, el modelo laboral propio de las sociedades tecnológicas avanzadas hacia el que nos encaminamos (Tipo III) puede ser prefigurado en forma de una imagen con perfil de pirámide truncada que es —puede ser— el resultado de varios de los procesos de cambio que estamos analizando en este libro. Como es evidente, se trata de un modelo o tipo «ideal», en el sentido clásico, sobre el que no se dispone de información empírica contrastada y suficiente, pero hacia el que apuntan algunas de las tendencias que hoy por hoy están esbozadas. Los principales elementos que pueden influir en este nuevo paradigma laboral son los siguientes:

— Menor necesidad de empleo de horas-hombre de trabajo, lo que dará lugar a progresivas reducciones de la duración de las jornadas, aumento de los trabajos a media jornada y otras

modalidades laborales más flexibles y variadas (empleos temporales, simultáneos, compartidos, por ciclos vitales).
— Incorporación más tardía de la población al mercado laboral como consecuencia de la extensión de los procesos de enseñanza, que cada vez tendrán que ser más prolongados, en sociedades crecientemente complejas y desarrolladas en las que habrá más conocimientos que «enseñar». La incidencia de los procesos educativos también tendrá otras posibilidades a lo largo de la edad adulta (reciclajes, períodos de actualización de conocimientos, etc.).
— Transición más suave y flexible hacia las jubilaciones (con nuevas modalidades de «retiros» a tiempo parcial, por etapas y otro tipo de pautas flexibles en edades y calendarios vitales y laborales).
— Tendencia a una mayor duración de las edades medias generales de actividad laboral (en actividades productivas en el sentido clásico, o en cometidos de «utilidad social»), a consecuencia de la prolongación de la edad media de vida, que lógicamente llevará a enfocar de manera distinta los procesos de jubilación.
— Igualdad laboral más efectiva entre hombres y mujeres que tenderá a un mayor equilibrio en la proporción de hombres y mujeres en la población activa.

La modalidad ocupacional del Tipo III se ha presentado aquí de manera armónica y equilibrada, en forma de una pirámide truncada, cuya resultante posiblemente sólo es factible imaginar a partir de decisiones explícitas orientadas a intentar situar el futuro social en esa dirección, ajustando los tiempos y las formas laborales a las nuevas posibilidades tecnológicas y organizativas, de una manera equilibrada que sólo parece factible alcanzar a partir de una reducción realista de los tiempos de trabajo y de una redistribución equitativa de los recursos. Pero, ¿transcurrirán las cosas realmente en esta dirección?, ¿o se producirán desajustes, conflictos de intereses y tensiones de adaptación que darán lugar a transiciones laborales que sólo podrán ser representadas por medio de figuras con múltiples «jorobas» y «quebraduras»? ¿Se hará una planificación social del futuro de acuerdo con las necesidades humanas y sociales, o se dejará todo al resultado del «libre» juego de las fuerzas darwinistas del mercado? Sólo el futuro podrá responder a estas preguntas.

Capítulo 6

Una nueva cultura laboral

Los contenidos culturales de las sociedades humanas han estado impregnados de componentes conectados al trabajo. En el lenguaje, en los hábitos cotidianos, en los dichos y refranes y en las mentalidades se pueden identificar recurrentemente sus influjos. Algunas patologías mentales han pretendido ser explicadas a partir de referencias vinculadas al hecho de no trabajar, como la «depresión del millonario», o el modelo de «comportamiento del vagabundo». «El hombre es lo que hace» —dicen los padres a sus hijos—. «Quien no trabaja no come» —se advierte—. «Arrimar el hombro» se entiende como sinónimo de colaboración y ayuda y la indolencia y «escaquearse» se consideran como sinónimos de negatividad social, e incluso de «desarreglo mental»[1].

La «obligación personal de trabajar» que se alienta desde múltiples instancias culturales no ha sido algo gratuito, ya que las comunidades en las que hasta ahora hemos vivido han necesitado imperativamente de esa propensión al trabajo. Sin el trabajo, las sociedades se hubieran paralizado y la mayor parte de la gente se hubiera quedado sin poder satisfacer las necesidades vitales. Por ello se acepta que la actividad laboral ocupe la mayor parte de las mejores horas de las vidas de los seres humanos, y ese esfuerzo es acompañado por múltiples refuerzos y «apoyos» sociales. Pero ¿qué ocurrirá con todo ese andamiaje cultural si el trabajo deja de ser necesario en la misma medida y sentido?, ¿continuarían operando los estímulos y las motivaciones de la misma manera?, ¿evolucionaremos hacia nuevos esquemas de valores que ya no enfati-

---

[1] Véase, por ejemplo, Erich Fromm, *Psicoanálisis de la sociedad contemporánea*, México, F.C.E., 1969, pág. 240, primera edición en inglés de 1956. «Una de las formas peores de sufrimiento mental —dirá Fromm— es el tedio, el no saber uno qué hacer de sí mismo, ni de su vida. Aunque no recibiera remuneración monetaria o de otra clase, el hombre estaría ansioso de emplear su energía en algo que tuviera sentido para él, porque no podría resistir el tedio que produce la inactividad» (ibíd).

[153]

zarán el carácter «imprescindible» y el papel «nuclear» del trabajo?, ¿es posible imaginar un tipo diferente de cultura de inspiración postlaboral?, ¿acaso muchas de las orientaciones distanciadas hacia el trabajo que se detectan en las nuevas generaciones no están anticipando las nuevas mentalidades propias de una civilización postlaboral?

En las sociedades de principios del siglo XXI los referentes laborales tradicionales se están trastocando y los estímulos positivos para la realización de la mayor parte de las tareas productivas se encuentran bajo mínimos, especialmente entre los jóvenes. El sentido de hacer bien las cosas y de implicarse vitalmente en los cometidos laborales se está desdibujando, y sólo es frecuente encontrarlo en los puestos de responsabilidad y en los trabajos más creativos. Incluso, algunos tipos de trabajo ya no son bien aceptados por mucha gente, ni aun cuando se ven en la obligación de tener que aceptar algún empleo para poder vivir. Esto es lo que ocurre, por ejemplo, con los servicios domésticos, con los peonajes en la construcción y con la recogida de algunos productos agrícolas, que en algunos lugares prácticamente sólo los realizan los emigrantes o las minorías étnicas. De esta forma, la subvaloración de determinadas tareas está dando lugar al desarrollo de infraproletariados de caracterización étnica o racial en el seno de los países más prósperos, en los que la emigración ha acabado operando como una válvula de alivio de las necesidades del sistema económico, manteniendo unas condiciones segregadas de vida y de trabajo que a veces rayan en el «esclavismo».

El rechazo social a realizar ciertos tipos de labores cuando hay importantes tasas de paro es un exponente de la profunda crisis del trabajo que se está viviendo y que no es sólo una crisis de «oferta», sino una crisis de modelo, de referencias valorativas y de sentido.

Los clásicos decían que el búho de Minerva sólo levanta el vuelo al atardecer. Si nosotros quisiéramos utilizar también un símil arcaico, quizás podríamos decir que las llamas de algunos candiles se empiezan a extinguir cuando llega un nuevo día y no hay más combustible que consumir. ¿Está pasando algo similar con la necesidad de algunas tareas productivas? A partir del momento en que las exigencias del trabajo no sean tan imperativas se podrá comprobar qué había de espontáneo y voluntario en algunas orientaciones laboro-centristas, y qué había de andamiaje cultural forzado. El problema, entonces, será determinar cómo se podrán reemplazar las funciones y los cometidos que cumplía el tipo de trabajo hasta ahora conocido. De ahí la necesidad de prestar una especial atención a la manera en que se está viviendo socialmente la metamorfosis del trabajo.

1. LAS TRANSFORMACIONES DEL TRABAJO.
¿QUÉ NOS DEPARARÁ EL FUTURO?

A partir de lo que hasta aquí llevamos dicho, se puede entender que uno de los aspectos centrales del proceso de cambio social que se está experimentando se encuentra relacionado directamente con el trabajo. Por ello, no es extraño que el foco central de la reflexión sobre los riesgos de una crisis social se tienda a situar cada vez más claramente en torno a esta cuestión, planteando hipótesis atrevidas, como las de Rifkin sobre *El fin del trabajo*[2]; o reflexiones más de fondo, como las que formuló André Gorz en su libro sobre la *Metamorfosis del trabajo*[3]; o sobre los efectos de la *revolución tecnológica en el empleo* como hace Adam Schaff[4]; o cuestiones relacionadas con las nuevas formas de organización del trabajo en sociedades complejas e interdependientes, como plantea Robert Reich en su libro *El trabajo de las naciones*[5]. La bibliografía sobre estas cuestiones es muy abundante; por ello no me voy a extender en este momento en consideraciones generales sobre el tema[6]. Lo que aquí me gustaría resaltar ahora es el carácter estratificador que tiene el trabajo y su amplia significación social. Y, por lo tanto, el alcance que adquieren en todo el entramado social los cambios que se producen en su ámbito.

Cuando hablamos del trabajo nos estamos refiriendo no sólo a una actividad formalizada y acotada, sino a la compleja y tupida red de relaciones, de interdependencias, de posiciones y de actitudes sociales que se encuentran relacionadas con la tarea laboral que cada cual realiza. Por lo tanto, los cambios en el trabajo afectan a la propia naturaleza de las relaciones sociales en muchos aspectos y, sobre todo, a las relaciones más directamente conectadas con la estratificación social. En la atención a esta dimensión de la evolución laboral están coincidiendo en los últimos años analistas de diverso signo, empeñados en un esfuerzo común por escrutar los efectos que pueden deparar las nuevas caracterizaciones de los sistemas económicos emergentes.

---

[2] Jeremy Rifkin, *The end of work*, ob. cit.
[3] André Gorz, *Metamorfosis del trabajo*, ob. cit.
[4] Adam Schaff y Günter Friedrichs, *Microelectronic and Society. A report to the Club of Roma*, Oxford, Pergamon Press, 1982.
[5] Robert B. Reich, *El trabajo de las naciones*, Madrid, Vergara, 1993; primera edición en inglés en 1991.
[6] Una amplia consideración sobre estas cuestiones puede verse, por ejemplo, en el número monográfico de la revista *El socialismo del futuro*, sobre *El futuro del trabajo* (núm. 6, diciembre de 1992), en el que se publicaron artículos de Alfonso Guerra, Adam Schaff, André Gorz, Tom Bottomore, Manuel Castells, Thomas Ran Ide, etc.

Una de las personas que se ha ocupado de esta cuestión, y a la que me gustaría referirme aquí por su significación política, es el que fuera Secretario de Trabajo en la primera Administración Clinton, el profesor de la Universidad de Harvard Robert Reich. En un libro titulado *El trabajo de las naciones,* Reich ha analizado las categorías ocupacionales que están surgiendo en el nuevo contexto de la economía mundial. De acuerdo con su análisis, los tres bloques básicos son los que realizan «servicios rutinarios de producción» en tareas manuales y de supervisión (que representan un cuarto de los empleos en EEUU), los que efectúan «servicios en persona» de carácter administrativo, comercial, etc., de cara a clientes específicos (un 30% de los empleos), y los que llevan a cabo «servicios simbólicos-analíticos», es decir, el personal más cualificado de los sectores punteros de la economía que operan con «símbolos», que hacen de intermediarios y que identifican y resuelven problemas (menos del 20% de los empleos). A estos tres sectores habría que unir, a su vez, otras actividades ocupacionales clásicas en la agricultura, la Administración y los servicios públicos[7].

Según Reich, todas las ocupaciones, salvo las de «analistas simbólicos», se encuentran en declive en el nuevo marco económico. Tal evolución está dando lugar, por una parte, a una caída de sus ingresos y, por otra, a un notable enriquecimiento de los que realizan actividades que «encajan» mejor en la nueva lógica de la economía mundial; lo que se traduce —según resalta— en que «los destinos económicos de los norteamericanos estén comenzando a bifurcarse»[8]. Las brechas salariales cada vez están abriéndose más, incluso en el interior de las mismas empresas, y todo augura una acentuación futura de estas tendencias, perfilando una sociedad crecientemente segmentada y dividida en dos bloques. El primero está formado —según sostiene— por un quinto de la población, cuyos salarios y beneficios se elevan «hasta alturas que hace unos pocos años hubieran parecido inconcebibles»[9]. Los que forman parte de este bloque se encuentran en una posición de «separación» y de disfrute de «ventajas» respecto a los demás que se traslada a las escuelas de sus hijos, a los lugares de residencia, a entornos de mayor seguridad con policías privados y a otros beneficios económicos y fiscales. A su vez, las tendencias «segregadoras» tienen lugar en un contexto general de evolución hacia un «enflaquecimiento» de lo público, con una reducción de prestaciones que tiende a empeorar relativa y comparativamente los niveles de vida de los demás activos, acentuando las diferencias.

---

[7] Robert B. Reich, *El trabajo de las naciones,* ob. cit., págs. 178 y sigs.
[8] Ibíd., pág. 199.
[9] Ibíd., pág. 224.

Uno de los problemas de este curso desigualitario, según Robert Reich, es que «las cuatro quintas partes de la población cuyo futuro desarrollo económico es más precario e incierto» apenas pueden poner resistencia a la «secesión» virtual del núcleo más próspero de la sociedad. Y esto es así, entre otras cosas, porque: *a)* realizan tareas menos imprescindibles y menos «productivas» en el sistema económico; *b)* porque los demás sectores ocupacionales no dependen de ellos; y *c)* porque no cuentan prácticamente con ningún «arma política»[10]. Lo previsible, a partir de esta situación, es que continúe aumentando la proporción de trabajadores pobres y precarios; los pobres se harán cada vez más pobres y los ricos más ricos, hasta el punto de que «en el nuevo siglo —según augura Reich— la quinta parte más acomodada de la población será responsable de más del 60% del total de ingresos percibidos...; y la quinta parte menos favorecida del 2%. Los analistas simbólicos se refugiarán en enclaves cada vez más aislados... Pagarán impuestos por una proporción cada vez menor de sus ingresos... Diferenciados del resto de la población por sus relaciones internacionales, sus buenas Universidades, sus estilos de vida confortables, sus excelentes prestaciones médicas y la abundancia de guardias de seguridad, los analistas simbólicos completarán su desvinculación de la sociedad. Los enclaves urbanos y suburbanos donde residen y las zonas específicas donde trabajan no tendrán ninguna similitud con el resto del país; ni tampoco habrá conexión entre ambas partes. Mientras tanto, los ciudadanos más pobres vivirán aislados en concentraciones urbanas y rurales; y un porcentaje cada vez mayor de sus jóvenes llenarán las cárceles del país»[11].

Como podemos comprobar, el panorama que se traza no puede ser más sombrío. Con la credibilidad añadida que adquieren las previsiones por provenir de un observador competente y que, según debemos suponer, conoce bien los entresijos políticos y económicos de la sociedad norteamericana. Pero, más allá de estas y otras apreciaciones similares, en el diagnóstico de Reich hay cuatro aspectos importantes que hay que destacar: en primer lugar, la identificación de una tendencia hacia la polarización y segmentación ocupacional y salarial, que se traduce en un modelo dual de sociedad; en segundo lugar, la vinculación de esa dinámica con una determinada evolución de los modelos económicos, que forman parte en cierto sentido de la nueva lógica de la situación; en tercer lugar, la convicción de que la generación espontánea de empleos, por sí sola, no es suficiente para

---

[10] Ibíd., págs. 294 y 278 y sigs.
[11] Ibíd., págs. 296-297.

mejorar y garantizar determinados niveles de vida de la población; «el problema más importante a largo plazo —dirá Reich— es la calidad del trabajo y no su cantidad»[12]; y en cuarto lugar, la existencia de riesgos de un bloqueo político en esta evolución social perversa, que impida, o dificulte enormemente, salir de ella a partir de las coordenadas actuales.

Desde la óptica de países como Estados Unidos resulta especialmente relevante que se ponga en cuestión el valor *per se* de la simple generación o mantenimiento de «puestos de trabajo» en sí mismos considerados. Lo decisivo no es únicamente si «hay empleos», sino si los puestos de trabajo que existen permiten garantizar condiciones mínimas de bienestar social, de calidad de vida y de expectativas favorables de futuro para la mayoría de la población. No es suficiente, por tanto, que algunas personas sólo puedan acceder a un nuevo tipo de «infraempleos» que no abren la puerta a una verdadera integración social, ni a un modo de vida digno. Como ocurría en buena medida —podríamos añadir— en las primeras etapas de desarrollo de las sociedades industriales, cuando la gente que abandonaba el campo pensaba que en las ciudades podía encontrar empleo en las fábricas. Y muchas veces lo encontraba sin mucha dificultad, pero sin que ello fuera una garantía que permitiera vivir con suficiente decoro (salarios de miseria, horarios dilatados, condiciones de trabajo inhumanas, etc.).

Desde la óptica de los países europeos las cosas tienden a verse con matices diferentes, debido a la mayor carencia de puestos de trabajo; incluso «precarios». Por lo tanto, el análisis de la incidencia de las variables laborales en el curso social exige considerar otros aspectos de esta temática. La influencia del trabajo, por ejemplo, no debe ser contemplada socialmente sólo en cuanto *actividad*, en sus múltiples facetas relacionadas con las posiciones diferenciadas que se pueden tener o adquirir en el mercado (como propietarios o no propietarios, como asalariados con unas u otras cualificaciones y competencias), sino que el trabajo puede dejar su impronta estratificacional también como ausencia, como carencia. Eso es, precisamente, lo que está ocurriendo en nuestros días con el problema del desempleo. De ahí que en bastantes casos, tener o no tener un empleo puede llegar a ser en uno de los factores estratificacionales básicos.

Si nos atenemos a los grados básicos de inserción que pueden identificarse en una sociedad, existen al menos cuatro hipótesis relacionadas con el trabajo-empleo que pueden dar lugar a tres o cuatro

---

[12] Ibíd., pág. 204.

formas diferenciadas de experiencia social y de oportunidades distintas de ocupar posiciones en la escala social: la primera posición es la de quienes tienen un trabajo estable y bien remunerado en empresas o actividades económicas con futuro. La segunda posición (con notables variaciones y variables entre sí) es la de quienes realizan alguna actividad laboral con cierta regularidad, pero en condiciones de menor seguridad y con niveles salariales más bajos (trabajos a tiempo parcial, en precario, en la economía sumergida, etc.). La tercera posición es la de aquellos que no tienen empleo, pero poseen una formación alta o tienen cualificaciones que hacen de ellos ciudadanos potencialmente «empleables», es decir, se trata de personas que o bien han trabajado antes, o bien mantienen «expectativas» razonables de encontrar un empleo «aceptable» que les permita incorporarse (o reincorporarse) al mercado laboral. Finalmente, la cuarta posición es la de aquellos que carecen de cualificaciones y posibilidades estimables para «entrar» en la lógica de acceso a los empleos disponibles; son los «inempleables», los que tienden a quedar fuera de las «oportunidades estandarizadas» del actual orden económico y se ven sumidos en una condición de «ciudadanía» sobrante. En cierta medida, no son necesarios «objetivamente» para que el sistema de producción como tal opere y se desarrolle más o menos normalmente.

Esta última posición revela que en el curso de las transformaciones económicas se han ido sentando progresivamente las bases de un proceso de prescindibilidad social. Las primeras etapas de este proceso cobraron forma a través de la dialéctica de apropiación y desapropiación «en» el trabajo y «del» trabajo, por medio de la que la máquina y el sistema productivo como tal tienden a convertirse en una especie de ente vivo/activo que marca y regula la acción de unos trabajadores cada vez más inertes que dejan de ser, al menos parcialmente, sujetos sociales autónomos. El siguiente paso está consistiendo en la alteración de los sistemas de producción, en el sentido de que están dejando de ser «procesos de trabajo humano» en forma estricta. Y el paso inmediato, de no mediar cambios, podría acabar conduciendo a prescindir de todos aquellos trabajadores a los que realmente no se necesita y que pueden acabar siendo convertidos, por lo tanto, en «no sujetos» sociales.

En su conjunto, pues, los cambios que están teniendo lugar en el trabajo, y que dan lugar a posiciones tan diferenciadas como las que acabamos de indicar, implican alteraciones profundas en los sistemas sociales que están afectando las bases de la propia convivencia y generando, posiblemente, las condiciones de futuras incertidumbres e inestabilidades políticas.

En el modelo de sociedades industriales existían marcos relacionales bastante precisos, en los que los trabajadores y empleados sabían a qué atenerse. Había unas reglas de juego que definían las oportunidades, unos trabajos perfectamente visualizados que se tenían que realizar y unos procedimientos mediante los que se fijaban las remuneraciones y se asignaban los medios de vida. En ese marco de interrelaciones y división de tareas cada cual sabía qué era, dónde estaba, qué tenía que hacer y qué podía esperar. En cambio, en las nuevas sociedades tecnológicas todo lo que gira en torno al trabajo tiende a hacerse mucho más difuso e indeterminado. En las plantas fabriles robotizadas y en las oficinas automatizadas buena parte de los operarios se encontrarían con serias dificultades si sus hijos les preguntaran un buen día: «¿papá qué haces en tu trabajo?» Es posible que ante una pregunta de este tipo muchas personas tendrían que empezar a dar vueltas sobre cuál es su verdadera función, o cuáles son los productos o servicios concretos que «salen» directa e inmediatamente de sus manos o del despliegue de sus capacidades intelectuales.

Es decir, los trabajos no sólo tienden a hacerse más ambiguos, distanciándose de los contenidos claros que tenían las actividades en las sociedades industriales clásicas, sino que muchas veces las diferencias entre lo que es un trabajo y lo que no es resultan imprecisas. Hasta hace poco tiempo se entendía que un trabajo era una actividad productiva que realizaba una persona durante 8 horas al día, de manera relativamente estable y localizada en un espacio físico perfectamente delimitado. En las sociedades de principios del siglo XXI las cosas ya no se entienden de la misma manera y muchas veces las fronteras sociales que separan a quienes tienen algunos tipos de trabajos atípicos o irregulares (por horas, por «obra realizada», por piezas, etc., o en la economía sumergida) y quienes no los tienen y sólo «trampean» para sobrevivir se hacen borrosas. Hay quienes «trabajan» hoy y no lo hacen mañana, quienes efectúan tareas que difícilmente podían ser catalogables como «trabajo» hace unos pocos años, y quienes realizan «chapuzas» y «trabajillos» en condiciones laborales difícilmente clasificables. Por ello, están proliferando las definiciones y los conceptos heterogéneos y se hace mención a los «falsos autónomos» o «autónomos aparentes», a los «falsos parados», a los «excluidos», a los «trabajadores voluntarios», a la «desalarización» y «desespacialización» laboral, a los «activos permanentemente temporales», etc. Todas estas expresiones, de alguna manera, reflejan la difuminación creciente de algunas situaciones laborales y las dificultades para que muchas personas definan claramente su situación y su estatus en las estructuras productivas. Incluso la manida pregunta coloquial que algunos utilizan para romper el hielo de una conversación —«¿estudias o trabajas?»—, en las sociedades actuales se torna ambigua y cuestionable. Algunas personas podrían contestar perfectamente diciendo: «ni lo uno, ni lo otro», mientras hay quienes tendrían que preguntarse antes de responder: «¿se puede calificar verdaderamente como trabajo lo que yo hago?» Ésta es quizás una ejemplificación pintoresca y extrema —pero real— de la borrosidad social que está afectando a algunas situaciones personales.

Los nuevos trabajadores de la era tecnológica generalmente no manejan productos directamente, no tocan, no moldean o fabrican mercancías; a veces ni siquiera supervisan procesos como tales, ni «velan» por el funcionamiento y la ejecución productiva inmediata de los sistemas de máquinas; lo que hacen es básicamente atender a los robots, a los autómatas y los equipos informáticos. Algunos, los más afortunados, operan manejando y aplicando símbolos, códigos, conocimientos, etc., mientras que sólo una elite reducida se ocupa de tareas de programación y diseño.

En la medida en que se tienden a diluir los contenidos concretos de los trabajos, en que se difuminan y se modifican las competencias, en que se reduce la capacidad de incidencia efectiva en los procesos productivos, en que se desdibuja el mismo sentido originario del trabajo como tal y en que se trastocan las garantías de tener algún tipo de trabajo (para todos), puede decirse que nos encontramos ante una mutación social profunda, que da lugar a que muchas veces lo que algunas personas tienen que hacer para sobrevivir no sea fácil de interpretar y de calificar como un «verdadero» trabajo, en el sentido en el que se ha entendido hasta hace poco tiempo esta expresión.

2. LA DUALIZACIÓN LABORAL

La reducción de los puestos de trabajo disponibles, sobre todo los puestos de cierta calidad y nivel, da lugar también a una alteración sustantiva del carácter ubicador que el trabajo tenía en las sociedades industriales. En los modelos sociales emergentes no todos los asalariados se encuentran claramente situados —al menos en principio— al mismo lado de las barreras de alineamiento social. Como ya hemos subrayado, tener o no tener trabajo, y tenerlo de uno u otro tipo, puede convertirse en uno de los elementos nucleares de la diferenciación social. No se trata de una cuestión particular, en la que la posición que cada cual ocupa sea indiferente de aquellas a las que se ven abocados los demás, sino que las posiciones laborales se encuentran entrelazadas mutuamente entre sí y dan lugar a definiciones de oportunidades y desempeños sociales bastante diferenciadas entre sí.

La nueva lógica de interrelaciones y dependencias mutuas da lugar a que en ciertas ocasiones el hecho de realizar determinados trabajos no pueda ser valorado correctamente por los que tienen tal oportunidad como un cumplimiento indiferenciado, o aséptico, de una obligación social genérica, sin mayores consecuencias, sino que en ocasiones supone implicarse directamente en la lógica de las nuevas relaciones de dependencia y estratificación. Es decir, realizar o no realizar algunos trabajos puede significar algo más que cumplir con la obligación social de trabajar, de corresponsabilizarse con la sociedad; puede llegar a ser «detentar un privilegio». Como ha subrayado André Gorz, en este sentido, «en una situación en la que el volumen global de trabajo económicamente necesario disminuye, los privilegios de los trabajadores de elite tienen necesariamente como reverso la exclusión social de una masa creciente de parados, temporeros y precarios. Trabajar lo más posible, en estas condiciones, no es servir a la colectividad sino conducirse como detentador de un privilegio que se defiende contra la codicia de los otros. La moral del trabajo se invierte aquí en su contrario: en un egoísmo de poseedor»[13].

Esta situación obliga a considerar con más detenimiento las dimensiones estratificadoras que puede llegar a tener el trabajo y, al mismo tiempo, reabre los interrogantes sobre la pertinencia conceptual de continuar utilizando las mismas expresiones para referirse a situaciones que definen haces de experiencias y de oportunidades vitales y sociales tan diferentes. ¿Qué hay de común o similar, se preguntan algunos, entre el trabajo que realiza un peón de la construcción o del campo o un barrendero y las tareas de un científico, un músico o un profesional altamente cualificado?

Pero el problema no se limita sólo a la diferenciación de tareas, y al prestigio o las ventajas disimilares que acarrean, sino que afecta directamente a la manera en que se conectan mutuamente en el conjunto social. Por ello, tener un buen trabajo no significa sólo disfrutar de una posición aislable de acción social o realizar una ejecutoria laboral «para sí», sino que supone también ocupar una posición en una malla de interacciones y de dependencias asimétricas que implican, o estimulan, otras formas de desigualdad en la sociedad. En definitiva, el trabajo y la posición asociada a él implica cumplir el papel de una pieza que forma parte de un engranaje organizacional complejo en el que los cometidos de cada cual se encuentran mutuamente engarzados en una estructura de posiciones infraordinadas y supraordinadas.

Así, en ese gran mecanismo complejo que es la sociedad, las posiciones de mayor privilegio, riqueza y oportunidades vitales de las

---

[13] André Gorz, *La metamorfosis del trabajo,* Madrid, Editorial Sistema, 1995, pág. 98; edición francesa de 1991.

que disfrutan algunos, en virtud del trabajo que realizan, explican en buena medida las desigualdades y las subordinaciones en las que se encuentran otros, como consecuencia de su desplazamiento hacia cometidos laborales y sociales más devaluados y degradados. Las sociedades que tienen recursos limitados y que operan con modelos de adscripción de rangos basados en privilegios y jerarquías, articulan las posiciones sociales de acuerdo con las más elementales leyes de la mecánica que antagonizan lo alto y lo bajo, como ocurre con un sistema de péndulos, o con esos balancines que es habitual encontrar en las áreas de juegos infantiles de los parques públicos, y en los que para lograr que aquel que está en uno de los lados suba hasta lo más alto es preciso que el compañero de juego que está situado en el otro extremo descienda hasta lo más bajo, hasta tocar el suelo.

Un ejemplo de cómo puede operar esta dialéctica de dependencias y asimetrías mutuas en el marco de las nuevas condiciones de trabajo, lo tenemos en el fenómeno del surgimiento de un nuevo tipo de relaciones de tipo «servil». Esta tendencia, a la que Gorz ha calificado como «sociedad servil» y «modelo colonial», viene estimulada por la notable capacidad adquisitiva que está adquiriendo la elite de empleados altamente cualificados, que algunos analistas cifran en torno al 20% de la población activa[14], y que demanda crecientemente la prestación de servicios y atenciones personales a otros sectores más infraposicionados en la población activa. «El desarrollo de los servicios personales —como hace notar Gorz—, no es posible más que en un contexto de desigualdad social creciente, en el que una parte de la población ocupa las actividades bien remuneradas y obliga a la otra parte a desempeñar el papel de servidor... La profesionalización de las tareas domésticas es, por consiguiente, todo lo contrario de una liberación. Descarga a una minoría privilegiada de todo o parte del trabajo para uno mismo y hace de ese trabajo el medio de sustento exclusivo de una nueva clase de servidores mal pagados... La economía (en realidad: la antieconomía) —concluye Gorz— fundada en la proliferación de los servicios a las personas organiza así la dependencia y la heteronomia universales y define como "pobres" a aquellos que "se ven obligados" a encargarse, al menos parcialmente, de ellos mismos»[15].

Esta lógica de relaciones mutuas ejemplifica bastante bien cómo pueden desarrollarse nuevos elementos de estratificación en nuestras

---

[14] Habría que recordar en este sentido la propia clasificación laboral apuntada por Robert Reich, y especialmente el sector al que califica como «analistas simbólicos».
[15] André Gorz, *La metamorfosis del trabajo,* ob. cit., págs. 202-203, Gorz establece incluso cierto paralelismo entre el volumen que llegaron a alcanzar los «servicios domésticos» en Inglaterra entre 1851 y 1911 (el 14% de la población activa) y la cifra que representaban en las últimas décadas del siglo XX los «servicios personales» en los Estados Unidos (más del 14% de la población activa) (ibíd., pág. 285).

sociedades, a partir precisamente del establecimiento de nuevos criterios en la configuración de la estructura laboral. Los empleos de calidad de unos, y la prosperidad a ello asociada, genera una demanda ocupacional secundaria que se proyecta hacia actividades de la vida privada, dando lugar a nuevas relaciones de dependencia, y a una diferenciación de posiciones y rangos entre aquellos que tienen recursos suficientes como para que otros se ocupen de ellos y de sus pertenencias (limpiando sus casas, preparando sus comidas, paseando sus perros, dándoles masajes, ocupándose de su ocio y de otras atenciones y necesidades). Así se perfilan algunas de las facetas de un modelo de estratificación social en el que la prosperidad de un sector de la sociedad, da lugar a la resocialización de unas actividades «serviles» de nuevo cuño, que configuran un grupo de activos subordinados y dependientes, que tienen empleos más inestables, precarios y peor remunerados, en el marco de un tipo de sociedades duales, en las que la lógica de la dependencia aparece vinculada también a una estructuración laboral dual.

En los modelos de sociedades emergentes las tendencias dualizadoras no se plasman solamente en las esferas del poder y la desigualdad vinculadas en mayor grado a las nociones heredadas sobre las clases sociales, ni tampoco se circunscriben a los espacios tradicionales de la división internacional del trabajo. Ahora los trabajos buenos y malos, cualificados y rutinarios, se pueden «trasladar» con rapidez de unos países a otros y las posiciones diferenciadas de poder y riqueza pueden estar conectadas no sólo a condiciones formalizadas previas, sino también a los diferentes tipos de trabajo que se realizan.

El trabajo «en sí» tiende a convertirse, por lo tanto, en un factor estratificador básico, de forma que el nuevo tipo de «sociedad dividida» ante el que nos encontramos, lo es también —y en ocasiones básicamente— en razón al carácter dual de la estructura laboral.

Al igual que ocurre con las estructuras de desigualdad que analizamos en el libro primero de esta trilogía, que, según vimos, presentan varios elementos de dualización, las nuevas estructuras laborales se caracterizan por tener muchos componentes y dimensiones de segmentación: Dualización de los modelos de dedicación (a «tiempo completo» entre los varones adultos con más cualificaciones y a tiempo «parcial» especialmente entre las mujeres); de manera más estable y segura (entre los sectores más integrados de la sociedad), y de forma más inestable y precaria (entre los jóvenes, los inmigrantes, las mujeres y los que tienen menos cualificaciones); en unos espacios más visualizables (para los que tienen trabajos de «cierta calidad») y en casa o en otros ámbitos menos «visibles» (para los que se ven forzados a buscarse la vida como pueden) (véase Cuadro 1).

Cuadro 1
ALGUNAS DIMENSIONES DE LA DUALIZACIÓN LABORAL

Variables	División internacional del trabajo	Modelos de dedicación	Seguridad	Ámbitos espaciales	Duración
Arriba	Países ricos, con trabajadores cualificados y empleos de «calidad»	A tiempo completo (hombres)	Contratos regulados (sectores sociales integrados)	Lugares de trabajo perfilados (oficinas, fábricas, centros avanzados, etc.)	Indefinidos (cualificados, expertos)
Abajo	Países pobres (pero a veces ricos en recursos naturales) con población poco cualificada y empleos de «baja calidad»	A tiempo parcial (mujeres)	Contratos basura (sectores infraposicionados)	Casas y espacios difusos (teletrabajo, «invisibilidad», etc.)	Temporales, eventuales (descualificados, «prescindibles»)

Tanto en lo que se refiere a las modalidades, como a las características y los rasgos personales y sociales asociados a los distintos tipos de trabajo, las pautas de dualización laboral tienden a perfilar dos paradigmas de sociedad bastante diferentes entre sí, que sustentan y refuerzan los componentes de base de los nuevos modelos de estratificación que analizamos con algún detalle en *La sociedad dividida*.

Las tendencias sociolaborales que se apuntan y las implicaciones a ellas asociadas, pues, van a tener muchas consecuencias para el conjunto del sistema social, en la medida en que afectan a cuestiones nucleares de la experiencia vital humana. En este sentido hay que tener muy presente, como venimos insistiendo, que las alteraciones en el trabajo, dejadas al libre albedrío, afectan a muchos componentes de la organización del sistema social y de los papeles de los sujetos colectivos, y pueden dar lugar a desigualdades, antagonismos y conflictos de viejo y nuevo cuño.

El ejemplo que a veces manejan algunos analistas sosteniendo que la experiencia histórica de la evolución de las sociedades industriales demuestra que al final siempre se acaban encontrando —o reencontrando— los equilibrios necesarios entre empleo, oportunidades vitales, productividad e innovación tecnológica, descansa en un desconocimiento notable de la historia de las sociedades industriales. Los estudios sobre la cuestión muestran que la aplicación simplista y desnuda de los criterios del *laissez-faire* generaron en el pasado múltiples desajustes, desigualdades y desvertebraciones sociales que estimularon un clima de convulsiones políticas y confrontaciones que llevaron a las dos grandes guerras mundiales del siglo XX. Karl Polanyi, en su libro *La gran transformación* ha analizado la manera en la que la desestructuración de los sistemas sociales y la alteración de las condiciones de los mercados de trabajo afectaron negativamente a millones de personas, propiciando un aumento de las desigualdades y un clima político de creciente tensión que acabó conduciendo a las crisis económicas y a las confrontaciones sociales y políticas de la primera mitad del siglo XX, cuyos desencadenantes últimos se encuentran en los intentos de imposición práctica del criterio liberal de «promover el progreso al precio de la dislocación social» [16].

Precisamente, después de la Segunda Guerra Mundial se comprendió la necesidad de sentar las bases de una convivencia más estable a partir del establecimiento de condiciones justas y equilibradas de trabajo y de un compromiso público de los gobiernos en la difusión del bienestar social. La puesta en cuestión de los criterios en los que se fundamentó el consenso social de la postguerra ha conducido en los últimos lustros del siglo XX a un nuevo marco de relaciones laborales que en los países europeos se ha traducido en un crecimiento del paro y de la exclusión social, y en Estados Unidos en una acentuación de las desigualdades y de la precarización laboral. En ambos casos, está aumentando la inseguridad, la dualización social y el deterioro de las condiciones de trabajo como consecuencia del incremento del paro y de la sustitución de empleos de más calidad por otros de peor calidad y menos remuneración[17]. El resultado final de estas tendencias es el aumento del número de «perdedores».

Uno de los aspectos del actual curso social y político que más llama la atención es la falta de respuesta a las situaciones que se están viviendo y la incapacidad para «reconocer» las profundas perturbaciones que padecen las sociedades. «Como la elite alemana de Weimar —según se nos recuerda— ahora también se desdeña "la creciente insatisfacción de los trabajadores pobres como preocupaciones marginales comparadas con la indiscutida importancia de la

---

[16] Karl Polanyi, *La gran transformación. Crítica del liberalismo económico*, Madrid, Ediciones de La Piqueta, 1989; primera edición en inglés en 1944.
[17] Ethan B. Kapstein, «Trabajadores y economía mundial», en *Política Exterior*, vol. X., núm. 52, julio-agosto de 1996, págs. 24, 28 y 29; véase, también, Eric Larsen, *The Growing Social Divide in the United States,* Daimler Benz, Society and Technology Research Group, ob. cit., págs. 18-23 y 29 y sigs.

solidez de la moneda y del equilibrio presupuestario".» Lo cual lleva a preguntarse si no estará el mundo «avanzando inexorablemente hacia uno de esos trágicos momentos que hará que los historiadores del futuro se pregunten: ¿por qué no se hizo nada a tiempo? ¿Eran conscientes las elites económicas y políticas de los profundos trastornos que el cambio económico y tecnológico causaba a los trabajadores? ¿Qué les impedía dar los pasos necesarios para evitar una crisis social mundial?»[18]

3. DESEMPLEO, INFRAEMPLEOS Y DESIGUALDADES

El aumento de las tasas de desempleo que tuvo lugar durante las últimas décadas del siglo XX, con un crecimiento del paro de larga duración, ha dado lugar a que la reflexión sobre el futuro del trabajo haya adquirido, como estamos viendo, perspectivas inéditas. Los principales puntos que están focalizando la atención del debate son la cuestión de si estamos inmersos en una lógica económica que da lugar a un «crecimiento que no crea suficiente empleo de calidad» y si los procesos de robotización industrial y de automatización del trabajo en el sector servicios están influyendo en un fenómeno de paro estructural diferente al que hasta ahora se había conocido, y frente al que es necesario buscar alternativas sociales innovadoras.

Aquí no es posible entrar en detalle en todos los aspectos implícitos en estos debates. Por ello, de cara al hilo general del análisis, vamos a resumir algunos de los resultados obtenidos en el ya referido programa de investigación sobre *Tendencias Sociales*[19] que permiten formular algunas conclusiones sustentadas en evidencias empíricas. Las principales tendencias relacionadas con las cuestiones que aquí estamos analizando son las siguientes:

---

[18] Ethan B. Kapstein, ob. cit., págs. 40 y 20-21.
[19] Las distintas investigaciones realizadas en el marco del Estudio sobre Tendencias Sociales ofrecen muchas informaciones de utilidad para las cuestiones que aquí estamos considerando. Los principales resultados de estas investigaciones están recogidos básicamente en José Félix Tezanos, José Manuel Montero y José Antonio Díaz (eds.), *Tendencias de futuro en la sociedad española. Primer Foro sobre Tendencias Sociales,* Madrid, Editorial Sistema, 1997; José Félix Tezanos, *Tendencias en estratificación y desigualdad social en España, 1997,* Madrid, Editorial Sistema, 1997; José Félix Tezanos y Rosario Sánchez Morales (eds.), *Tecnología y sociedad en el nuevo siglo. Segundo Foro sobre Tendencias Sociales,* Madrid, Editorial Sistema, 1998; José Félix Tezanos (ed.), *Tendencias en exclusión social en las sociedades tecnológicas. El caso español,* Madrid, 1999; José Félix Tezanos, *Tendencias en desigualdad y exclusión social. Tercer Foro sobre Tendencias Sociales,* Madrid, Editorial Sistema, 1999; José Félix Tezanos (ed.), *Escenarios del nuevo siglo. Cuarto Foro sobre Tendencias Sociales,* Madrid, Editorial Sistema, 2000.

— La mayoría de la población tiene la percepción de que el desempleo y las desigualdades sociales tienden a aumentar, y que ambos fenómenos están interconectados[20].
— Se piensa que los procesos de robotización están dando lugar a la sustitución de puestos de trabajo, influyendo en el desempleo, previéndose una acentuación futura de estas tendencias[21].
— Los expertos en ciencias sociales consideran que están surgiendo nuevas formas y manifestaciones de exclusión social relacionadas con el desempleo, aunque no se establecen relaciones precisas y unívocas entre paro y robotización, ni entre la evolución del desempleo y el modelo económico predominante[22].
— Los expertos en ciencias sociales prevén que el paro y la desigualdad social acabarán por disminuir en el futuro, o se relativizarán, mientras que los expertos en estratificación social hacen previsiones más matizadas en lo social (aunque no sobre el paro), atisbándose fuertes tendencias hacia una mayor dualización en la sociedad[23].
— Los expertos en materias científicas y tecnológicas, por su parte, tienen visiones más negativas sobre la evolución del desempleo y la desigualdad social, coincidiendo en mayor grado con las preocupaciones del conjunto de la opinión pública[24].
— Los expertos en robótica y en prospectiva ocupacional, especialmente, añaden otras dimensiones de la transformación del trabajo como consecuencia de la revolución tecnológica, como la reducción de la jornada laboral media, el aumento del empleo temporal, del horario a turnos, de la jornada flexible, del teletrabajo, resaltando también las mayores dificultades de las personas con pocos estudios y cualificaciones para encontrar empleo[25].

---

[20] Véase José Félix Tezanos, José Manuel Montero y José Antonio Díaz (ed.) *Tendencias de futuro en la sociedad española,* ob. cit., y José Félix Tezanos, *Tendencias en estratificación y desigualdad social,* ob. cit.
[21] Véase José Félix Tezanos y José Antonio Díaz, *Estudio Delphi sobre Tendencias Sociales,* GETS, Madrid, 1996.
[22] Véase José Félix Tezanos, *Tendencias en Trabajo y Exclusión Social,* GETS, Madrid, 1999.
[23] Ibíd., y José Félix Tezanos, *Tendencias en estratificación y desigualdad social en España, 1997,* ob. cit.
[24] Véase José Félix Tezanos, José Antonio Díaz, Rosario Sánchez Morales y Antonio López (eds.), *Estudio Delphi sobre tendencias científico-tecnológicas en España,* Madrid, Editorial Sistema, 1997, capítulo 3.
[25] Véase, Antonio López Peláez, *Impactos de la robótica y la automatización avanzada en el trabajo. Estudio Delphi,* Madrid, Editorial Sistema, 2000, y José Antonio Díaz, *Prospectiva de las ocupaciones en España,* Madrid, 2000.

Estas percepciones se basan en Encuestas de opinión y en Estudios Delphi, cuya finalidad, como es sabido, no es proporcionar informaciones objetivas contrastadas, sino previsiones y anticipaciones de escenarios plausibles basados en los juicios de los expertos. ¿Pero cuáles son los datos concretos de la realidad? Los datos son que el desempleo ha alcanzado cotas muy elevadas en los países desarrollados y que incluso en períodos de bonanza económica no logra caer por debajo de los niveles anteriores a la primera mitad de la década de los años 60; y ello, como ya hemos resaltado, pese a los esfuerzos de algunas oficinas estadísticas por realizar «reajustes» técnicos y metodológicos que permitan maquillar de la mejor manera posible las cifras[26].

El desempleo es muy alto entre los jóvenes, las mujeres y las personas con menos cualificaciones, que en muchos casos ven cómo sus vivencias de marginación laboral tienden a hacerse endémicas. Año tras año, las estadísticas de la OCDE y de la OIT reflejan un aumento del paro de larga duración[27], al tiempo que se está produciendo un cambio cualitativo en el tipo de los empleos disponibles, con un aumento comparativo notable de los trabajos inestables, precarios y a tiempo parcial.

Las evidencias empíricas muestran también el surgimiento de nuevos sectores de «trabajadores pobres», que no tienen ingresos suficientes como para poder vivir dignamente, al tiempo que los informes de la Comisión Europea subrayaban, por ejemplo, que durante la década de los 90 en algunos años casi todos los empleos creados en la Unión Europea fueron a tiempo parcial[28]. En España, en particular, se registra una de las cifras de desempleo más altas de los países de la OCDE, con una alta proporción de parados de larga duración (54,1%), con una de las tasas de actividad femenina más bajas (en torno al 37%), con una notable incidencia de desempleo juvenil (más del 30%) y con más trabajadores precarios o temporales (32%).

---

[26] Un ejemplo de los esfuerzos por mantener altas las cifras de «empleados» consignados con ocupación es el caso del Instituto Nacional de Estadística de España, que no sólo ha modificado el sistema de muestreo de la Encuesta de Población Activa, prescindiendo de las entrevistas domiciliarias, y por lo tanto, de toda la población más marginada que ni siquiera tiene teléfono, sino formulando una pregunta del siguiente tenor: «La semana pasada de lunes a domingo ¿ha realizado un trabajo remunerado (en metálico o en especie) como asalariado o por su cuenta, aunque sólo haya sido por una hora, o de forma esporádica u ocasional.» Y sólo con contestar que sí, ya se tiene «registrado» a un flamante empleado.
[27] Sobre la situación de los parados de larga duración véase Alfonso Alba, Gema Álvarez y Ricardo Pagán, *Parados de larga duración*, Madrid, Ministerio de Trabajo, Informes y Estudios, 1999.
[28] Comisión Europea, *El empleo en 1996*, Bruselas, 1997.

Por otra parte, la bolsa potencial de parados en España es mayor que la media de los países de la Unión Europea, debido a que la tasa de actividad es apreciablemente menor (un 49,1%, respecto a una media de un 55,4% en la UE, un 66,8% en Estados Unidos y un 63,8% en Japón) y a que la población activa agrícola aún representa un 8%, en comparación con el 5% de la media europea[29].

A partir de este contexto, algunas de las previsiones de los expertos en estratificación social aportan contrapuntos de mayor optimismo en el porvenir, por una parte, y de reconocimiento de la difusión de nuevas pautas laborales, por otra. Los expertos, por ejemplo, creen que la tasa de desempleo juvenil en España nunca llegará a superar la barrera del 50% y que dentro de 10 años las oportunidades de encontrar trabajo para los jóvenes y las mujeres serán mayores que ahora. Al mismo tiempo, en coherencia con lo anterior, piensan que dentro de 10 años el número de parados será inferior al actual (véase Cuadro 2).

Estas previsiones significan, al menos implícitamente, que las tendencias de acentuación de las desigualdades, de dualización social y de aumento de las infraclases, que también se formulan, en principio no se piensa que van a estar relacionadas necesariamente con un incremento sustancial del paro como tal. Los argumentos que se emplean para sustentar estas previsiones tienen una importancia primordial para interpretarlas correctamente. En lo que se refiere a la disminución del desempleo, generalmente se utilizan argumentos de carácter «cautelar negativo», es decir, se estima que no es posible que el paro aumente más, debido a los riesgos de tensionamiento social y de inviabilidad de la convivencia que ello implicaría. «No sería asimilable por el orden social» —se llega a decir—. Por otra parte, se piensa que los nuevos empleos serán de un orden y una calidad diferente —e inferior— a los que hasta ahora han sido conocidos y, en todo caso, se considera que el paro estará «más repartido» y «más troceado en períodos más cortos». Pero, sobre todo —junto a la expectativa de mayor crecimiento económico—, uno de los argumentos que se manejan para explicar la tendencia apuntada es la propia evolución demográfica, que hace «esperar» que con el descenso de la natalidad las cohortes de jóvenes cada vez serán menos numerosas y presionarán menos sobre el mercado de trabajo.

El argumento del descenso de la natalidad es mencionado también por los que creen que los jóvenes tendrán más oportunidades de empleo dentro de 10 años y que la tasa de desempleo juvenil nunca llegará a superar la barrera del 50%. No obstante, en este último caso existen significativas discrepancias entre los expertos, siendo más de un

---

[29] Datos de Eurostat, *Europa en cifras 1999*, ob. cit.

Cuadro 2
TENDENCIAS FUTURAS EN EMPLEO SEGÚN LOS EXPERTOS EN ESTRATIFICACIÓN SOCIAL (HORIZONTE, 2007)
(ESTUDIO DELPHI, 1997)

	Tendencia o período de ocurrencia	Seguridad	Importancia	Consecuencias y efectos políticos
•El porcentaje de paro entre los jóvenes menores de veinticinco años en España será del 50%	Nunca	Seguro (3)	Bastante (4)	Bastante importantes (4)
•Dentro de 10 años las oportunidades de encontrar empleo de los jóvenes serán...	Mayores que ahora	Bastante (4)	Bastante (4)	Medianamente importantes (3)
•Dentro de 10 años las oportunidades de encontrar empleo de las mujeres serán...	Mayores que ahora	Bastante (4)	Bastante (4)	Bastante importantes (4)
•El número de parados dentro de 10 años será...	Menor que ahora	Seguro (3)	Bastante (4)	Bastante importantes (4)
•La estabilidad de los contratos laborales dentro de 10 años será...	Menor que ahora	Seguro (3)	Bastante (4)	Bastante importantes (4)

Fuente: José Félix Tezanos, *Tendencias en estratificación y desigualdad social en España,* Madrid, Editorial Sistema, 1997.
Nota: 1 nada seguro; 2 poco seguro; 3 seguro; 4 bastante seguro; 5 muy seguro.

tercio los que piensan que tal nivel de paro estimado puede ser una hipótesis verosímil y cercana en el tiempo. También resulta ilustrativo que varios expertos consideren que ya se ha «llegado al máximo socialmente soportable» y que en el futuro se pondrán en marcha —necesariamente— «mecanismos de supervivencia de la juventud». De ahí la confianza manifestada en que, a no tardar, se acabarán aplicando políticas públicas e iniciativas de diversa índole que permitan evolucionar en la dirección «esperada». Todo lo cual, como decimos, hace que estos pronósticos aparezcan impregnados de voluntarismo y tengan un cierto carácter de argumentaciones a *sensu contrario*.

Por otra parte, los expertos pronostican también —en cierta contradicción con lo anterior— un progresivo deterioro de las condiciones de empleo, con tendencias a una menor estabilidad, más segmen-

tación en las ocupaciones, más empleo «sumergido», etc. Como indicaban algunos expertos, la cuestión fundamental no es si habrá más empleo en el futuro sino *qué tipo de empleo habrá*. Lo cual suscita una problemática directamente relacionada con la misma metamorfosis del trabajo y del empleo, en relación con cuestiones como la duración y naturaleza de la jornada laboral, la edad de jubilación, las nuevas posibilidades del trabajo a domicilio, etc.
En todos estos aspectos las previsiones se manifiestan con bastante cautela. Así, en el Estudio Delphi efectuado en 1995 las hipótesis de cambios en el trabajo planteadas para el horizonte de una década (año 2005) por los expertos en Sociología y Economía dieron lugar a estimaciones de probabilidad débil o moderada. Sólo la posibilidad de reducción de la jornada laboral a 35 horas fue considerada bastante probable por los sociólogos y medianamente probable por los economistas (nivel tres de seguridad, sobre cinco) (véase Cuadro 3).

Cuadro 3
PREVISIONES DE LOS EXPERTOS EN SOCIOLOGÍA Y ECONOMÍA
SOBRE CAMBIOS EN EL TRABAJO
(DELPHI, 1995)

	Sociólogos		Economistas	
	Probabilidad	Importancia	Probabilidad	Importancia
• En el año 2005 el 10% de la población activa española realizará su trabajo desde su domicilio	Puede ocurrir (3)	Bastante (4)	—	—
• En el año 2005 la jornada laboral media se habrá reducido a 35 horas semanales	Bastante probable (4)	Bastante (4)	Puede ocurrir (3)	Bastante (4)
• En el año 2005 la semana laboral se habrá reducido a 4 días	Bastante improbable (2)	Bastante (4)	No ocurrirá (1)	Regular (3)
• En el año 2005 la edad de jubilación en España será de más de sesenta y cinco años	Puede ocurrir (3)	Bastante (4)	Puede ocurrir (3)	Bastante (4)

Fuente: José Félix Tezanos y José Antonio Díaz, *Estudio Delphi 1995 sobre Tendencias Sociales, Económicas y Políticas,* Madrid, Fundación Sistema, 1996.
Nota: 1 nada seguro; 2 poco seguro; 3 seguro; 4 bastante seguro; 5 muy seguro.

Estas previsiones contrastan con la intensidad de las reivindicaciones de los sindicatos, con los planteamientos formulados por algunos gobiernos europeos y con la propia evolución de la opinión pública, como veremos a continuación. Los expertos en estratificación social, por su parte, anticiparon calendarios más dilatados para este tipo de previsiones. En concreto, el establecimiento de la jornada media de 30 horas y la semana laboral de 4 días se situaron en el año 2020 (con un nivel de seguridad intermedio), fijándose también en dicho horizonte las posibilidades de una expansión del teletrabajo hasta abarcar el 15% de la población activa. Sin embargo, los expertos en prospectiva ocupacional en el Estudio Delphi realizado en el año 2000 situaban ya este último pronóstico en el año 2010[30]. Por otra parte, la prolongación de la edad media de jubilación se ubicó aún más lejos (año 2025), también con un grado de seguridad intermedio (véase Cuadro 4).

Cuadro 4
PREVISIONES DE LOS EXPERTOS EN ESTRATIFICACIÓN SOCIAL
SOBRE CAMBIOS EN EL TRABAJO
(DELPHI, 1997)

	Año de ocurrencia	Seguridad	Importancia	Consecuencias y efectos políticos
• El 15% de la población activa española realizará su trabajo desde su domicilio	2020	Seguro (3)	Bastante (4)	Medianamente importantes (3)
• La jornada laboral media será de 30 horas semanales	2020	Seguro (3)	Importante (3)	Medianamente importantes (3)
• La semana laboral media será de 4 días	2020	Seguro (3)	Importante (3)	Medianamente importantes (3)
• La edad media de jubilación será de más de sesenta y cinco años	2025	Bastante seguro (4)	Importante (3)	Medianamente importantes (3)

Fuente: José Félix Tezanos, *Tendencias en estratificación y desigualdad social en España*, ob. cit.
Nota: 1 nada seguro; 2 poco seguro; 3 seguro; 4 bastante seguro; 5 muy seguro.

---

[30] Véase GETS, *Estudio Delphi sobre la Prospectiva de las ocupaciones en España*, Madrid, 2000.

Resulta bastante significativo que en todos estos casos los expertos en estratificación social presenten un cuadro de discrepancias apreciables, que oscila del año 2010 ó 2015 del primer cuartil de respuestas, al año 2030 o mucho más del tercer cuartil. Esta heterogeneidad de apreciaciones revela el carácter controvertido de las cuestiones consideradas y la fuerte influencia que se considera que tendrán en la evolución laboral las variables políticas. También se subrayan las dificultades para generalizar las tendencias, por entender que muchas hipótesis se verán afectadas por la propia evolución del trabajo a tiempo parcial, por la creciente dualización de las prácticas laborales (unos trabajarán más y otros menos), y por las distintas situaciones existentes en los diferentes sectores productivos. En este sentido, varios expertos piensan que lo más verosímil es que se produzca una acentuación de la «flexibilidad laboral» y de los «horarios a la carta».

En contraste con estas cautelas y matices, la opinión pública de los países desarrollados parece que se va decantando progresivamente a favor de criterios como la reducción de las jornadas laborales. Según los resultados de la Encuesta de Tendencias Sociales realizada en 1999 por el Grupo de Estudio sobre Tendencias Sociales (GETS) dos tercios de la población estaban a favor de la reducción de la jornada de trabajo a 35 horas semanales. En concreto, un 61% es partidario de esta medida, mientras que un 18% está en contra y un 21% se muestra en duda o considera que todo depende de las condiciones.

Lo importante no es sólo que una mayoría neta sea favorable a la jornada de 35 horas, sino que lo sean en mayor grado sectores sociales muy específicos, como los que tienen estudios universitarios (71%), los empleados de oficina (72,5%), los obreros manuales (67,8%), así como, de manera especial, los parados (76,9%). También es mayor el apoyo entre los electores de IU (76,4%) y del PSOE (66,6%); pero, incluso en el caso de los que votan por una opción conservadora (PP), la proporción de los que son favorables a la reducción es mayoritaria (53,8%), duplicando a los contrarios a ella (25,2%). Lo más significativo es que sean los jóvenes los que se decantan más decididamente por las 35 horas, en una progresión por edades que va desde el mayor respaldo en los menores de treinta años (69,5%), hasta el menor entre los que superan los sesenta años (46,2%) (Tabla 1).

El hecho de que la jornada de 35 horas sea reclamada en mayor grado por las personas con más estudios, por los activos y, sobre todo, por los que quieren trabajar (parados), así como por los jóvenes, hace que tal orientación pueda ser considerada como una tendencia fuerte que se irá afianzando progresivamente según pase el tiempo.

Tabla 1
POSICIONES ANTE LA REDUCCIÓN DE LA JORNADA LABORAL
A 35 HORAS SEMANALES POR EDAD
%

	Total	De 18 a 29 años	De 30 a 45 años	De 46 a 60 años	Más de 60 años
A favor	60,9	69,5	67,2	58,7	46,2
En contra	18,3	14,8	16,7	20,1	22,6
Depende de las condiciones	10,8	8,7	10,2	12,8	11,9
No sabe, duda	8,9	6,1	5,5	6,7	17,6
N.C.	1,1	0,9	0,4	1,7	1,7
(N)	(1.701)	(466)	(491)	(344)	(420)

Fuente: GETS, *Encuesta sobre trabajo y exclusión social, 1999.*

La opinión pública parece tener bastante claro cuáles pueden ser los principales efectos de la aplicación de la jornada de 35 horas. La consecuencia principal se considera que será un aumento del número de puestos de trabajo; así lo cree un 53% de la población, siendo mayor esta proporción entre los que tienen estudios superiores, entre los más jóvenes y entre los asalariados en general, tanto de cuello blanco como de cuello azul. Otras consecuencias del acortamiento de la jornada laboral se estima que serán: la reducción de los salarios (16,8%), el aumento de ocio y la mejora de la calidad de vida (10,2%) y la disminución de la productividad (7,3%) (véase Gráfico 1).

Considerando todos los posibles efectos y consecuencias, se puede constatar que en la opinión pública predominan las valoraciones positivas sobre las negativas en una proporción de dos a uno. Incluso elementos como el eventual aumento de los costes empresariales, o los riesgos de traslado de las instalaciones productivas a otros países, son mencionados por una proporción pequeña de encuestados que apenas llega a superar el 4%.

En lo que se refiere a otra de las modalidades laborales de futuro, como el teletrabajo, los expertos en Ciencia y Tecnología se muestran más convencidos de su inminencia y de su mayor extensión, estimando que en torno al año 2010-2015 un 30% de la población activa realizará su trabajo desde el domicilio (Cuadro 5). Es decir, aquellos que tienen más conocimientos especializados en estas materias fijan horizontes más próximos que los indicados por los expertos en estratificación social (año 2020) para proporciones superiores de población activa (el doble).

Gráfico 1
PRINCIPALES EFECTOS Y CONSECUENCIAS PREVISIBLES DE LA REDUCCIÓN DE LA JORNADA LABORAL A 35 HORAS
%

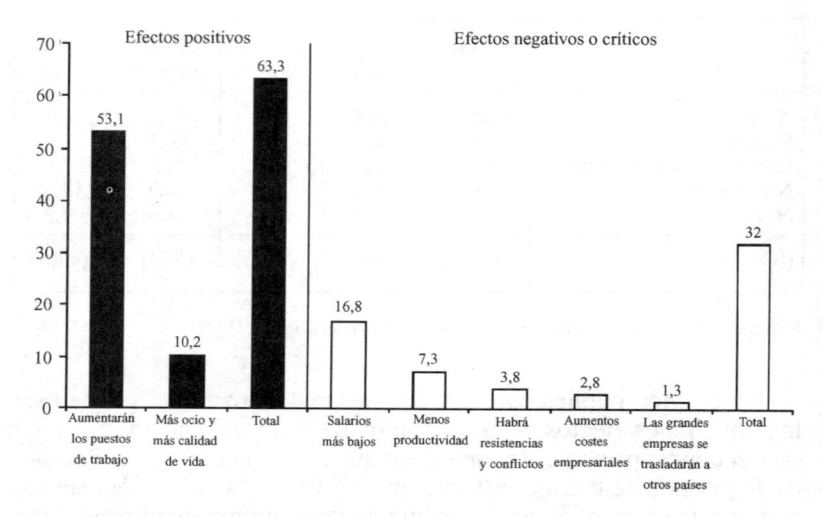

	Efectos positivos			Efectos negativos o críticos				
Aumentarán los puestos de trabajo	Más ocio y más calidad de vida	Total	Salarios más bajos	Menos productividad	Habrá resistencias y conflictos	Aumentos costes empresariales	Las grandes empresas se trasladarán a otros países	Total
53,1	10,2	63,3	16,8	7,3	3,8	2,8	1,3	32

Fuente: GETS, *Encuesta de Trabajo y Exclusión Social, 1999.*

Cuadro 5
PREVISIONES DE LOS EXPERTOS EN CIENCIA Y TECNOLOGÍA SOBRE LA EXPANSIÓN DEL TELETRABAJO
(ESTUDIO DELPHI, 1996)

	Expertos en tecnologías de la información y la comunicación		Expertos en biogenética		Expertos en robótica	
	Año de ocurrencia	Seguridad	Año de ocurrencia	Seguridad	Año de ocurrencia	Seguridad
Un 30% de la población activa realizará su trabajo desde el hogar.	2010	4	2015	3	2015	3

Fuente: José Félix Tezanos, José Antonio Díaz, M.ª Rosario Sánchez Morales y Antonio López (eds.), *Estudio Delphi sobre tendencias científico-tecnológicas en España, 1997,* ob. cit.
Nota: 1 nada seguro; 2 poco seguro; 3 seguro; 4 bastante seguro; 5 muy seguro.

El aumento del teletrabajo es posiblemente uno de los fenómenos en los que se reflejan de manera más inmediata las posibilidades de la revolución informacional y de la organización de las actividades económicas en redes. De hecho desde 1994 hasta finales del siglo XX el número de teletrabajadores en los países de la Unión Europea creció espectacularmente, pasándose de 1.250.000 activos a más de 6 millones, previéndose que en el año 2005 la cifra llegará a superar los 16 millones de personas, lo cual representará más del 10% de la fuerza laboral (véase Gráfico 2).

Gráfico 2
EVOLUCIÓN DEL NÚMERO DE TELETRABAJADORES
EN LOS PAÍSES EUROPEOS
(EN MILLONES)

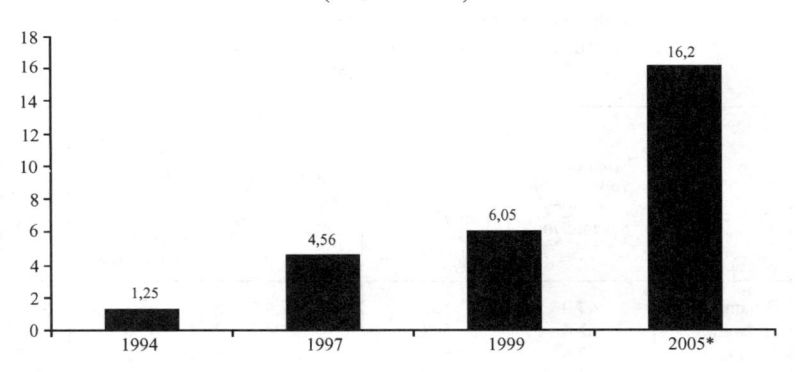

Fuente: Telework Data Report, Bonn, 2000. Elaboración propia.
* Proyección

Si contamos también en las estadísticas a los teletrabajadores ocasionales en los países de la UE este tipo de modalidad laboral representaba a finales del siglo XX más del 6% de la población activa, encontrándose varios países europeos claramente por encima de esta media (16,8% en Finlandia, 15,2% en Suecia, 14,5% en los Países Bajos, 7,6% en el Reino Unido, etc.), con unas tasas de crecimiento que se mantienen muy vivas, habiéndose aumentado de 1994 a 1999 a un ritmo anual de un 34% en Alemania, un 29% en Italia, un 11% en España, un 10% en Francia, etc.[31].

En la *Conferencia Europea sobre Teletrabajo (Telework 2000)*, celebrada en Londres en Septiembre del año 2000 se aportaron in-

---

[31] Véase European Teleworking Conference, *Telework Data Report (Population Survey)*, Bonn, 2000, www.telework2000.com, págs. 17-18.

formaciones que mostraban que dos tercios de las empresas europeas con más de 500 empleados tenían ya implantados sistemas de teletrabajo. Uno de los datos más relevantes divulgados en esta conferencia fue la estimación sobre el volumen total de actividades laborales que podrían ser realizadas en régimen de teletrabajo: De acuerdo con los resultados de una amplia encuesta efectuada en diez países de la Unión Europea el volumen total de empleo susceptible de ser ejecutado como teletrabajo podría llegar al 67,5% del total (véase Tabla 2), oscilando desde el 61,4% en el sector industrial y la construcción, al 86,3% en el sector financiero y de los servicios, y del 59,9% en las empresas con menos de diez empleados, al 81,4% en las que tienen más de mil.

Tabla 2
PREVISIONES SOBRE EL VOLUMEN TOTAL DE FUERZA LABORAL
QUE PODRÍA REALIZAR SUS TAREAS EN RÉGIMEN DE TELETRABAJO,
POR SECTORES ECONÓMICOS

	Manufactura, construcción, sector primario	Distribución, transporte y comunicaciones	Servicios empresariales y financieros	Administración Pública, educación, salud y otros servicios personales y sociales	Total
Dinamarca	43,0	55,3	87,4	53,8	54,3
Finlandia	52,4	50,0	82,4	63,6	61,4
Francia	57,6	63,1	87,5	62,2	62,8
Alemania	63,5	61,8	81,0	74,4	69,1
Irlanda	48,8	55,6	75,7	55,7	55,8
Italia	68,3	69,2	100,0	79,8	74,2
Países Bajos	61,4	64,4	94,9	67,2	73,2
España	59,1	58,8	94,1	67,2	64,8
Suecia	49,7	55,5	88,8	50,3	56,1
Reino Unido	61,0	54,4	85,4	67,5	67,9
EU10	61,4	61,8	86,3	68,7	67,5

Fuente: Telework Data Report, ob. cit., pág. 86.

Las tendencias laborales indicadas y la evolución de los datos reales tienen que conectarse con algunas de las previsiones sobre la propia intensidad y la inminencia con la que se producirán los procesos de modernización tecnológica de las estructuras productivas. Así, los expertos en robótica, por ejemplo, piensan que en horizontes temporales bastante inmediatos se llegará a una robotización o automatización del 50% de todas las tareas laborales y las actividades realizadas en los diversos sectores productivos, siendo los más avanzados en esta dirección el sector de la automoción (año 2002) y el de los productos metálicos, incluyendo maquinaria (2005). La proximidad de estos procesos se hace notar incluso en el hecho de que en muy poco tiempo algunas previsiones hayan tendido a acortarse notablemente (véase Gráfico 3). Los efectos sobre el empleo de estos eventuales cursos de evolución tecnológica serán de la máxima importancia.

Gráfico 3
PREVISIÓN DE LOS EXPERTOS EN ROBÓTICA SOBRE EL HORIZONTE TEMPORAL EN EL QUE SE REALIZARÁN MEDIANTE ROBOTS Y SISTEMAS AUTOMÁTICOS EL 50% DE TODAS LAS ACTIVIDADES EN DIVERSOS SECTORES PRODUCTIVOS

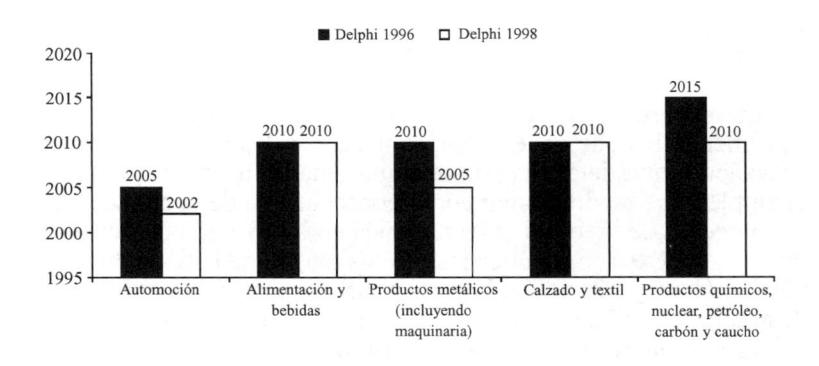

	Automoción	Alimentación y bebidas	Productos metálicos (incluyendo maquinaria)	Calzado y textil	Productos químicos, nuclear, petróleo, carbón y caucho
Delphi 1996	2005	—	2010	2010	2015
Delphi 1998	2002	—	2010	2005	2010

Fuentes: José Félix Tezanos, José Antonio Díaz, M.ª Rosario Sánchez Morales y Antonio López (eds.), *Estudio Delphi sobre tendencias científico-tecnológicas en España, 1997*, ob. cit. y Antonio López Peláez, *Impactos de la robótica y la automatización avanzada en el trabajo. Estudio Delphi*, Madrid, Editorial Sistema, 2000.

Como elemento de contraste con las previsiones de los expertos, debemos señalar que las percepciones existentes entre la opinión pública española sobre este particular perfilan tres orientaciones concretas: en primer lugar, una mayoría bastante amplia (en torno a tres cuartos) cree que en el lapso de una década los robots industriales van a sustituir más puestos de trabajo que hoy; en segundo lugar, una mayoría relativa, que en el año 2000 se situó en torno al 56%, piensa que en diez años habrá más personas que hoy realizando su trabajo en casa; en tercer lugar, una proporción apreciable considera que nos encontramos ante una tendencia general a disponer de más tiempo libre para el ocio (Tabla 3). A lo cual, hay que añadir la existencia de una sensibilidad muy acusada ante el aumento del desempleo.

Tabla 3
PERCEPCIONES DE LA OPINIÓN PÚBLICA ESPAÑOLA SOBRE TENDENCIAS
EN EL TRABAJO EN EL HORIZONTE TEMPORAL DE UNA DÉCADA
%

	1995	1996	1997	1998	1999	2000
Los robots industriales sustituirán más puestos de trabajo que hoy	78,2	74,4	71,0	69,2	73,9	73,1
Habrá más personas que realicen su trabajo en casa que hoy	38,5	45,3	40,3	43,3	45,8	55,8
La gente tendrá más tiempo libre para el ocio	34,4	36,3	31,0	28,0	44,0	33,1

Fuente: GETS, *Encuestas sobre Tendencias Sociales,* varios años.

Los expertos en robótica y en prospectiva ocupacional son, verosímilmente, los que tienen competencias que les permiten formular previsiones más detalladas sobre algunas de las transformaciones en el empleo que tendrán lugar como consecuencia de la aplicación de los procesos de innovación tecnológica en los sistemas productivos. Para los expertos en robótica los efectos más inmediatos serán la implantación mayoritaria del horario a turnos, especialmente en la industria (año 2007), como consecuencia de las necesidades de intensificar y rentabilizar al máximo el uso de las inversiones realizadas en modernización tecnológica. Como impactos también próximos se prevé la implantación de jornadas flexibles, y a más largo plazo se pronostican aumentos notables del volumen general de empleo temporal (40% en la industria y 50% en los servicios), así como una reducción de la jornada laboral por debajo de las 30 horas semanales (año 2020) (véase Cuadro 6).

Los expertos en prospectiva ocupacional, por su parte, prevén también una reducción relativa de la duración de la jornada laboral en el plazo de una y dos décadas y una alteración de los niveles de estudios y cualificaciones que serán demandados en los mercados de trabajo, de forma que las «oportunidades de empleo para las personas con pocos estudios y cualificaciones» se verán reducidas progresivamente (véase Cuadro 7).

Resulta bastante significativo que las previsiones de los expertos auguren un futuro de mayores exigencias para los trabajadores, de moderadas reducciones de los tiempos de trabajo y, en contraste, de mayor inestabilidad y precarización de las relaciones laborales (más empleos temporales, imperativos de horarios a turnos etc.).

Cuadro 6
PREVISIONES DE LOS EXPERTOS EN ROBÓTICA Y EMPLEO SOBRE TENDENCIAS
OCUPACIONALES COMO CONSECUENCIA DE LA ROBOTIZACIÓN DEL TRABAJO
(ESTUDIO DELPHI, 1998)

	Sector industrial		Sector servicios	
	Año de ocurrencia	Seguridad en la previsión*	Año de ocurrencia	Seguridad en la previsión*
• La jornada laboral media será inferior a 30 horas semanales	2020	3	2020	3
• El empleo temporal alcanzará el 40% del volumen total de empleo	2015	3	—	—
• El empleo temporal alcanzará el 50% del volumen total de empleo	—	—	2010	3
• La mayoría de las empresas implantará el horario a turnos	2007	3	2017	3
• La mayoría de las empresas implantará la jornada flexible	2010	4	2010	4

Fuente: GETS, *Estudio Delphi sobre automatización y robótica*, Madrid, 1998.
* 1, nada seguro; 2, poco seguro; 3, seguro; 4, bastante seguro; 5, muy seguro.

Los datos perfilan, en su conjunto, la percepción de que estamos ante una metamorfosis del trabajo, acompañada de una nueva problemática social y estratificacional que tiene su raíz en las carencias y las disfunciones que esta metamorfosis genera. Lo curioso, como hemos visto, es que la sensibilidad ante la nueva situación se manifiesta más acusadamente entre la opinión pública y entre los expertos en materias científico-tecnológicas que entre los expertos en ciencias sociales.

4. LA CONCIENCIA SOCIAL SOBRE LOS EFECTOS DE LA ROBOTIZACIÓN

Los procesos de innovación social tienen, por su propia naturaleza, algo de impredecibles. De hecho, la experiencia histórica demuestra que muchas dinámicas sociales se han producido no sólo con un alto componente de improvisación, sino también con un grado muy limitado de conciencia social.
Lo que está ocurriendo con la robotización no es, de momento, una excepción a esta pauta histórica, pese a las mejores condiciones

Cuadro 7
PREVISIONES DE LOS EXPERTOS EN PROSPECTIVA OCUPACIONAL SOBRE CONSECUENCIAS DE LOS PROCESOS DE INNOVACIÓN TECNOLÓGICA DE LA PRODUCCIÓN SOBRE DIFERENTES TENDENCIAS LABORALES (ESTUDIO DELPHI, 2000)

	Dentro de una década (2010) Tendencia prevista	%	Dentro de dos décadas (2020) Tendencia prevista	%	Evolución
• El volumen total de puestos de trabajo disponibles será...	Algo mayor que ahora	81,1	Ídem	67,6	Menos énfasis
• La duración de la jornada laboral media será...	Algo menor que ahora	83,8	Ídem	73,6	Menos énfasis
• Las oportunidades de empleo para los jóvenes serán...	Algo mayores que ahora	67,6	Ídem	78,4	Más énfasis
• Las oportunidades de empleo para las mujeres serán...	Algo mayores que ahora	67,6	Ídem	67,6	Igual
• Las oportunidades de empleo para las personas con pocos estudios o cualificaciones serán...	Algo menores que ahora	75,7	Mucho menos que ahora	78,4	Más énfasis

Fuente: GETS, *Estudio Delphi sobre prospectiva de las ocupaciones en España*, Madrid, 2000.

intelectuales y científicas de las que ahora se dispone para hacer frente a los procesos de innovación, y pese a la gravedad de las consecuencias que podrían derivarse de un curso espontáneo de cambios que pudieran dar lugar, no a reajustes lógicos, progresivos y humanizadores en los tiempos de trabajo necesarios entre todos los ciudadanos, sino a un fuerte paro estructural de larga duración, con efectos sociales y políticos difíciles de predecir.

Las circunstancias ante las que nos encontramos plantean la pertinencia de un *nuevo compromiso social y político* de amplio alcance entre los principales interlocutores sociales, económicos y políticos, similar al pacto social que permitió el afianzamiento del *Estado de Bienestar* en los años posteriores a la Segunda Guerra Mundial.

Este *nuevo compromiso* debiera orientarse a hacer posible una transición no traumática en los sistemas de producción, evitando grandes costes sociales, procurando un equilibrio ajustado entre las exigencias de la competitividad y de una expansión económica razonable —y autosostenible— y las necesidades de amplios grupos de personas que no pueden quedar privadas de una *actividad* socialmente reguladora e integradora, ni de una fuente regular de *ingresos* que garanticen una subsistencia digna. Para encontrar una salida a la compleja situación que se plantea habrá que empezar por profundizar en el estudio de la *conciencia social* sobre las posibilidades, los riesgos y las consecuencias de la *robotización del trabajo,* superando, por lo tanto, las tendencias hacia las opacidades que, como nos ha recordado Adam Schaff, envuelven y oscurecen con frecuencia esta cuestión[32].

Aunque no se dispone de mucha información empírica fiable sobre este particular, los datos revelan que el ciudadano medio de las sociedades industrializadas tiene conocimientos someros sobre las posibilidades y los efectos previsibles de la robotización y las nuevas tecnologías. Por lo general, las nuevas tecnologías se asocian a experiencias referidas a la esfera de las nuevas formas de consumo y a la utilización de artilugios sofisticados en el hogar y en los tiempos de ocio. Algunas de estas percepciones son el resultado de estrategias deliberadas de comunicación y publicidad, que intentan prevenir «cautelarmente» eventuales reacciones sociales negativas contra las nuevas tecnologías y los riesgos de sustitución en el empleo.

El desarrollo de las sociedades industriales dio lugar inicialmente a un empleo masivo de fuerza de trabajo en las nuevas unidades emergentes de producción: las fábricas. Pero, a su vez, el industrialismo implicó un progresivo perfeccionamiento de todos los sistemas y formas de «utilización» de la capacidad de trabajo humano, en un permanente despliegue de elementos de racionalización y tecnologización. Sin embargo, bajo el industrialismo, el *trabajo* humano fue un factor económico imprescindible, que constituía, junto al *capital* y los productos de la *tierra,* las tres fuentes de riqueza sobre las que fundamentaron sus teorizaciones los economistas clásicos. Sin embargo, el desarrollo de la robótica supone una cierta ruptura con la lógica de esta tríada clásica. La innovación que incorporan los robots industriales estriba en que son a la vez una mezcla de bienes de «capital» (inversiones) y de instancias ejecutoras de «trabajo» que hacen una tarea directa, por lo que en cierta medida «ayudan» y en

---

[32] Véase, por ejemplo, Adam Schaff, «¿Somos testigos de la desaparición del trabajo?, *Revista Sistema,* núms. 140-141, Madrid, 1997, págs. 39 y sigs.

otra «compiten» con aquellos que históricamente han añadido valor a los productos, es decir, con los trabajadores. En esta perspectiva, los resultados de nuestras investigaciones permiten comprobar que una mayoría muy amplia de ciudadanos (82,2%) cree que en los próximos años los robots industriales y los sistemas automáticos de trabajo instalados en las empresas aumentarán mucho o bastante (véase Gráfico 4). Los que prevén en mayor grado un desarrollo fuerte de la robótica son los hombres, los jóvenes, los obreros manuales, los residentes en las grandes ciudades y, de manera particular, los parados y los que se autoidentifican como clase obrera o trabajadora. Es decir, las percepciones sobre el aumento del número de robots no parece que se relacionen de manera directa con el mayor nivel de estudios, de cualificación o de información, sino con la posición concreta que se ocupa en el sistema productivo, siendo precisamente los que en mayor grado se ven a sí mismos como «sustituibles» en los procesos de trabajo los que piensan que será más intenso el ritmo de instalación de robots en las empresas.

Gráfico 4
PERCEPCIONES DE LA OPINIÓN PÚBLICA ESPAÑOLA SOBRE EL DESARROLLO DE LA ROBÓTICA INDUSTRIAL EN LOS PRÓXIMOS 10 AÑOS
%

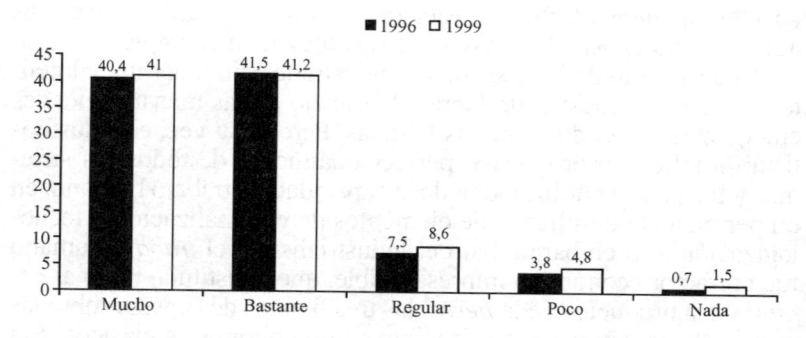

■ 1996   □ 1999

	Mucho	Bastante	Regular	Poco	Nada
1996	40,4	41,5	7,5	3,8	0,7
1999	41	41,2	8,6	4,8	1,5

Fuente: GETS, *Encuesta sobre Tendencias Sociales, 1996* y *Encuesta sobre Tendencias en trabajo y exclusión social, 1999,* obs. cits.

Dada la naturaleza del «trabajo» de los robots, un aspecto fundamental de la indagación social sobre este particular es el que se relaciona con la evolución de las opiniones sobre las consecuencias prácticas que tendrán a la hora de crear o destruir empleo. Ante una cuestión tan «sensible», tres cuartas partes de la población (véase Gráfico 5) consideran que la utilización de robots y sistemas automáticos de trabajo van a ser una causa importante de aumento del paro en los próximos años. Esta opinión se sustenta más acusadamente entre los que se identifican como clase trabajadora (82,9%), así como entre los propios parados (81,5%) y los obreros manuales en general (76,4%).

Gráfico 5
EFECTOS EN EL EMPLEO PREVISTOS POR LA OPINIÓN PÚBLICA ESPAÑOLA
A CAUSA DEL USO DE ROBOTS EN LAS EMPRESAS EN EL PLAZO DE UNA DÉCADA
%

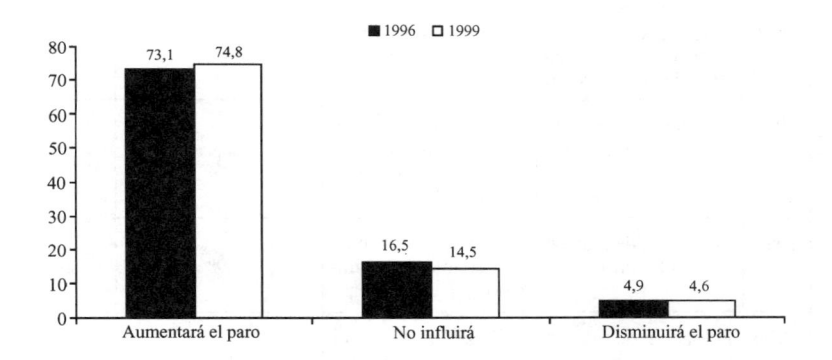

■ 1996 □ 1999

	Aumentará el paro	No influirá	Disminuirá el paro
1996	73,1	16,5	4,9
1999	74,8	14,5	4,6

Fuente: GETS, *Encuesta sobre Tendencias Sociales, 1996* y *Encuesta sobre Tendencias en trabajo y exclusión social, 1999*, obs. cits.

La impresión de que la robotización dará lugar a un aumento del desempleo ha tendido a extenderse y a afianzarse en los últimos años en la opinión pública. Se trata de una cuestión polémica que ha dado lugar a no pocas controversias entre los estudiosos y a diferentes interpretaciones sobre los datos disponibles. Sin prejuzgar otros aspectos implícitos en la cuestión, las informaciones procedentes de diversas encuestas muestran que a partir de la segunda mitad de la década de los años 80 en países como España se ha ido configurando un convencimiento mayoritario, sustentado por más de tres cuartos de la población, que considera que los impactos de la robótica sobre el empleo serán negativos (véase Cuadro 8). Lo cual revela que nos encontramos ante un estado de opinión bastante extendido. La circunstancia adicional de que estas valoraciones estén aún más arraigadas entre los sectores más próximos a la realidad del trabajo (obreros manuales, sobre todo) confiere a estas percepciones una especial caracterización de problema «vivido», o «sentido» muy próximamente.

Cuadro 8
EVOLUCIÓN DE LA PERCEPCIÓN SOBRE LOS IMPACTOS EN EL DESEMPLEO
DEBIDOS A LA APLICACIÓN DE ROBOTS Y SISTEMAS AUTOMÁTICOS
DE TRABAJO

Año	Población de referencia	Ámbito de referencia	% de encuestados que opinan que su efecto será un aumento del paro	(N)
1984	Población de más de quince años	Nuevas tecnologías de la Información	31%	(707)
1986	Población activa ocupada en la industria y la construcción	Utilización de robots en el trabajo	84%	(1.271)
1989	Población de más de dieciocho años	Impacto de las nuevas tecnologías y la robotización sobre el empleo	73%	(2.009)
1992	Población de más de dieciocho años	Incorporación de nuevas tecnologías al trabajo	89%	(1.200)
1996	Población de más de dieciocho años	Utilización de robots en el trabajo dentro de 10 años	73%	(1.114
1999	Población de más de dieciocho años	Utilización de robots en el trabajo dentro de 10 años	75%	(1.701)

Fuentes: Adolfo Castilla, Mari Cruz Soriano y José Antonio Díaz, *La sociedad española ante las nuevas tecnologías*, Madrid, Fundesco, 1987. José Félix Tezanos y Antonio Santos, *Los trabajadores industriales ante las nuevas tecnologías*, Madrid, CIS, 1988. José Félix Tezanos, *Encuesta sobre espacios políticos e ideológicos*. CIRES, *Encuesta sobre actitudes sociales hacia la ciencia y la tecnología*, Madrid, Fichero de Datos, 1992. José Félix Tezanos y Julio Bordas, *Tendencias Sociales 1996*, Sistema, 1997. GETS, *Encuesta sobre trabajo y exclusión social*, ob. cit.

Los estudios Delphi realizados en el marco de la investigación sobre *Tendencias Sociales* muestran que los expertos tienen también percepciones bastante matizadas sobre este particular, aunque con una ligera tendencia al aumento de las previsiones que enfatizan la dimensión «desempleadora» de la robotización. La investigación realizada por Antonio López Peláez sobre los impactos de la robótica[33] aporta

[33] Véase Antonio López Peláez, *Impactos de la robótica y la automatización avanzada en el trabajo. Estudio Delphi*, Madrid, Editorial Sistema, 2000.

una amplia información prospectiva sobre previsiones de una reducción y una mayor inestabilidad de los empleos industriales, con un aumento de los ritmos de trabajo, una mayor movilidad funcional de los trabajadores y una creciente individualización de las relaciones laborales, en un contexto de mantenimiento de los salarios y de reducción de los accidentes (véase Cuadro 9). En el campo de las relaciones laborales se resaltan, junto a algunos aspectos recurrentes (como el desempleo y la alteración de los ritmos de trabajo),

Cuadro 9
ALGUNOS EFECTOS E IMPACTOS DE LA ROBOTIZACIÓN EN EL TRABAJO,
SEGÚN LOS EXPERTOS EN ROBÓTICA
(DELPHI, 1998)

Impactos previstos en el trabajo en los próximos 10 años	*Principales impactos sobre las relaciones laborales*	*Principales impactos sobre la salud psíquica y física del trabajador*	*Principales impactos sobre la sociedad en su conjunto*
• Menor volumen de empleos en el sector industrial • Mantenimiento del nivel de salarios • Aumento de los ritmos de trabajo • Mayor inestabilidad en el empleo industrial • Mayor movilidad funcional de los trabajadores • Mayor individualización de las relaciones laborales • Menos accidentes laborales en las empresas más automatizadas y robotizadas • Menos conflictividad laboral	• Disminución de los trabajos penosos y peligrosos • Aumento de las responsabilidades a todos los niveles • Pérdida de puestos de trabajo • Cambio en los ritmos y en los hábitos de trabajo • Esfuerzo de compromiso con la automatización • Aumento de la movilidad en el trabajo	• Optimización de las condiciones de trabajo, eliminando riesgos laborales • Supresión de trabajos rutinarios y fatigosos • Mayor nivel de estrés en los trabajos de mayor responsabilidad • Disminución de accidentes y enfermedades laborales • Mayor presión psíquica derivada de los requerimientos del ritmo de los robots • Aumento de la responsabilidad y la satisfacción • Disminución de las horas de trabajo • Aumento de las incertidumbres sobre el futuro • Empobrecimiento de la capacidad de diálogo y socialización de los trabajadores	• Mejora de la productividad global del sistema económico • Mejoras de calidad y precio en la oferta de bienes y servicios • Variación en las actividades de una parte significativa de la población activa • Exigencias de decisiones políticas para reducir los impactos sociales negativos de la robotización • Aumento del tiempo libre, sociedad del ocio • Cambio de la mentalidad en relación al trabajo

Fuente: Antonio López Peláez, *Impactos de la robótica y la automatización avanzada en el trabajo. Estudio Delphi,* ob. cit. Elaboración propia.

tendencias hacia la disminución de las tareas más penosas y peligrosas y aumento de las responsabilidades y de la movilidad laboral. A su vez, los expertos piensan que los principales efectos de la robotización sobre la salud física y psíquica de los trabajadores permitirán, por una parte, la eliminación de buena parte de los riesgos en el trabajo, con disminución de los accidentes y las enfermedades laborales y una reducción de las horas de trabajo, pero, por otra parte, también darán lugar a un aumento del estrés y una mayor presión psíquica derivada de los requerimientos del ritmo de los robots, con más incertidumbres sobre el futuro y un empobrecimiento de la capacidad de diálogo y de socialización de los trabajadores.

Finalmente, en lo concerniente a los impactos sobre la sociedad en su conjunto se prevé una mejora general de la productividad en el sistema económico y de la calidad y el precio de los bienes y servicios, con un aumento del tiempo libre y de las actividades de ocio; al mismo tiempo, como contrapunto se mencionan las alteraciones en la composición de la población activa, los cambios de mentalidades sobre el trabajo y las exigencias de decisiones políticas para reducir los impactos sociales negativos de la robotización.

Los expertos en prospectiva ocupacional estiman que en el escenario de una década (año 2010) los principales efectos de la aplicación de robots y sistemas automáticos se harán notar, desde la perspectiva de las personas, en las condiciones y requerimientos impuestos a los trabajadores, que tendrán que estar más cualificados y tecnificados, tendrán jornadas laborales más flexibles, se verán afectados por un mayor nivel de desempleo y se encontrarán con tendencias hacia una mayor individualización de las relaciones laborales, acompañadas por un aumento del autoempleo. Asimismo, desde la perspectiva del sistema, se augura un crecimiento mayor del sector servicios, con aumento de los empleos en ocio y turismo, una mayor internacionalización de los mercados y un incremento general de la productividad (véase Cuadro 10).

En el plazo de dos décadas (año 2020) se prevé la intensificación y o persistencia de algunas de las tendencias anteriores y se añade la reducción de las jornadas laborales, la aparición de nuevas tareas y ocupaciones, con más generación de empleo en el sector de I + D, una marginalización y disminución de las tareas menos cualificadas, así como una mayor movilidad geográfica de los trabajadores, en el marco de una creciente globalización de los mercados laborales.

En definitiva, lo que se augura es un panorama de luces y de sombras, sobre el que planea un riesgo de pérdida de puestos de trabajo y de precarización de las relaciones laborales.

Cuadro 10

PRINCIPALES EFECTOS Y CONSECUENCIAS EN EL TRABAJO ESTIMADOS POR LOS EXPERTOS EN PROSPECTIVA OCUPACIONAL A CAUSA DE LA APLICACIÓN DE LAS NUEVAS TECNOLOGÍAS (ROBOTS Y SISTEMAS AUTOMÁTICOS) EN LOS PROCESOS PRODUCTIVOS (ESTUDIO DELPHI, 2000)

Dentro de una década (Horizonte, 2010)	% de respuestas	Valor ponderado según seguridad en la previsión	Dentro de dos décadas (Horizonte, 2020)	% de respuestas	Valor ponderado según seguridad en la previsión
• Mayor cualificación del trabajador	62,2	63,2	• Reducción de la jornada laboral	43,2	24,3
• Mayor peso del sector servicios y desplazamiento de la mano de obra al sector servicios, ocio y turismo	45,9	32,4	• Mayor cualificación de los trabajadores	32,4	34,1
• Internacionalización de los mercados	24,3	13,5	• Aparición de nuevas tareas y ocupaciones	21,6	10,8
• Aumento de la productividad	21,6	12,4	• Internacionalización de los mercados	18,9	13,0
• Flexibilización de la jornada laboral	21,6	9,2	• Mayor peso del sector servicios	18,9	11,9
• Aumento del autoempleo y de los autónomos	18,9	9,7	• Marginalización de ocupaciones y de la mano de obra no cualificada	16,2	12,4
			• Flexibilización de la jornada laboral	16,2	9,2
• Aumento de la especialización de las ocupaciones	13,5	14,6	• Globalización del mercado laboral	13,5	9,7
• Disminución del empleo	13,5	7,6	• Generación de empleo en el sector I+D	13,5	6,5
• Aumento del personal técnico	10,8	8,1	• Disminución de la mano de obra no cualificada	10,8	8,6
• Individualización de las relaciones laborales	10,8	5,4	• Aumento de la movilidad geográfica del trabajo	10,8	5,9
• Aparición de nuevas tareas y ocupaciones	10,8	5,4	• Aumento de la seguridad en el trabajo	10,8	5,9
			• Organización del trabajo en redes	10,8	4,3

Fuente: GETS, *Estudio Delphi sobre prospectiva de las ocupaciones en España*, Madrid, 2000.

Pero, más allá de las percepciones de la mayoría de la población y de los expertos sobre la implantación de los robots industriales en las empresas, y sus efectos en el paro y otras consecuencias sobre el trabajo, ¿cuál es la imagen del robot?, ¿cómo lo perciben los ciudadanos? En el programa de investigación sobre *Tendencias Sociales* se ha intentado profundizar en estas cuestiones atendiendo a las asociaciones o disociaciones realizadas espontáneamente sobre las imágenes de los robots en conexión con determinados conceptos y expresiones de diverso contenido valorativo. Los datos obtenidos en una amplia encuesta de opinión muestran algunos componentes de ambivalencia en la percepción de la imagen de los robots (véase Gráfico 6), existiendo al menos cuatro niveles o estratos de intensidad variable y de significación diversa. En un primer nivel las asociaciones más frecuentes de palabras o ideas son las de «no compañero», como eventual competidor hostil, y las de «paro» (es decir, percepciones negativas), seguidas en un segundo nivel de intensidad por las de «productividad» y «precisión» (es decir, positivas), lo que, en su conjunto, puede ser considerado como la cara y la cruz de imagen sobre los robots. A continuación, en un tercer nivel, aparecen varios conceptos que connotan nociones también positivas de «ayuda», «progreso», «descanso», «ahorro», «beneficio», «complemento». Y finalmente, en menor grado, son referidas otras expresiones asociadas a ideas negativas sobre la implantación de los robots en los sistemas productivos: «competidor», «conflicto», «gasto», «intrusión», «inseguridad», «marginación» y «sometimiento».

Gráfico 6
IDENTIFICACIÓN DE PALABRAS-CONCEPTO CON ROBOTS

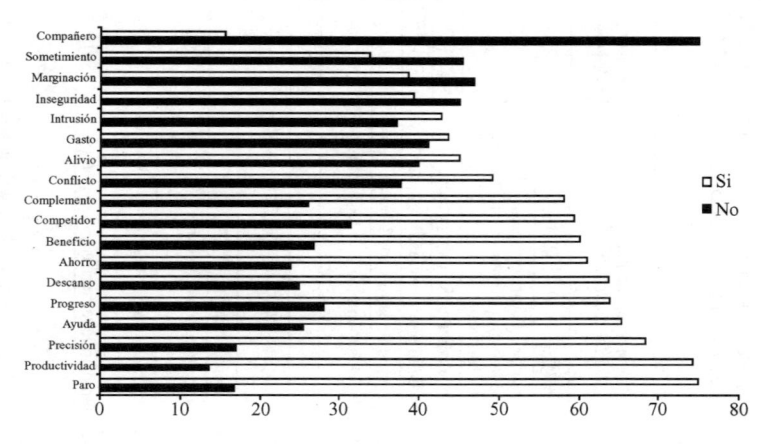

Fuente: José Félix Tezanos y Julio Bordas, *Tendencias Sociales 1996*, ob. cit.

La comparación de los resultados del estudio sobre *Tendencias Sociales* con otras investigaciones realizadas en 1988 y 1992 permiten comprobar que, aún dentro de ciertas variaciones en los énfasis, los universos conceptuales que rodean la percepción de los robots se mantienen en pautas valorativas muy similares (véase Cuadro 11). Los datos, por tanto, evidencian que la apreciación general que vincula la idea de robotización a la de destrucción de empleo se encuentra sustentada en el fondo por percepciones e imágenes concretas bastante consistentes.

Los componentes de ambivalencia que denotan algunas de estas asociaciones, así como la presencia de elementos de miedo y preocupación, deben ser interpretados como manifestaciones bastante típicas de situaciones de transición en las que no ha cristalizado suficientemente un balance global ante los nuevos impactos sociales.

No deja de ser significativo, por otra parte, que exista una considerable polarización de las opiniones de acuerdo con las ocupaciones. Los obreros manuales y los parados son los que en mayor grado refieren palabras cargadas de connotaciones negativas, mientras que los empresarios y propietarios, los técnicos, los funcionarios y empleados de oficina y los no activos muestran percepciones bastante más benevolentes (véase Tabla 4). Los datos evidencian que existen dos universos sociales claramente diferenciados que formulan lecturas distintas del fenómeno de la robotización. El hecho de que sean, precisamente, los obreros manuales y los parados los que proyectan imágenes más suspicaces y negativas traduce, como ya hemos apuntado, una doble perspectiva situacional: de proximidad al problema, por un lado, y de conciencia de los riesgos directos de «sustitución» o «reemplazo», por otro.

Tabla 4
VARIACIONES EN LA ASOCIACIÓN CON LOS ROBOTS DE PALABRAS DE CARGA NEGATIVA ENTRE LA OPINIÓN PÚBLICA ESPAÑOLA, SEGÚN OCUPACIONES
%

	Total Muestra	No Activos	Parados	Obreros Manuales	Empleados de Oficina	Empresarios y Propietarios
Paro	74,9	74,1	81,7	84,5	63,3	75,6
Competidor	59,3	55,2	67,7	72,9	58,2	55,8
Conflicto	49,2	47,5	55,9	59,6	45,6	40,7
Gasto	43,5	43,9	41,9	47,6	43,7	34,9
Intrusión	42,7	40,3	48,4	45,8	46,8	40,7
Inseguridad	39,3	37,6	41,9	49,4	35,4	36,0
Marginación	38,6	36,0	43,0	54,2	33,5	31,4

Fuente: José Félix Tezanos y Julio Bordas, *Tendencias Sociales 1996*, ob. cit., pág. 124.

Cuadro 11
PALABRAS-CONCEPTO ASOCIADAS CON ROBOTIZACIÓN Y NUEVAS TECNOLOGÍAS
EN VARIOS ESTUDIOS SOCIOLÓGICOS
%

Encuesta robotización (1986)		Encuesta nuevas tecnologías (1992)		Encuesta tendencias sociales (1996)	
Conceptos de contenido positivo	*Conceptos de contenido negativo*	*Conceptos de contenido positivo*	*Conceptos de contenido negativo*	*Conceptos de contenido positivo*	*Conceptos de contenido negativo*
Productividad (85,4)	Paro (79,2)	Progreso (91,8)	Paro (75,8)	Productividad (74,3)	Paro (74,9)
Progreso (76,0)	Competidor (64,8)	Comodidad (90,9)	Deshumanización (65,3)	Precisión (68,4)	Competidor (59,3)
Ayuda (74,5)	Intrusión (46,2)	Eficacia (89,1)	Desigualdad (60,5)	Ayuda (65,3)	Conflicto (49,2)
Descanso (74,0)	Conflicto (45,2)	Conocimiento (84,0)	Amenaza (57,0)	Progreso (63,8)	Gasto (43,5)
Alivio (66,6)	Sometimiento (44,9)	Poder (77,2)		Descanso (63,6)	Intrusión (42,7)
Complemento (63,3)	Inseguridad (32,3)	Riqueza (76,5)		Ahorro (61,0)	
Beneficio (62,0)	Miedo (30,9)	Oportunidades (64,1)		Beneficio (60,1)	
	Esquirol (30,3)				

Fuente: Ibid, cuadro 5.

En suma, pues, las informaciones empíricas disponibles revelan que en poco tiempo se ha ido afianzando entre la mayoría de la población la creencia de que uno de los efectos de la aplicación de las nuevas tecnologías al trabajo será el *aumento del paro*. El grado en que esta impresión pueda ser objeto de alguna traducción específica ulterior es algo que aún habrá que comprobar. Pero lo cierto es que, de momento, tal apreciación aparece situada en un entorno de ambivalencias sobre las consecuencias de la robotización que da lugar, como hemos visto, a que los ciudadanos (sobre todo los trabajadores) asocien dicho proceso, por una parte, a las ideas de progreso, comodidad, productividad, ayuda, descanso, y, por otra, a las imágenes de paro, competencia, deshumanización y desigualdad.

Investigaciones realizadas en otros países[34] muestran también la difusión de percepciones que atribuyen el descenso del empleo a la aplicación de la micro-electrónica, especialmente en lo que se refiere a los obreros manuales (62%), y en menor grado en el *staff* de oficinas (51%)[35]. De igual manera, existen actitudes bastante definidas sobre los efectos favorables que estos cambios tecnológicos pueden tener en el «interés del trabajo», «las destrezas laborales», «la ordenación de las tareas» y «la responsabilidad», valorándose como impactos menos favorables «la manera en la que se hace el trabajo» y su «ritmo»[36].

5. Hacia una nueva cultura del trabajo

Los ciudadanos de las sociedades de principios del siglo XXI se encuentran cada vez más impregnados de los contenidos valorativos propios de una cultura, o de unas concepciones, a las que perfectamente se podría calificar como postlaborales. Los principales elementos que integran esta orientación son, en primer lugar, todo lo que se relaciona con la emergencia de los robots y los sistemas automáticos de trabajo, a los que nos hemos referido en el epígrafe anterior. En segundo lugar, la percepción del trabajo tiende a aparecer como una realidad crítica; lo cual se manifiesta tanto en una acusa-

---

[34] Una amplia revisión de la bibliografía internacional sobre el tema, aunque no suficientemente actualizada, puede verse en Alberto de la Torre García y Jorge Conde Viéitez, *El desafío del cambio tecnológico. Hacia una nueva organización del trabajo*, Madrid, Tecnos, 1998, véase en especial, págs. 138 y sigs.
[35] W.W. Daniel, *Workplace industrial relations and technical change*, Londres, Frances Pinter, 1987, págs. 228-229.
[36] Ibíd., pág. 163. Algunos otros datos similares pueden verse también en Arthur Francis y Peter Grootings (eds.), *News technologies and work*, Londres, Routledge, 1989, pág. 72.

da sensibilización ante el problema del paro, que continúa siendo uno de los principales factores de preocupación social, como en el desarrollo de visiones instrumentales sobre la función y el significado del trabajo. Estas tendencias se conectan a su vez con visiones de conjunto sobre el sistema social, en las que los elementos simbólicos asociados a la actividad laboral ocupan un orden de referencias cada vez más difuminado y devaluado.

Varios estudios realizados en el marco del programa de investigación sobre *Tendencias Sociales* proporcionan abundante información empírica que evidencia que el desempleo es considerado por una amplia mayoría de la población como uno de los principales problemas sociales y políticos de un futuro inmediato (véase Tabla 5).

El mantenimiento de esta pauta, incluso en períodos de bonanza económica, unida a la alta sensibilización existente ante diversas cuestiones sociales, contribuye a dar un matiz de preocupación a las imágenes que tiene la población sobre el futuro[37].

Las percepciones predominantes sobre los problemas que se plantean actualmente con el trabajo trazan un panorama bastante crítico. De todas las cuestiones señaladas (véase Cuadro 12) destacan las relacionadas con la propia escasez de puestos de trabajo: «no hay empleo para todos» —se dice—, «no hay suficientes trabajos de jornada completa», «hay muchas dificultades para colocarse», «cada vez hay más demandantes para los empleos», etc. En segundo lugar, se mencionan los problemas de la precarización laboral (falta de seguridad, de estabilidad, «sólo hay trabajos temporales»), y en tercer lugar, las carencias salariales («no se gana lo suficiente», «sueldos bajos», etc.).

En su conjunto, una inmensa mayoría de ciudadanos piensa que actualmente hay insuficientes trabajos y muchos de los que existen están mal pagados y son de poca calidad (precarización) (véase Gráfico 7). No deja de ser significativo que las referencias a otros problemas laborales típicos, como la falta de motivación, la mala organización técnica o social del trabajo, o las condiciones físicas y de higiene, representen una proporción considerablemente inferior a las anteriores. Incluso los clásicos problemas económicos relacionados con la explotación, la discriminación, el mal trato, los bajos salarios, etcétera, se mencionan en una proporción de uno a tres respecto a la escasez de empleos y su precarización.

---

[37] La investigación sobre Tendencias Sociales está permitiendo identificar una preocupación acusada por el curso de la evolución social en sectores bastante amplios de la población, véase, por ejemplo, sobre este particular, José Félix Tezanos, «Las imágenes y expectativas de futuro en la sociedad española», en José Félix Tezanos, José Manuel Montero y José Antonio Díaz (eds.), *Tendencias de futuro en la sociedad española,* ob. cit., págs. 41-73.

Tabla 5
EVOLUCIÓN DE LAS PERCEPCIONES SOBRE LOS PRINCIPALES PROBLEMAS DE ESPAÑA DENTRO DE 10 AÑOS ENTRE LA OPINIÓN PÚBLICA
%

	1996	1997	1998	1999	2000	Tendencia
El paro, tener un puesto de trabajo	75,3	75,0	77,3	72,4	62,6	Menos, con oscilaciones
Las drogas	29,0	33,7	36,6	31,2	23,5	Menos, con oscilaciones
El terrorismo	26,6	36,8	31,3	19,0	47,0	Oscilaciones, con fuerte subida reciente
La delincuencia	9,2	10,2	13,1	14,3	12,5	Más, con oscilaciones
La pobreza y las desigualdades sociales	3,9	7,3	20,7	13,6	15,2	Mucho más, con oscilaciones
La contaminación atmosférica	4,9	7,6	7,2	13,1	8,8	Más, con oscilaciones
Las pensiones	7,5	4,8	9,1	11,6	9,8	Más
Las enfermedades víricas	5,1	6,6	6,5	9,3	5,1	Menos, con oscilaciones
La violencia	8,6	7,5	8,3	9,1	10,9	Más
La destrucción de la naturaleza	5,1	6,2	9,0	8,8	7,8	Más, con oscilaciones
La falta de solidaridad	3,4	5,2	7,9	7,9	4,8	Menos, con oscilaciones
El hambre	11,0	11,5	7,8	7,7	5,4	Menos
El agua	2,7	2,5	2,0	7,5	10,4	Más
La crisis económica, los problemas económicos	19,4	13,2	8,1	6,9	9,9	Menos, con repunte
Otros problemas sociales	10,2	9,5	6,3	5,9	7,7	Menos, con repunte
La crisis de valores y la deshumanización	4,3	4,7	9,0	5,7	7,2	Más, con oscilaciones
El racismo y la xenofobia	4,5	5,5	6,3	4,9	9,1	Más
La amenaza de guerras	5,6	3,4	2,6	4,2	3,8	Menos, con oscilaciones
Los nacionalismos	2,2	3,2	4,3	3,7	4,0	Más, con oscilaciones
La crisis política, los problemas políticos	6,6	8,0	4,8	3,1	2,3	Menos

Fuente: GETS, *Encuestas Tendencias Sociales*, varios años, ibíd.

Cuadro 12
PRINCIPALES PROBLEMAS QUE SE PLANTEAN HOY DÍA EN EL TRABAJO
(RESPUESTAS MÚLTIPLES)
%

Problemas de escasez	*Problemas económicos y salariales*	*Problemas de calidad de los empleos*	*Problemas de condiciones físicas y de seguridad e higiene*	*Problemas de concepción y organización. Explotación*	*Problemas de motivación y rendimiento*
• No hay trabajo para todos (51,9%) • Los mejores trabajos se logran por enchufe (5,5%) • No hay suficientes trabajos a jornada completa (2,2%) • Aumento prejubilaciones (2,0%) • Otros factores de escasez (competencia, descualificaciones, presión demográfica, privatización, etc.) (1,5%)	• No se gana lo suficiente, salarios bajos (20,8%) • Otros factores económicos (explotación económica, aumento comparativo de los costes, etc.) (0,6%)	• No hay trabajos seguros, estables (30,1%) • Los trabajos son precarios (13%) • Otros factores de calidad (empresas de trabajo temporal, mala calidad de los empleos) (0,9%)	• Excesiva duración de jornadas (3,6%). • Las deficientes condiciones físicas (0,9%) • Otros factores (muchas horas de trabajo, estrés, etc.) (0,7%) • Los trabajos son cansados, requieren mucho esfuerzo (0,4%)	• No se respetan los derechos de los trabajadores (5,5%) • La discriminación en el trabajo (4,8%) • Se recibe un trato autoritario (1,6%) • Son aburridos y repetitivos (1,2%) • Otros factores organizativos (falta de relaciones humanas, de formación en las empresas, etc.) (0,6%)	• Hay mucha gente que no quiere trabajar (7,5%) • Hay poca formación (7,4%) • Otros problemas de motivación (falta de experiencia, irresponsabilidad, vagancia, falta de seriedad, etc.) (0,5%)
Total: 63,1%	Total: 21,4%	Total: 44%	Total: 5,6%	Total: 13,7%	Total: 17,5%

Fuente: GETS, *Encuesta sobre Trabajo y Exclusión Social, 1999.*

Gráfico 7
PRINCIPALES PROBLEMAS ACTUALES DEL TRABAJO
(RESPUESTAS MÚLTIPLES)
%

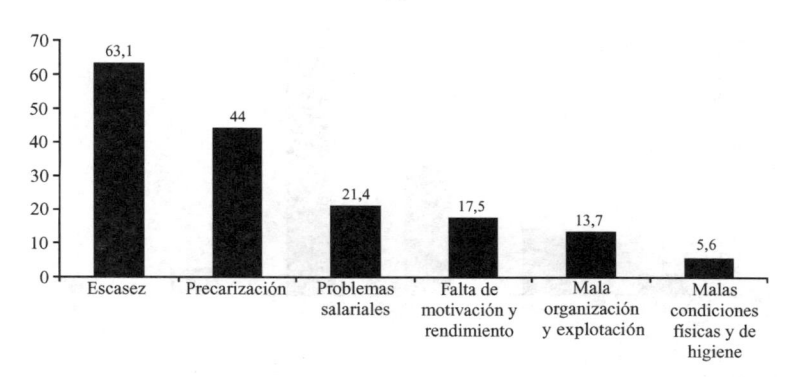

Escasez	Precarización	Problemas salariales	Falta de motivación y rendimiento	Mala organización y explotación	Malas condiciones físicas y de higiene
63,1	44	21,4	17,5	13,7	5,6

Fuente: GETS, *Encuesta sobre trabajo y exclusión social 1999,* ob. cit.

Los datos revelan que nos encontramos ante una percepción nueva y diferente sobre la realidad del trabajo, que aparece más acusadamente entre sectores sociales específicos, como los jóvenes y las mujeres. Por ejemplo, entre los menores de treinta años es mayor la proporción de quienes aluden a la precarización, las discriminaciones, la desigualdad de oportunidades, los salarios bajos y la necesidad de enchufes para encontrar empleos, sobre todo buenos empleos. A su vez, las mujeres son las que en mayor grado están más sensibilizadas ante la escasez de empleos y las que en mayor grado se quejan de la falta de estabilidad de los trabajos, así como de las discriminaciones y la necesidad de enchufes y recomendaciones. También son más críticas las percepciones de los trabajadores manuales y de manera específica, lógicamente, las de todos aquellos que se encontraban en paro en el momento de realizar las encuestas.

A partir de estas percepciones no resulta extraño que el balance general que hace la mayoría de la población sobre las oportunidades que se piensa que tiene la gente de conseguir un trabajo sea muy pesimista: sólo un 17,3% opina que ahora se tienen muchas o bastante oportunidades, mientras que para un 53% las posibilidades son escasas o nulas (véase Gráfico 8). También en este caso los más pesimistas son aquellos que están encontrando más dificultades: es decir, los parados, los que tienen edades en las que es muy difícil lograr un empleo si se pierde el que se tiene (entre cuarenta y seis y sesenta años), las mujeres y los obreros manuales en general (véase Gráfico 9).

Gráfico 8
OPORTUNIDADES ACTUALES DE LA MAYORÍA DE LA GENTE
DE CONSEGUIR UN TRABAJO
%

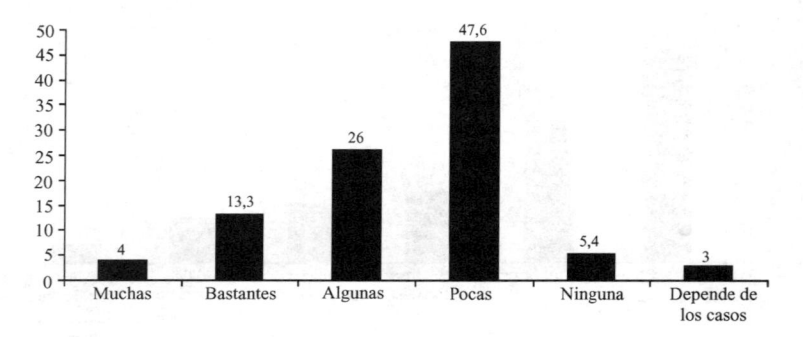

Muchas	Bastantes	Algunas	Pocas	Ninguna	Depende de los casos
4	13,3	26	47,6	5,4	3

Fuente: GETS, *Encuesta sobre Trabajo y Exclusión Social, 1999.*

Gráfico 9
PERCEPCIONES MÁS PESIMISTAS SOBRE LAS OPORTUNIDADES
DE ENCONTRAR EMPLEO
(% QUE PIENSAN QUE SON POCAS O NINGUNA)

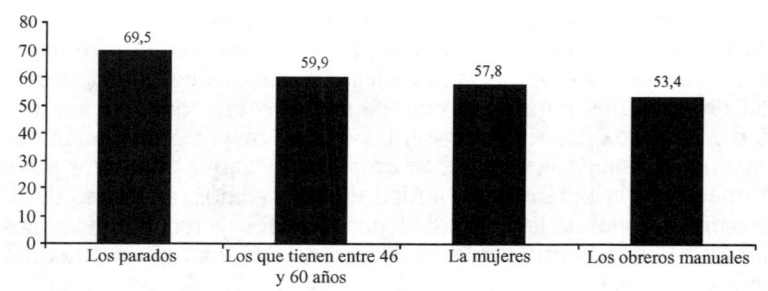

Los parados	Los que tienen entre 46 y 60 años	La mujeres	Los obreros manuales
69,5	59,9	57,8	53,4

Fuente: GETS, *Encuesta sobre Trabajo y Exclusión Social, 1999.*

El pesimismo se refuerza cuando se inquiere abiertamente sobre las personas que se piensa que tienen más y menos oportunidades de lograr un trabajo hoy día. La opinión predominante es que gozan de más oportunidades los que tienen mayores cualificaciones y estudios (véase Gráfico 10), los que tienen experiencia, los hombres en general y los que forman parte de un círculo con familiares ricos e influyentes. A su vez, de manera paralela, se piensa que tienen menos oportunidades las personas de edad más avanzada, las mujeres, los que cuentan con menos estudios y cualificaciones, así como los emigrantes y los jóvenes en general. Es decir, los sectores sociales concretos en los que de hecho se da una mayor incidencia del paro y de la precarización social.

Gráfico 10
¿QUIÉNES TIENEN POR LO GENERAL MÁS Y MENOS OPORTUNIDADES DE TENER UN TRABAJO HOY DÍA?
%

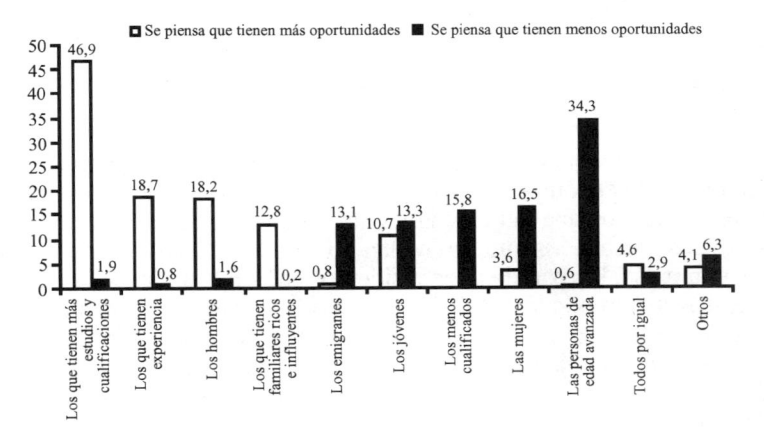

□ Se piensa que tienen más oportunidades ■ Se piensa que tienen menos oportunidades

	Se piensa más	Se piensa menos
Los que tienen más estudios y cualificaciones	46,9	1,9
Los que tienen experiencia	18,7	0,8
Los hombres	18,2	1,6
Los que tienen familiares ricos e influyentes	12,8	0,2
Los emigrantes	0,8	13,1
Los jóvenes	10,7	13,3
Los menos cualificados	15,8	3,6
Las mujeres	16,5	0,6
Las personas de edad avanzada		34,3
Todos por igual	4,6	2,9
Otros	4,1	6,3

Fuente: GETS, *Encuesta sobre Trabajo y Exclusión Social,* 1999, ob. cit.

En una perspectiva dinámica, los resultados de nuestra investigación revelan que algo más de dos tercios consideran que hace veinte años la mayoría de la gente tenía más oportunidades que ahora de conseguir un trabajo, mientras que algo más de dos quintos estima que dentro de 20 años las oportunidades serán menores que ahora (véase Tabla 6). Esta impresión traduce una tendencia declinante en la percepción ciudadana sobre las oportunidades laborales, con un énfasis más claro, y más definido negativamente, en lo que respecta al pasado inmediato, en donde los que formulan valoraciones pesimistas son cuatro veces y media más que los que hacen un balance favorable, y con una evaluación algo más matizada, pero también negativa, en lo que se refiere a la proyección estimada a 20 años vista. En el primer supuesto, como puede entenderse, los encuestados disponen de elementos objetivos para establecer las comparaciones, mientras que en la proyección futura el hecho de que los pesimistas sean tres veces más que los optimistas adquiere un significado diferente, pero altamente ilustrativo.

Tabla 6
PERCEPCIÓN SOBRE LA EVOLUCIÓN DE LAS OPORTUNIDADES GENERALES
DE LA GENTE DE CONSEGUIR TRABAJO
%

	Hace 20 años	Dentro de 20 años
• Más que ahora	67,2	14,4
• Menos que ahora	15,0	44,0
• Igual que ahora	13,8	21,3
• NS/NC	4,0	20,6

Fuente: GETS, *Encuesta sobre Trabajo y Exclusión Social,* 1999, ob. cit.

Los más escépticos sobre las posibilidades de que haya más oportunidades de encontrar trabajo dentro de 20 años son los menores de treinta años, los que tienen edades comprendidas entre los cuarenta y seis y los sesenta, los que han realizado menos estudios, los trabajadores manuales, los parados, los residentes en zonas urbanas, los que se identifican como «clase trabajadora u obrera» y los que votan por partidos de izquierda. Es decir, las visiones más negativas sobre el futuro del trabajo están más acentuadas en sectores de población que responden, por una parte, al perfil de las clases trabajadoras propias del modelo tradicional de sociedad industrial y, por otra parte, a las nuevas generaciones, que se están encontrando con una problemática laboral más influida por los problemas que aquí estamos analizando.

Posiblemente un balance bastante expresivo sobre la situación actual del trabajo es el que los ciudadanos hacen cuando se les plantea una hipótesis radical: si perdieran su actual empleo, ¿piensan que les resultaría fácil o difícil encontrar uno nuevo de carácter similar? Planteadas así las cosas a todos los que estaban ocupados, resultó que sólo un 10,5% pensaba que les resultaría muy fácil encontrar un nuevo empleo, ascendiendo a un 25,2% los que declararon que les resultaría «algo fácil». En su conjunto, los que estimaron fácil o algo fácil encontrar un nuevo trabajo son poco más de una tercera parte, en comparación con un 47,5% que declararon que les resultaría muy difícil o bastante difícil.

La conciencia de que existen muchas dificultades para encontrar un nuevo empleo es mayor entre las personas de más edad (de hecho solamente entre los menores de treinta años predominan, aunque por poca diferencia, los optimistas sobre los pesimistas), así como entre los que tienen más estudios y cualificaciones, pero no precisamente entre los que han cursado carreras superiores, sino entre los que han realizado estudios medios y de formación profesional (véase Tabla 7).

Tabla 7
IMPRESIONES SOBRE LA DIFICULTAD O FACILIDAD PARA ENCONTRAR UN NUEVO TRABAJO SI SE PERDIERA EL ACTUAL, POR EDAD Y ESTUDIOS (SÓLO POBLACIÓN OCUPADA)
%

	Total	Edad				Estudios			
		De 18 a 29 años	De 30 a 45 años	De 46 a 60 años	Más de 60 años	Primarios o menos	F. Prof. y secundarios	Medios	Superiores
Creen que les resultaría muy difícil	20,9	15,2	16,8	33,1	63,2	21,3	18,9	28,3	20,0
Creen que les resultaría algo difícil	26,6	22,8	27,8	30,3	15,8	25,5	29,7	21,7	25,0
Creen que les resultaría regular	13,7	17,3	14,2	8,3	10,5	15,0	11,6	15,0	15,0
Creen que les resultaría algo fácil	25,2	33,5	25,0	16,6	10,5	23,2	28,6	23,3	11,3
Creen que les resultaría muy fácil	10,5	9,1	13,1	7,6	—	11,8	8,5	11,7	2,5
NS/Dudan	1,7	1,5	1,4	2,8	—	1,9	1,5	—	2,5
NC	1,3	0,5	1,7	1,4	—	1,3	1,2	—	—
(N)	(713)	(197)	(352)	(145)	(19)	(314)	(259)	(60)	(80)

Fuente: GETS, *Encuesta Tendencias Sociales, 2000,* ob. cit.

A partir de estos datos, puede entenderse hasta qué punto las diferentes vivencias y percepciones que aquí hemos reseñado están afectando de manera profunda a muchos de los componentes culturales del trabajo que han estado asociados al modelo clásico propio de las sociedades industriales. El hecho de que el trabajo tienda a convertirse en una realidad crítica y problemática para mucha gente conlleva transformaciones de hondo calado que atañen al propio papel y a las funciones que la actividad laboral puede desempeñar en la vida de las personas y en las redes de articulación del conjunto social.

Aunque la problemática relacionada con las funciones del trabajo es bastante compleja, y no resulta fácil de analizar mediante la técnica de las encuestas de opinión, en nuestra investigación intentamos sondear algunas percepciones generales mediante una batería de preguntas orientada a averiguar las transformaciones detectadas en torno al papel general del trabajo. Los datos que hemos podido obtener por esta vía resultan bastante ilustrativos. En primer lugar, y desde un punto de vista estático, lo primero que destaca es que en estos momentos predomina una visión economicista, que entiende básicamente el trabajo como una forma de ganar un dinero para poder vivir. Más de la mitad de la población se sitúa directamente en esta óptica. En segundo lugar destaca, sobre todo por su apreciable estabilidad en el tiempo, la presencia de una concepción del trabajo entendido como una obligación que impone la sociedad, a la que se refiere en torno al 9%-13% de los encuestados. En tercer lugar, se consignan también aquellos componentes del trabajo asociados a la «realización personal» o a la «satisfacción que produce el hecho de sentirse útil» (véase Tabla 8).

Estas tres visiones del trabajo se corresponden en gran medida con tres concepciones ideológico-culturales sobre el carácter de los sistemas de producción industrial. El primer modelo está más directamente conectado a los enfoques del pensamiento económico capitalista tradicional, en el que se enfatiza de manera especial el papel del «vínculo salarial» como elemento central de articulación de las relaciones industriales. El segundo componente se asocia a las visiones sociológicas que tienden a poner un acento mayor en las obligaciones y las correspondencias mutuas establecidas en el sistema social en su conjunto (como obligación y nexo moral y político a la vez). El tercer componente se relaciona en mayor grado con aquellos enfoques ideológicos que han puesto énfasis en las concepciones del hombre entendido como ser productivo y creativo, que se realiza y que cumple su función social básica desarrollando una actividad laboral en la sociedad (como *homo faber*). Aunque estas dos últimas concepciones han sido sustentadas desde posiciones socialistas, en la primera de ellas se pone un mayor acento en la visión de la sociedad

Tabla 8
PERCEPCIONES PÚBLICAS SOBRE LA EVOLUCIÓN DEL SIGNIFICADO
DEL TRABAJO
%

¿Qué es básicamente el trabajo?	Significación hace 20 años	Significación actual	Lo que se piensa que significará dentro de 20 años	Tendencias
• Una manera de ganar dinero para vivir	65,8	61,8	52,4	Descenso
• Una obligación que impone la sociedad	13,0	8,5	8,8	Descenso
• Una manera de realizarse personalmente haciendo cosas y actividades	5,5	13,6	10,8	Oscilación
• Algo que produce la satisfacción de sentirse útil	5,1	12,3	6,8	Oscilación
• Una tarea que exige un esfuerzo penoso y cansado	4,1	0,9	0,8	Desaparición
• Una actividad tediosa y aburrida	1,3	0,1	1,5	Irrelevancia
• Una actividad residual y minoritaria en una economía cada vez más automatizada y robotizada	0,1	0,5	6,3	Aumento
• Una forma de mantener contactos regulares con otras personas	0,3	0,7	1,6	Aumento, con escasa relevancia
• Otras respuestas	1,1	0,8	1,5	
• NS/NC	3,9	0,8	9,7	

Fuente: GETS, *Encuesta sobre Trabajo y Exclusión Social,* 1999.

como conjunto, mientras que en la segunda se resaltan los componentes humanos de la cuestión.

Algunos otros aspectos asociados al papel del trabajo que suelen ser resaltados por los expertos en Sociología y Psicología industrial, en relación sobre todo con la problemática de la motivación en el trabajo, actualmente aparecen bastante desdibujados. Esto es lo que ocurre, por ejemplo, desde una perspectiva negativa, con las percepciones que tienden a ver el trabajo como una actividad penosa, cansada, tediosa y aburrida, o, desde una óptica positiva, con aquellas orientaciones que asocian la actividad laboral con la posibilidad de mantener contactos regulares con otras personas; enfoque en el que se basaron durante la segunda mitad del siglo xx buena parte de las estrategias de integración y de motivación laboral. Sin embargo, en la opinión pública española apenas aparecen referidos tales elementos, ni en su significación actual, ni en su proyección de futuro.

En principio, no resulta fácil situar las diferentes culturas laborales que pueden identificarse a finales del siglo xx en sociedades como la española en universos de referencia específicos. Sin embargo, los datos parecen indicar que la concepción economicista del trabajo (centrada en el vínculo salarial) se encuentra más afianzada en las generaciones de edades intermedias, entre los obreros manuales, así como entre los que tienen menores niveles de estudios y entre las personas que se identifican en mayor grado como clase obrera o clase trabajadora. Posiblemente para muchos de los que así lo ven se trata de algo que no tiene mayor alcance o significado personal. Es una cuestión de hecho que se toma como tal y que no supone ni exige mayores implicaciones personales ni societales.

En cambio, la concepción del trabajo que pone el acento en la idea de obligación (vínculo societal) está más arraigada entre los mayores de sesenta años, así como entre algunos sectores de trabajadores manuales y entre los residentes en núcleos de población de tamaño intermedio. De la misma manera que en el primer caso se trata de un paradigma que ha funcionado durante un período acotado de tiempo y que se ha correspondido especialmente con esquemas económicos propios del capitalismo desarrollado de los años 60 a 80, en este segundo caso se trata de modelos más arcaicos que se relacionan con otras fases y espacios de la evolución económica de países como España.

Las referencias asociadas al tercer modelo laboral (el vínculo moral o humano) aparecen más enfatizadas entre los menores de treinta años, entre las mujeres, entre los que tienen mayores niveles de estudios (sobre todo superiores), así como entre los empleados de oficina y los que se autoidentifican como clase media. Es decir, tales referencias se encuentran próximas a algunos de los rasgos de la cultura tradicional de clase media, pero también aparecen delineadas con carácter emergente entre los jóvenes, en relación con las nuevas condiciones del trabajo y las nuevas mentalidades sociales.

Desde un punto de vista dinámico, nuestra investigación revela que, de aquí a veinte años, la opinión pública prevé, en primer lugar, una cierta aminoración o debilitamiento de las visiones economicistas del trabajo, que aun así continuarán siendo las prevalentes. En segundo lugar, se perfila un descenso apreciable de la validez de la idea del trabajo como obligación con la sociedad, ya que mucha gente tiende a pensar que es una obligación cada vez más difícil de cumplir, debido a la escasez de puestos de trabajo. En tercer lugar, se pueden detectar oscilaciones, con tendencia a la baja, de los criterios de realización personal; lo cual, probablemente, se encuentra relacionado también con lo anterior (no hay empleos para todos). En cuarto lugar, es bastante significativo que mientras algunas valoraciones negativas sobre el trabajo (esfuerzo penoso, actividad aburrida, etc.) parecen convertirse en irrelevantes, en cambio se enfatiza más de cara al futuro que el trabajo tenderá a trocarse en una «actividad residual y minoritaria en una economía cada vez más automatizada y robotizada».

Finalmente, y como marco general de todos estos enfoques y concepciones, las investigaciones sobre tendencias sociales permiten identificar también los elementos de referencia que en opinión de los ciudadanos simbolizan mejor diferentes períodos de evolución reciente de los sistemas sociales. La época presente aparece fuertemente caracterizada por la presencia de los ordenadores personales, los teléfonos móviles e Internet (Tabla 9). El predominio absoluto de tales elementos, seguidos a cierta distancia por la televisión y el coche, contribuye a impregnar el presente de un componente fuertemente informacional y comunicativo.

Tabla 9
ELEMENTOS QUE IDENTIFICAN Y SIMBOLIZAN MEJOR LA ÉPOCA ACTUAL
%

	En primer lugar	En segundo lugar	Frecuencia acumulada
• El PC, el ordenador personal	25,3	18.1	43,4
• Los teléfonos móviles	19,2	23,0	42,2
• Internet	15,9	18,2	34,1
• La televisión	17,8	10,0	27,8
• El coche	10,1	11,2	21,3
• El robot	1,7	3,4	5,1
• Los satélites espaciales	1,6	3,5	5,1
• Los trenes de alta velocidad	1,2	1,9	3,1
• Los aviones	0,8	2,1	2,9
• La máquina fabril	1,4	0,9	2,3
• La radio	0,6	1,7	2,3
• Los transbordadores espaciales	0,1	0,9	1,9
• Otros	1,6	0,6	2,2

Fuente: GETS, *Encuesta Tendencias Sociales, 1999.*

La identificación en el tiempo de los elementos simbólicos más fuertes en cada una de las etapas de la historia reciente traza también una evolución muy expresiva (véase Cuadro 13). Durante la primera mitad del siglo XX se piensa que los elementos más definitorios fueron básicamente la radio y la máquina fabril; en la última década del siglo XX se considera que los componentes simbólicos fundamentales fueron la televisión y el coche y, a su vez, en una perspectiva de diez años se piensa que Internet se convertirá en un factor conformador de primera magnitud, mientras que tenderán a desarrollarse los transbordadores, las estaciones espaciales y los satélites. Esta visión sobre los principales referentes de cada época perfila la imagen de una evolución desde los modelos clásicos de sociedades industriales caracterizados por la presencia de la maquinaria fabril, hasta la expansión actual de los ordenadores, Internet, los robots y las nuevas fronteras espaciales. En este contexto, por lo tanto, resulta lógico que la realidad del trabajo se interprete de manera diferente a como era habitual hasta hace pocos años, sobre todo por parte de las generaciones más jóvenes, que son las que en mayor grado identifican una fuerte expansión de todos estos nuevos artilugios técnicos, con la correspondiente acentuación de su capacidad de impregnación social. En definitiva, lo que la opinión pública está percibiendo es la emergencia de un nuevo tipo de sociedades postlaborales.

Cuadro 13
ELEMENTOS QUE IDENTIFICAN Y SIMBOLIZAN MEJOR CADA ÉPOCA HISTÓRICA

La primera mitad del siglo XX	*Hace diez años*	*La época actual (en primer lugar)*	*Dentro de 10 años*
• La radio (23,9%) • La máquina fabril (21,5%) • La televisión (15,9%) • El coche (12,9%)	• La televisión (29,9%) • El coche (17,1%) • El PC (15,5%) • Los trenes de alta velocidad (4,8%) • Los teléfonos móviles (4,4%)	• El PC (25,3%) • Los teléfonos móviles (19,2%) • La televisión (17,9%) • Internet (15,9%) • El coche (10,1%)	• Internet (22,6%) • Los transbordadores y las estaciones espaciales (18,3%) • Los satélites espaciales (14,2%) • El PC (9,6%) • El robot (4,9%)

Fuente: GETS, *Encuesta Tendencias Sociales, 1999.*

Capítulo 7

¿Un futuro sin trabajo?

Los autores de ciencia ficción han relatado todo tipo de historias de confrontación entre robots o computadoras y seres humanos. Incluso se han propuesto protocolos de comportamiento destinados a prevenir las eventuales «revueltas» de los autómatas contra sus creadores. Sin embargo, la imaginación de los narradores no ha ido más allá de los conflictos funcionales, o de los antagonismos de poder, control y dominación, y raramente se ha planteado la hipótesis de una apropiación que puede ser más peligrosa y sutil que todas las anteriores: la de la función social del trabajo. Si en algún momento de la evolución de nuestras sociedades la mayor parte de las actividades laborales pasan a ser realizadas por entidades mecánicas y sistemas automáticos, es evidente que los seres humanos habremos perdido una parte de nuestro ser, de nuestra caracterización histórica como especie. El cambio ante el que podemos encontrarnos, pues, no es pequeño. Pero, con todo, lo más importante de la eventual «pérdida del trabajo» no es la alienación de una actividad-cualidad dada, sino lo que ello acarrea también de puesta en cuestión de los procedimientos establecidos para regular la distribución de recursos y medios vitales de supervivencia. Es decir, con la automatización del trabajo se pone en crisis un sistema de reparto de riquezas y de asignación de medios de vida que ha estado basado en gran medida en la apropiación privada de los medios de producción.

Los sistemas de apropiación privada se han podido mantener históricamente, entre otras razones, porque no cerraban las posibilidades de subsistencia a todos aquellos que se encontraban subordinados como fuerza productiva, y a los que se necesitaba. Pero no era una cuestión exclusivamente de necesidad recíproca, sino también de funcionalidad, en la medida que el modelo establecido permitía una redistribución de recursos de acuerdo a determinados intercambios de prestaciones, más o menos inducidas o coaccionadas, según los modelos socio-políticos predominantes (esclavitud, servidumbre, asalariado, etc.).

En el futuro, sin embargo, habrá que plantearse cómo se distribuirán los recursos necesarios de subsistencia entre todos aquellos que no tendrán que trabajar, o que no será necesario que lo hagan de la misma manera, para atender las necesidades del sistema económico. De ahí que la evaluación de los impactos de los cambios tecnológicos en el empleo tenga que situarse en el marco general de las diversas funciones y cometidos que el trabajo ha venido cumpliendo en el conjunto social.

1. LA «LIBERACIÓN» DEL TRABAJO HUMANO

El papel del trabajo ha sido decisivo en el proceso de hominización y en la evolución social. Pero no es necesario acudir a los orígenes más remotos para entender su verdadero alcance. Durante el ciclo histórico de las sociedades industriales las formas de organizar el trabajo han sido fundamentales no sólo para el curso económico como tal, sino también para la caracterización de las clases sociales, para la definición de los sistemas de desigualdad social y para la fijación de los alineamientos políticos. Por ello, cualquier modificación en su naturaleza, sentido y orientación abre cambios de gran hondura en la conformación de la sociedad y en la propia experiencia humana.

El carácter nuclear que ha tenido históricamente el trabajo permite entender que la aplicación creciente de robots y de sistemas informáticos en los procesos productivos suscite muchos interrogantes sobre la sociedad del futuro, en la medida en que su utilización masiva implica un cambio en la dialéctica hombre/herramienta que ha marcado la evolución de la actividad económica hasta la fecha.

La aparición de las máquinas herramientas en los inicios de la revolución industrial condujo a mutaciones que conmocionaron las estructuras sociales tradicionales, dando lugar a nuevas modalidades de distribución de las ocupaciones, a traslados masivos de población de unos lugares a otros y a modificaciones en los hábitos y costumbres, así como en los sistemas de relaciones sociales y políticas.

No es extraño, pues, que el propio curso de la revolución industrial fuera acompañado por reflexiones políticas y sociales sobre las consecuencias del nuevo orden económico y sobre los efectos que la nueva relación hombre-herramienta-máquina tenía en la conciencia social *(alienación en el trabajo, conflicto de clases)* y en la naturaleza del trabajo, como actividad humana y como mercancía que se vende y se compra en el mercado, en función de las leyes de la oferta y la demanda. Por ello, muchos análisis de la época estuvieron impregnados de una viva preocupación por la manera en la que el maquinismo industrial podía afectar la situación del trabajo. Sin embargo, la nueva sensibilización social no condujo a prestar una atención especial a las hipótesis de una posible sustitución del hombre por la máquina, más allá de lo que había sido habitual en el pensamiento social anterior[1].

La revolución industrial se produjo en un contexto ideológico caracterizado por un marcado optimismo en las posibilidades del progreso y fue acompañada de fuertes componentes *valorizadores* del *trabajo humano,* bien como fuente de riqueza (Adam Smith, Ricardo, etc.), bien como signo —y camino— del éxito (en concordancia con la «ética calvinista», según explicó Max Weber), bien como elemento básico de realización social humana (Carlos Marx). La revolución industrial elevó el trabajo a la categoría de elemento básico de referencia social para la generación de riqueza, para el éxito, para las identificaciones de clase, etc. Más allá de algunas reacciones radicales y un tanto llamativas (como la de los *ludistas)* las máquinas no fueron vistas como un elemento perturbador y reemplazador del trabajo, sino que se consideraron básicamente como un factor potenciador de la actividad humana, que liberaba un caudal considerable de energías. La máquina se contemplaba como una especie de «superherramienta», pero no como un sustituto de la labor humana.

Con la introducción de los robots industriales y los nuevos sistemas automáticos de trabajo se está entrando, sin embargo, en una nueva dimensión de la realidad social, en una perspectiva que hasta ahora sólo había sido considerada en el terreno de la ciencia ficción y de las utopías más futuristas. Lo importante, quizás, es que esta utopía —ahora posible— entronca con una inveterada aspiración humana de *liberación del trabajo,* que durante el período histórico del industrialismo ha estado, o bien desdibujada, debido a la influencia de una «nueva ética capitalista del trabajo», o bien enmascarada en la presentación marxista de la dialéctica de la alienación/realización en el trabajo.

La robotización supone, en cierto sentido, una nueva forma de redescubrir la aspiración a una sustitución del trabajo humano, mediante el empleo de nuevos «esclavos tecnológicos» para la realización de las tareas más enojosas, costosas, sucias, peligrosas y desagradables. La idea de un reemplazo de esta naturaleza, y la atención a los efectos que puede tener en el trabajo humano, no es una cuestión que sólo se haya planteado en nuestros días, sino que ha estado presente desde hace mucho tiempo en el pensamiento social. El mis-

---

[1] Alfred Sauvy en su libro *La máquina y el paro* refiere un buen número de ejemplos, situados en diferentes épocas y países, sobre la «reflexión» en torno a dicha sustitución de hombres por máquinas y artilugios, como una hipótesis o «aspiración» lógica bastante extendida. Véase Alfred Sauvy, *La máquina y el paro. Empleo y progreso técnico,* Madrid, Espasa Calpe, 1986.

mo Aristóteles, en *La Política,* llegó a afirmar que «si cada instrumento pudiese, en virtud de una orden recibida o, si se quiere, adivinada, trabajar por sí mismo, como las estatuas de Dédalo o los trípodes de Vulcano, "que se iban solos a las reuniones de los dioses", si las lanzaderas tejiesen por sí mismas, si el arco tocase solo la cítara, los empresarios prescindirían de los operarios y los señores de los esclavos»[2]. La coherencia lógica de la reflexión de Aristóteles no podía ser más aplastante. Si los trabajos se pudieran hacer automáticamente, ¿para qué querrían los empresarios a los operarios?, y ¿para qué plantear la necesidad de trabajar?

Sin embargo, el contexto social de la cultura clásica no era el más adecuado para que fuera posible aplicar a los procesos productivos todos los conocimientos que fueron desarrollados en el seno de la civilización griega —Aristóteles se refiere en este texto a ejemplos de algunas experiencias con «autómatas»—, de ahí que reflexiones de esta naturaleza apenas tuvieran otra virtualidad que la de constituir hipótesis o experiencias curiosas.

Muchos años después, Marx también se refirió en los *Grundrisse* al desarrollo futuro del «autómata», o «sistema automático de máquinas», como última metamorfosis del trabajo operado por el desarrollo del capital, que «reemplaza al obrero», que queda convertido —dirá— «en un simple accesorio vivo» de la máquina y un mero «supervisor de sus funciones de alimentación»; lo que será visto como «una apropiación del trabajo vivo por el trabajo objetivo», de forma que «el proceso de producción deja de ser un proceso de trabajo en el sentido de que el trabajo constituía su unidad dominante»[3].

Lo importante en estas reflexiones es la apreciación sobre el grado en que el obrero puede llegar a «ser superfluo», y el trabajo humano como tal puede dejar de ser «parte constitutiva del proceso de producción»; lo que, según Marx, abriría las puertas al «libre desarrollo de las individualidades» mediante la reducción general «a un mínimo el trabajo necesario de la sociedad»; permitiendo «que los individuos reciban una formación artística, científica, etc., gracias al tiempo liberado y a los medios creados en beneficio de todos»[4].

---

[2] Aristóteles, *La Política,* Madrid, Espasa Calpe, 1962, pág. 26.
[3] Carlos Marx, *Líneas fundamentales de la crítica de la economía política* (Grundrisse), OME, 22, Barcelona, Grijalbo, 1978, vol 2, págs. 81 y sigs. (texto original de 1857).
[4] Ibíd., pág. 91. En varias ocasiones Marx se refirió a la necesidad de superar una visión demasiado encasillada y limitativa del trabajo, de forma que los hombres pudieran cultivar de una manera abierta y plural sus propias cualidades personales.

2. LA UTOPÍA DE LA FÁBRICA SIN OBREROS

En pocos años, algunas conjeturas como las que aquí hemos reseñado han sido ampliamente superadas por los hechos. Las «hipótesis» del ayer se han convertido en realidades tangibles. En los últimos años del siglo XX la «fábrica sin obreros» se llegó a convertir en una realidad en funcionamiento en varios países, siendo cada vez mayor el número de tareas y actividades que pueden ser realizadas mediante robots y sistemas computerizados de trabajo. La factoría robotizada que FANUC tenía junto al monte Fuji en Japón, en la que una fuerza laboral de sólo sesenta operarios producía al mes más de 10.000 motores y robots, hace tiempo que ha dejado de ser un ejemplo singular del nuevo tipo de «fábricas sin obreros». Hoy día este tipo de factorías robotizadas se han expandido y pueden encontrarse en muchos lugares del mundo.

Aunque los nuevos sistemas robotizados de trabajo todavía no se están aplicando al límite de sus posibilidades, su desarrollo y perfeccionamiento está siguiendo un ritmo vertiginoso y nadie puede negar que está próxima la utopía de la *sustitución* en el trabajo del hombre por la máquina, especialmente en lo que se refiere a la producción de la mayor parte de mercancías que son consumidas habitualmente y a la gestión de buena parte de los servicios que se prestan en las comunidades en las que vivimos.

La progresiva aplicación práctica de estas potencialidades nos está introduciendo en un modelo de sociedades que ya no responden al paradigma tradicional de la sociedad industrial. La emergencia del nuevo tipo de *sociedad tecnológica avanzada* irá desarrollando sus posibilidades en una dialéctica compleja de ajustes con las ideologías y las pautas sociales, en un proceso de superación de inercias culturales, de condicionantes económicos y de resistencias sociales propias de la sociedad industrial madura en transición, en cuya fase de evolución se encuentran a principios del siglo XXI los países más desarrollados[5].

La comparación entre los contextos en los que se introdujo el motor de vapor y aquellos en los que tiene lugar la incorporación del robot, y la consideración de los impactos que conllevaron ambas innovaciones en los procesos productivos, permite identificar algunas de las diferencias y los alcances que tuvieron estas innovaciones, igualmente importantes, pero distintas cualitativamente en intensidad y en implicaciones (véase Cuadro 1).

---

[5] Sobre estos procesos véase José Félix Tezanos, *La sociedad dividida,* ob. cit., capítulo tres.

Cuadro 1
IMPACTOS SOCIALES Y ECONÓMICOS BÁSICOS DEL PRIMER MAQUINISMO (MOTOR DE VAPOR) Y DEL ROBOT INDUSTRIAL

	Ámbito social anterior sobre el que incide	Proceso que pone en marcha o al que se asocia directamente	Efectos principales que produce en la actividad económica	Efecto que produce en los trabajadores	Impactos laborales	Impactos en la estructura social	Impactos sobre los mercados	Tendencias de expansión económica	Reacciones sociales que suscita
Primer maquinismo (motor de vapor)	Las sociedades agrarias tradicionales	Revolución industrial	Aumenta la productividad	Reduce los esfuerzos físicos de los trabajos	Reduce unos empleos y crea otros	Cambios sociales profundos	Consolida los mercados nacionales	Abre la expansión a nuevos mercados (colonialismo)	Incertidumbres Pauperación y conciencia de clase
Robot industrial	Las sociedades industriales	Revolución tecnológica	Reduce los costes y aumenta la competitividad general	Sustituye a los trabajadores	Elimina muchos empleos	Grandes cambios y nuevas concepciones del trabajo y de la actividad económica	Incide en los mercados internacionales en una economía global	Afecta a circuitos de influencia en un doble plano (mundialización y deslocalización) que extienden los efectos sociales precarizadores	Peligros y temores generales Conciencia social impotente. Fatalismo crítico Aumento de la exclusión social

Con los primeros motores y dispositivos industriales se pretendía básicamente aumentar la productividad; en cambio con los robots y los sistemas automáticos se persigue una reducción de los costes y una mejora de las condiciones de competitividad. Las viejas máquinas industriales contribuían a reducir los esfuerzos físicos que tenían que ejecutar los trabajadores en sus cometidos productivos, mientras que los robots avanzados simplemente sustituyen a los trabajadores; es decir, realizan los esfuerzos físicos por sí solos. Los impactos en la estructura social y en los entornos laborales del primer maquinismo estuvieron más acotados; en cambio ahora se están produciendo grandes cambios en todos los órdenes, incluso se están desarrollando nuevas concepciones sobre el trabajo y la actividad económica. También son distintos los contextos y las posibilidades de expansión económica que se dieron en el industrialismo tradicional, en comparación con las nuevas condiciones de mundialización económica, que está generando condiciones diferentes de competitividad internacional, con un mayor deterioro social y una pérdida de capacidad de presión y de negociación de los trabajadores. Igualmente son diferentes las reacciones y las consecuencias sociales que se suscitan: antes los elementos clave de la «cuestión social» eran el pauperismo, la explotación y la conciencia de clase, ahora los riesgos fundamentales son la exclusión social y la precarización, que a veces son acompañadas de orientaciones fatalistas y de una conciencia social impotente.

En la fase de transición en la que nos encontramos a principios del siglo XXI, los analistas están realizando esfuerzos por anticipar las posibilidades implícitas que pueden identificarse en los nuevos modelos de producción de bienes y mercancías y de gestión de servicios, intentando precisar los *tiempos sociales* en que podrían desarrollarse de manera más completa. Y ello es importante, tanto para prever algunos de los efectos problemáticos de los cambios, como para lograr que el desenvolvimiento del nuevo paradigma social no sea fruto de la simple «espontaneidad» establecida por las *leyes del mercado,* ni se vea entorpecido por resistencias regresivas alentadas por el vértigo social que puedan sentir muchos ciudadanos ante las perspectivas de transformación que se adivinan. Resistencias y reacciones que en gran parte van a depender de los impactos sociales que tengan los procesos de cambio en las primeras etapas, es decir, de los alineamientos sociales, las carencias y las polarizaciones. En definitiva, de los nuevos perfiles de la desigualdad social y de las estructuras de clases.

Si nos detenemos a pensar con objetividad cuáles son las razones de fondo que están propiciando algunas reacciones de pesimismo y de preocupación en el futuro, la verdad es que no todos los elementos que pueden anticiparse justifican reacciones negativas. En realidad, actualmente partimos de una posición que permite contar en principio con varias ventajas para hacer frente a la nueva *transición social* en mejores condiciones que aquellas en las que se produjo la evolución hacia la *sociedad industrial*. Entre las ventajas comparativas habría que mencionar, al menos, cuatro:

— Tenemos una amplia experiencia histórica que permite conocer e identificar los efectos sociales y políticos negativos que acompañaron en muchos casos a las manifestaciones más «darwinistas» del cambio desde las sociedades tradicionales a las sociedades industriales.

— Contamos con mejores instrumentos de análisis y de prospectiva social que pueden ayudarnos a anticipar y prevenir los eventuales efectos desfavorables de la actual transición.

— El desarrollo de la democracia ha potenciado las capacidades de autocontrol y autorregulación de los procesos de transformación social y ha estimulado la voluntad de hacerlo entre amplios sectores de ciudadanos cada vez más preparados e instruidos.

— En las sociedades de principios del siglo XXI se están arraigando —aún con luces y sombras— mentalidades y sistemas de valores sociales y culturales basados en criterios de equidad, responsabilidad, tolerancia y flexibilidad, que pueden facilitar una autorregulación más equilibrada y positiva de las transiciones sociales.

Los procesos de cambio hacia las *sociedades tecnológicas avanzadas* se han puesto en marcha, pues, en un marco de posibilidades y también de lógicas resistencias e inercias culturales, políticas, económicas e ideológicas, como las que aquí hemos apuntado. En el siguiente epígrafe vamos a analizar algunos de los efectos que la emergencia de la sociedad tecnológica avanzada, y más específicamente la robotización, van a tener verosímilmente en la crisis del trabajo y, a partir de ella, en la estructura de la sociedad en su conjunto.

3. La crisis histórica del trabajo

Posiblemente la manera más directa de abordar el análisis de la crisis actual del trabajo no consista en interrogarnos sobre el *futuro del trabajo*, sino preguntarnos directamente si habrá un *futuro sin trabajo*. Desde un punto de vista objetivo, actualmente sabemos que es posible fabricar mercancías complejas (automóviles, electrodomésticos e incluso robots industriales), mediante sistemas de producción muy automatizados («fábricas sin hombres»). Ahora bien, el hecho de que estas realizaciones sean tecnológicamente factibles no significa que los modos de producción basados en tales enfoques sean forzosamente alcanzables de una manera rápida e inmediata. Bastante escarmentados estamos por algunas experiencias históricas recientes, y por los efectos y distorsiones propiciados por determinados métodos de análisis sesgados, como para dejarnos arrastrar nuevamente por un *reduccionismo analítico* simplista, esta vez de *raíz tecnológica*.

En consecuencia hay que ser conscientes de que la evolución futura de los sistemas de producción va a estar condicionada por factores muy diversos de naturaleza política, cultural, social y económica, como la evolución de los mercados, la redistribución de las rentas, los niveles de riqueza alcanzados, la propensión al consumo, la orientación de las políticas públicas y las motivaciones laborales, etcétera. Y todo ello, junto a las propias posibilidades tecnológicas y al grado de «aceptación social» que conciten las nuevas formas de producción, influirá en la reconfiguración futura del trabajo.

Sin embargo, aun siendo cierto todo esto, no podemos dejar de reconocer que en el siglo XXI se están abriendo perspectivas inéditas para la implantación de nuevas formas de realización del trabajo con muy poca intervención humana. Posibilidades que, en sociedades abiertas como las actuales, es muy difícil «bloquear» o impedir. Estas perspectivas nos sitúan, por lo tanto, ante una *tesitura social y cultural* distinta a la que hasta ahora hemos conocido, que afectará de manera más o menos aguda y rápida a nuestras propias interpretaciones y visiones sobre la sociedad, sobre las actividades que se realizan en su seno, sobre las ideologías socio-políticas y sobre las clases sociales. Nos encontramos, pues, ante un horizonte de cambios que exigirá una gran capacidad de adaptación social e intelectual. ¿Cómo es posible imaginar un tipo de sociedad en la que el trabajo, tal como hoy lo entendemos, no sólo no juegue un papel central en nuestras vidas, sino que tienda a convertirse en una experiencia social cada vez más reducida?

Las fundamentaciones filosóficas y las concepciones sobre el trabajo que se formularon durante el ciclo del industrialismo intentaron valorizar un fenómeno que, pese a todo, no estaba en cuestión en la realidad práctica. Mas allá del gusto con que se hacía, la gente sabía que tenía que trabajar para vivir. Había trabajos y éstos se hacían y cumplían diversas funciones de naturaleza económica, y también de índole social y psicológica.

Entre las funciones que el trabajo ha desempeñado —y desempeña— en las sociedades hay que destacar su papel de soporte para el equilibrio y la articulación de la personalidad, en la medida en que permite desarrollar sentimientos de auto-estima, de identidad, de realización y de utilidad. El trabajo también ha sido, y es, en la mayoría de los casos, una de las instancias más importantes para la práctica de la sociabilidad y de la interacción social, proporcionando marcos de relación y de ubicación en grupos y organizaciones que ofrecen bases de proyección social y de asignación de rangos, valores y prestigio.

Es decir, el trabajo no sólo permite cubrir la *necesidad vital* de subsistir, sino también la *necesidad social* de cooperar, de participar y de ubicarse en el conjunto social, y la *necesidad creativa* de permanecer activos, de realizar algo. La dimensión «religadora» del trabajo ha llegado a alcanzar un significado adicional bastante relevante por medio de la asignación de sentimientos de pertenencia a *clases sociales,* a través de los que millones de individuos se han implicado activamente en proyectos e iniciativas sociales y políticas de amplio alcance.

Sin embargo, con la revolución tecnológica y el proceso robotizador las identidades de clase no sólo tienden a difuminarse y complejizarse, como vimos en el primer volumen de esta trilogía, sino que el movimiento obrero como tal está perdiendo el monopolio efectivo que hasta ahora había tenido de la *fuerza de trabajo.* Esta pérdida implica una merma notable de poder y de influencia en los procesos productivos y en la propia sociedad como tal, con todos los elementos sociológicos, políticos y psicológicos que se asocian a ello. Los sistemas robotizados, por lo tanto, al tiempo que permiten que cada vez resulte más prescindible el concurso humano intensivo y extensivo en la realización de muchas tareas productivas, tienden también a alterar las correlaciones de fuerza y los equilibrios políticos alcanzados en las sociedades industriales.

De igual manera, el trabajador, individualmente considerado, pierde capacidad «hacedora». ¿Quién «hará» realmente los trabajos en las sociedades tecnológicas del futuro? Hasta ahora, el trabajador era la última instancia «fabricadora» en el proceso productivo, con la mediación de las herramientas primero y de máquinas cada vez más perfeccionadas después. En un futuro, sin embargo, esa capacidad de «hacer» se verá trasladada en buena parte a robots industriales y a sistemas automáticos de trabajo.

¿Cuáles serán los impactos sociales, psicológicos y políticos de estas transformaciones? ¿Con qué factor *relacional fuerte* se podrá sustituir el papel social del trabajo? ¿Cuáles serán los elementos fundamentales que podrán proporcionar sentido de pertenencia a muchas personas en las sociedades del futuro? ¿Añorarán los seres humanos las largas y tediosas jornadas de trabajo que ya no tendrán que realizar necesariamente en el futuro? Después de muchos años clamando contra la *alienación «en el» trabajo* ¿nos encontraremos en el futuro con sentimientos de «carencia de trabajo»?, ¿nos enfrentaremos a un nuevo problema de auténtica *alienación «del» trabajo?* En las sociedades industriales la experiencia de muchas personas fue la explotación y la alienación, mientras que en las sociedades tecnológicas del futuro es verosímil que la gente sienta —empieza a sentir ya— un extrañamiento del trabajo, de su carencia.

Es posible que muchos de los cambios que pueden adivinarse en el horizonte social se vean modulados en su desarrollo práctico por el propio ritmo de los tiempos históricos, y por los efectos de las inercias y las resistencias ante los cambios. Sin embargo, frente a la tendencia a considerar las consecuencias de estas transformaciones de manera acrítica y descontextualizada, son necesarias algunas puntualizaciones. En primer lugar, hay que tener en cuenta que buena parte de las valoraciones sobre el trabajo y su papel que se hacen en las sociedades de nuestros días se corresponden con un *período histórico muy acotado* y, con frecuencia, se plantean desde concepciones filosóficas o ideológicas formuladas por intelectuales que han carecido de cualquier tipo de vivencia práctica sobre las condiciones reales —en ocasiones muy duras y desagradables— de los trabajos físicos concretos que han venido realizando forzosamente la mayoría de las personas.

Los datos empíricos disponibles sobre estos temas demuestran que en las sociedades industriales la capacidad de *motivación directa* e intrínseca del trabajo, por lo general, siempre ha sido escasa y ha estado limitada a unas pocas actividades especialmente gratificadoras o creativas. Lo que la mayoría de la gente ha deseado verdaderamente ha sido no trabajar, o trabajar poco. De hecho, las satisfacciones más importantes de muchas personas no suelen obtenerse directamente en el trabajo, sino fuera de él, aunque sea gracias a los recursos económicos y las posibilidades que brindan las actividades laborales realizadas. Por ello, las estrategias empresariales de motivación han intentado utilizar incentivos económicos, relacionales y de prestigio. Es decir, lo más habitual ha sido propiciar estímulos que no eran intrínsecos al trabajo, sino que se podían encontrar asociados a él de alguna manera en los entornos laborales (pertenencia a grupos primarios, «prestigio» de la firma, oportunidades y ventajas colaterales, posibilidades de relaciones, disfrute de ocio, etc.).

En la medida que esto ha sido así, habría que preguntarse, por lo tanto, si existen motivos de orden sociológico y psicológico para alarmarse ante las perspectivas de una reducción muy drástica de los tiempos de trabajo socialmente necesarios, sobre todo de los tiempos imprescindibles para producir las mercancías necesarias. ¿Estamos seguros de que la mayoría de las personas van a sentirse mal si se reducen drásticamente los tiempos de trabajo? ¿Acaso no están más cerca de las percepciones del común de los mortales las reflexiones de aquellos pensadores utópicos que aspiraban a un futuro sin trabajo, o con poco trabajo? Buena parte de los análisis actuales sobre estas cuestiones permanecen aun atrapados por los prejuicios derivados de las concepciones ideológicas de una época muy acotada, cuya vigencia está siendo refutada y superada en la práctica por la desmotivación laboral de amplios colectivos de trabajadores, como han venido poniendo de relieve los estudios empíricos de los sociólogos y psicólogos industriales durante las últimas décadas del siglo xx.

Todo ello muestra la necesidad de considerar la problemática del trabajo desde enfoques y perspectivas diferentes. Incluso desde un plano meramente terminológico no deja de ser sorprendente la pobreza conceptual con la que continuamos abordando esta cuestión nuclear. Aun ateniéndonos únicamente al ciclo histórico que va desde los orígenes de la sociedad industrial hasta el inicio de la revolución tecnológica, resulta notorio que con el simple concepto de *trabajo* es imposible dar cuenta cabal de todo el complejo haz de situaciones, relaciones y conductas referidas a las actividades laborales y productivas que tienen lugar en medios sociales complejos. ¡Hasta los griegos se enfrentaron a estas cuestiones con una mayor riqueza conceptual![6]

Por ello, el componente social-relacional del trabajo, el psicológico —y hasta el económico— no se encuentran destinados por necesidad a entrar en crisis *a priori* con la revolución tecnológica. Es decir, la crisis o superación práctica, al menos en parte o como potencialidad, de una de las facetas o dimensiones de eso que hasta ahora hemos venido calificando con la expresión común de «trabajo» no debe «arrastrarnos» analíticamente a entender que estamos abocados a una crisis global de la sociedad, como quiebra de los mecanismos básicos del vínculo social.

Las diferentes facetas «del trabajo» actual conforman realidades sociales específicas que deben ser objeto de una consideración autónoma, incluso desde un punto de vista terminológico, superando el *totum revolutum* conceptual actual. Para entender lo que está pasando, y para facilitar la comprensión del devenir social que se abre, tenemos que disponer de expresiones precisas que permitan situar las

---

[6] Véase por ejemplo, Hesíodo, *Trabajos y días,* en *Obras y fragmentos,* Madrid, Biblioteca Clásica Gredos, 1990, págs. 121-167. En Hesíodo hay una distinción entre la idea de labor penosa *(ponos)* y trabajo como actividad productiva *(ergon),* así como entre la vida activa en general.

nuevas dimensiones de lo social y lo humano en su proyección futura. De hecho, la carencia de marcos conceptuales apropiados para categorizar lo que ocurre está dando lugar a serias dificultades de ubicación y auto-expresión, que generan confusiones y hasta sensaciones de angustia en sectores relevantes de la población.

En esta perspectiva de mayor exigencia analítica, hace ya algunos años que Hannah Arendt propuso diferenciar entre la idea global de trabajo, como actividad social productiva y una idea más genérica de *vida activa,* comprensiva de tres referencias distintas: la *labor* o actividad no productiva sino comunicativa (a la que impulsa la *necesidad),* el *trabajo* como actividad productiva orientada a la elaboración de mercancías y utensilios (a la que impulsa la *utilidad)* y la *acción,* como despliegue del comportamiento de actores que usan palabras y hacen historia, que tienen proyectos y realizan vocaciones (a la que impulsa la *iniciativa)*[7].

Una propuesta de enriquecimiento conceptual de esta naturaleza requeriría un mayor desarrollo y algunos matices adicionales para poder ser aplicada a los diversos campos de la acción colectiva (social o política), tal como ésta se manifiesta en las sociedades de principios del siglo XXI, no sólo en la esfera de la producción material entendida al modo más tradicional, sino también del voluntariado, de la prestación de múltiples servicios, de la educación, del ocio, del «enriquecimiento personal», de las actividades de «utilidad social», etc.

Las perspectivas sociales que se apuntan en el futuro van a exigir un mayor esfuerzo de diferenciación y de *precisión conceptual,* desde el punto de vista de la *especificidad sociológica,* pues aunque es sabido que las *palabras* no son las únicas responsables de arrastrar —o poner en crisis y confundir— las realidades, lo cierto es que las amalgamas terminológicas generan confusión, dificultan una compresión clara de las situaciones sociales y contribuyen a engendrar temores e incertidumbres en torno a aquellas cuestiones cuyas implicaciones no pueden ser bien explicadas con el limitado bagaje conceptual disponible.

De ahí, pues, la necesidad de ese esfuerzo de nueva mentalización cultural que reclama Adam Schaff sobre las posibilidades que ofrecerá la sociedad tecnológica del futuro en los campos del desarrollo de la individualidad, de los valores, de los nuevos sentidos de la vida, de las perspectivas de emergencia de un nuevo concepto del *«homo studiosus como homo universalis»* y del *«homo ludens* como

---

[7] Hannah Arendt, *La condición humana,* Barcelona, Seix Barral, 1974, págs. 19 y sigs.; primera edición inglesa de 1958.

superación del *homo laborans*»[8]. Como sostiene Schaff, las nuevas potencialidades del *homo studiosus* y del *homo ludens* son las dos «caras significativas» del hombre en la nueva época que empieza con la revolución tecnológica. En definitiva, las posibilidades sociales que se abren ante nuestros ojos implican plantearse hasta qué punto muchas de las viejas ideas y concepciones sobre la *«necesidad universal de trabajar»,* tal como se han entendido durante el industrialismo, están desfasadas, en la medida en que no son otra cosa que «el producto de una educación y unos condicionantes morales» propios del pasado, «una necesidad artificial» (en parte), «un producto social e histórico»[9], cuya validez, lógicamente, debe circunscribirse al período concreto en que surgió.

La valoración de las actuales concepciones del trabajo como el producto cultural de una época histórica acotada nos remite a la exigencia de adoptar una óptica analítica de más amplio alcance, que permita entender que los procesos actuales de *crisis del trabajo,* de restricción de la *oferta de empleo,* de desmotivación laboral (sobre todo entre las nuevas generaciones) y de surgimiento de nuevas concepciones sobre el valor en sí del trabajo como fuente de gratificaciones sociales y personales, forman parte de los mecanismos de ajuste a una nueva época histórica. En el fondo, podríamos decir que son una manifestación de la sabiduría latente que es factible identificar en el propio pulso de la sociedad en su curso evolutivo. De ahí que en la nueva tesitura social un número creciente de personas ya no contemplen ni interpreten el trabajo de la manera que era habitual hasta hace muy poco tiempo. Es decir, la aspiración a trabajar según los parámetros tradicionales ya no es una constante tan fuerte y tan arraigada como hace unas pocas décadas. Al menos, a trabajar tantas horas, en determinados tipos de tareas y con los mismos niveles de implicación social y personal que en el pasado.

4. La aspiración al trabajo mínimo

La relación del hombre con el trabajo no ha estado exenta de ambivalencias y contradicciones a lo largo de la historia de la humanidad. Prácticamente hasta la llegada de la civilización industrial, las

---

[8] Adam Schaff, *¿Qué futuro nos aguarda? Las consecuencias sociales de la segunda revolución industrial,* ob. cit., págs. 149 y sigs.
[9] Una revisión crítica sobre esta cuestión puede verse, por ejemplo, en Sean Sayers, «The need to work; a perspective from philosophy», en R. E. Pahl (ed.), *On work. Historical, comparative and theoretical approaches,* Oxford, Basil Blackwell, 1988, págs. 722 y sigs.

concepciones predominantes fueron tan negativas que en la Biblia el trabajo pudo ser presentado como castigo divino al pecado original. La maldición de «¡tener que ganarse el pan con el sudor de la frente!» impregnó el sentido de muchas expresiones con las que nos referimos al trabajo en la mayor parte de los idiomas, como ya hemos subrayado.

En las grandes culturas clásicas de Occidente el trabajo se consideraba impropio de seres libres. Aristóteles llegó a formular concepciones verdaderamente sorprendentes sobre la doble condición humana, afirmando que «la naturaleza misma... hace los cuerpos de los seres libres diferentes de los de los esclavos, dando a éstos el vigor necesario para las obras penosas de la sociedad y haciendo, por lo contrario, a los primeros incapaces de doblar su erguido cuerpo para dedicarse a trabajos duros, y destinándolos solamente a las funciones de la vida civil, repartida para ellos entre las ocupaciones de la guerra y las de la paz»[10].

Herodoto expresó en su *Historia* la convicción de que el rechazo del trabajo no era la herencia de un solo pueblo o una sola cultura, sino que era un común denominador. «No podría determinar categóricamente —dijo— si los griegos han aprendido, asimismo, de los egipcios esta costumbre, pues veo que también los tracios, los escitas, los persas, los lidios y casi todos los bárbaros consideran menos respetables que a los demás a aquellos conciudadanos suyos que aprenden los oficios artesanales»[11]. Para Aristóteles, en la *polis* perfecta los artesanos no tenían derecho a votar en la asamblea pública y prácticamente quedaban excluidos de la condición de ciudadanos[12].

El desarrollo del mundo moderno y, sobre todo, la superación de las concepciones más radicales en torno a la doble concepción humana (amos y esclavos, señores y siervos) contribuyó a que el trabajo lograra alcanzar una dignificación progresiva, en un contexto social de mayor dinamismo productivo. Esta recuperación adquirió mayor intensidad en el proceso de la revolución industrial, bajo la influencia de las nuevas necesidades del sistema económico emergente y con el estímulo añadido que aportaron varias corrientes ideológicas: principalmente el pensamiento de los economistas clásicos,

---

[10] Aristóteles, *La política*, ob. cit., pág. 28.
[11] Herodoto, *Historia*, libro II, 167.
[12] Aristóteles, *La política*, ob. cit., libro IV, capítulo VIII. Incluso en Aristóteles hay una visión negativa específica del obrero, ya que, en comparación con el esclavo, éste no se beneficia de la virtud del amo de cuya vida participa el esclavo, «el obrero, por el contrario —advertirá Aristóteles— vive lejos de nosotros, y no debe tener más virtud que la que exige su esclavitud, porque el trabajo del obrero es en cierto modo una esclavitud limitada» (ibíd., pág. 42).

para los que el trabajo era una de las tres grandes fuentes de riqueza (junto a las rentas del *capital* y los frutos de la *tierra*), así como los nuevos enfoques socialistas que situaban al trabajo y al trabajador en el primer plano de referencia política y social. Sin embargo, los esfuerzos de recuperación del sentido y el valor del trabajo que tuvieron lugar durante el ciclo temporal de las sociedades industriales se produjeron en el marco de unas valoraciones diferentes a las que hasta entonces se habían formulado, apuntando ya hacia la búsqueda de nuevas condiciones de felicidad y de bienestar social para la mayoría de la población. Por ello, no es extraño que muchas de las concepciones en boga esbozaran una perspectiva deseable de progresiva reducción de los tiempos de trabajo, intentando armonizar la inclinación hacia el despliegue de las capacidades y orientaciones «productivas» de los seres humanos con las posibilidades de una mayor dedicación a aquellas actividades intelectuales, culturales, recreativas y lúdicas que podían propiciar un desarrollo más integral y creativo de las personas.

En la reivindicación de nuevas potencialidades humanas se delineaban claramente dos elementos de referencia: por una parte, la identificación de una evolución histórica que daba lugar a que cada período y cada modelo de sociedad fueran acompañados de formas específicas de trabajo, en función de las condiciones tecnológicas y organizativas de los diferentes sistemas de producción; y, por otra parte, la aspiración social a conquistar modos de vida y de trabajo —o de actividad social— cada vez más gratificantes.

En lo que se refiere a la primera perspectiva, hay que tener presente que las sociedades industriales implicaron un cambio en las pautas de trabajo predominantes hasta entonces, ya que la propia idea de unos horarios de trabajo dilatados realizados prácticamente durante todos los días de la semana y durante todas las semanas del año era desconocida por la mayoría de la fuerza de trabajo en las sociedades agrarias. En Roma, por ejemplo, a la muerte de Nerón el número de días «festivos» al año llegó a ser de 176, manteniéndose en las sociedades europeas la misma pauta prácticamente hasta el siglo XVIII, momento en el que se contaba con 174 días no laborales al año. La propia Iglesia Católica llegó a establecer en este período disposiciones taxativas prohibiendo que se trabajara los domingos y otros 38 días feriados, lo que totalizaba al menos 90 días al año. La existencia de tantas fiestas no resultaba disfuncional para el sistema económico en su conjunto, ya que se trataba de sociedades agrarias en las que la mayor parte de las exigencias laborales venían marcadas por los ritmos de la naturaleza, con ciclos de siembra, cuidado y recolección muy acotados, que requerían trabajar de «sol a sol» en ciertos períodos del año, pero que permitían bastantes «huecos» de tiempo durante otras épocas, en las que prácticamente no era necesario que las grandes masas de agricultores tuvieran que llevar a cabo muchas tareas para atender directamente las necesidades productivas y de supervivencia. Las pautas laborales agrarias influyeron también en otras actividades, y los artesanos, por ejemplo, solían trabajar no sólo en función del ritmo de sus encargos, sino también de acuerdo con otros criterios y costumbres que en ocasiones les llevaban a «descansar» los sábados y los lunes. De hecho, la costumbre de no trabajar los lunes, o al menos la primera parte de los lunes, aún se mantiene entre determinados «oficios» en algunas sociedades.

El surgimiento de las sociedades industriales supuso una ruptura radical con estas pautas sociales, dando lugar a una nueva dialéctica entre patronos y trabajadores en la pugna por imponer largas jornadas de trabajo, por parte de los primeros, y por conquistar niveles de vida suficientemente dignos, por los segundos, en una tensión de esfuerzos y presiones en la que los trabajadores no siempre pudieron librarse del imperativo de realizar jornadas muy dilatadas si querían obtener salarios suficientes para vivir.

Precisamente es en este nuevo marco socio-económico en el que hay que situar los esfuerzos que tuvieron lugar para ajustar y adecuar los salarios y los tiempos de trabajo a ciertos objetivos básicos de dignidad personal y de calidad de vida. Por ello, las reivindicaciones del movimiento obrero se orientaron desde el principio a intentar mejorar simultáneamente las condiciones físicas del trabajo, los niveles salariales y la extensión de las jornadas. Primero se reivindicó la jornada de 10 horas diarias, luego el objetivo de las 48 horas semanales se convirtió en una de las principales banderas de la Segunda Internacional (1889) y, a partir de ahí, las conquistas sociales y laborales se fueron ensanchando y ampliando progresivamente, en un proceso que ha abarcado muchas facetas, pero en el que la reducción de la jornada laboral y la mejora de las condiciones de trabajo han sido constantes fundamentales.

La evolución seguida a lo largo de los años en la forma de entender y de realizar el trabajo ha dado lugar a una tendencia de aproximación progresiva hacia una aspiración histórica que hunde sus raíces en el pensamiento utópico y en prácticamente todas las corrientes socialistas. En las utopías del Renacimiento el objetivo de un trabajo mínimo ya estaba claramente formulado. En la *Utopía* de Tomás Moro se plantea una distribución equilibrada de los tiempos de ocio, de descanso y de trabajo, con jornadas laborales de sólo 6 horas diarias que apuntaban hacia la meta final de lograr que los ciudadanos «estén exentos del trabajo corporal el mayor tiempo posible...

y puedan dedicarse al libre cultivo de la inteligencia»[13]. Tomaso Campanella en *La ciudad del Sol* fijó la jornada laboral en no más de 4 horas al día «Entre los habitantes de la *ciudad del sol* —decía Campanella— no hay la fea costumbre de tener siervos, pues se bastan y sobran a sí mismos... Como las funciones y servicios se distribuyen a todos por igual, ninguno tiene que trabajar más que cuatro horas al día, pudiendo dedicar el resto del tiempo al estudio grato, a la discusión, a la lectura, a la narración, a la escritura, al paseo y a alegres ejercicios mentales y físicos»[14].

Esta tradición fue recogida en el pensamiento socialista en las propuestas de precursores como Fourier, que consideraba las largas y duras jornadas de trabajo industrial como algo repugnante, o como Owen que reivindicaba un máximo de 6 horas diarias. Desde otra perspectiva, Kropotkin, en su obra *La conquista del pan,* reclamó el derecho de los trabajadores al bienestar sin necesidad de tener que realizar el esfuerzo de largas jornadas, fijando el tiempo óptimo de trabajo en 5 horas, de forma que el resto pudiera dedicarse a las ciencias y al arte «El *derecho al bienestar* —sostenía Kropotkin— es la posibilidad de vivir como seres humanos y de criar los hijos para hacerlos miembros iguales de una sociedad superior a la nuestra, al paso que el *derecho al trabajo* es el derecho a continuar siendo siempre un esclavo asalariado, un hombre de labor, gobernado y explotado por los burgueses del mañana. El derecho al bienestar es la revolución social, el derecho al trabajo es, a lo sumo, un presidio industrial... La jornada de trabajo se limitará a cinco horas, mientras el resto del tiempo estará dedicado a las ciencias, a las artes y a las necesidades individuales que entran en la categoría de imprescindibles»[15].

La idea de un trabajo más gratificante y un esfuerzo laboral menos dilatado y agotador fue también una constante en diferentes obras de Carlos Marx, tanto como expresión de un anhelo liberador que pensaba que sería facilitado cada vez en mayor grado por el desarrollo tecnológico y el progreso económico, como resultado de una perspectiva de ajustes relacionados con la propia dinámica de los sistemas económicos y las posibilidades de calcular y fijar científicamente la duración de la «jornada normal del trabajo».

La primera perspectiva la encontramos en obras como *La Ideología alemana,* donde Marx dibuja nítidamente la imagen de una or-

---

[13] Tomás Moro, «Utopía», en *Utopías del Renacimiento,* México, F.C.E., 1956, pág. 50. Primera edición de 1516.
[14] Tomaso Campanella, *La ciudad del sol,* ibíd., pág. 129. Primera edición de 1623.
[15] Pedro A. Kropotkin, *La conquista del pan,* Barcelona, Río Nuevo, 1996, páginas 30 y 105-106. Primera edición de 1892.

ganización futura del trabajo más placentera que la actual y menos encorsetada en las necesidades de una rígida división del trabajo. «En la sociedad comunista —dirá— donde cada individuo no tiene acotado un círculo exclusivo de actividades, sino que puede desarrollar sus aptitudes en la rama que mejor le parezca, la sociedad se encarga de regular la producción general, con lo que hace cabalmente posible que yo pueda dedicarme hoy a esto, mañana a aquello, que pueda por la mañana cazar, por la tarde pescar y por la noche apacentar el ganado y, después de comer si me place, dedicarme a criticar, sin necesidad de ser exclusivamente cazador, pescador, pastor o crítico, según los casos»[16]. De manera más específica, en los *Grundrisse* Marx vincula el proceso de liberación del trabajo a lo que él califica como «sistema automático de máquinas», que tenderá a reducir el papel del trabajo en el proceso productivo y hacer que «el sobretrabajo de las masas (deje) de ser la condición del desarrollo de la riqueza general», abriendo la puerta a una nueva perspectiva de «libre desarrollo de las individualidades que permita que «los individuos reciban una formación artística, científica, etc., gracias al tiempo devenido libre y a los instrumentos creados para todos ellos»[17].

La segunda perspectiva se desarrolla básicamente en *El Capital*, en donde Marx aborda los límites de la jornada laboral no sólo en términos morales y políticos, sino también económicos y sociales. Para Marx, el «afán de prolongar desmesuradamente la jornada laboral es un sinsentido económico que exige una "limitación coactiva por parte del Estado" para evitar que se transgredan no sólo los límites máximos morales de la jornada de trabajo sino también meramente físicos»[18]. Aspecto este último que también subrayan bastantes especialistas en nuestros días, recordando que existen unos límites psico-físicos normales, cuya extensión generalmente no excede las 5 ó 6 horas diarias, a partir de las cuales las personas entran en una fase de cansancio, de mayores dificultades de atención y de realizaciones declinantes de las tareas.

Sin embargo, lo más relevante en los análisis de Marx es su intento de demostrar que «la jornada laboral no es una magnitud constante sino variable» y que su extensión se puede determinar por me-

---

[16] Carlos Marx y Federico Engels, *La ideología alemana,* Barcelona, Grijalbo, 1970, pág. 34 (texto original de 1845-1846).
[17] Carlos Marx, *Líneas fundamentales de la crítica de la Economía Política* (Grundrisse), OME, 22, ob. cit., vol. 2, págs. 81 y 91. Curiosamente estas consideraciones son rematadas con una cita entrecomillada de un autor cuyo nombre no se menciona: «Una nación —se remarca— es realmente rica, cuando en lugar de trabajar doce horas, trabaja seis» (ibíd., pág. 91).
[18] Carlos Marx, *El Capital,* Libro I, vol. 1, OME 40, Barcelona, Grijalbo, 1976, pág. 287; véase en particular todo el capítulo 7.

dio de un cálculo económico racional que debiera resultar concordante «con el propio interés del capital... en la dirección de una *jornada laboral normal*». La propia idea de una «jornada laboral normal», liberada del *plustrabajo* innecesario y disfuncional, se sitúa, por lo tanto, en una óptica histórica de amplio alcance, avalada por informaciones relacionadas con variables tecnológicas, económicas, políticas, organizativas y sociales, que demuestran que la reducción de la jornada no ha ido acompañada nunca de una disminución de la producción, sino todo lo contrario. Tomando como ejemplo la experiencia de Inglaterra, Marx recuerda que los obreros, trabajando 10 horas, producían más que cuando trabajaban 14 ó 16 y que la reducción de la jornada a 9 horas no disminuyó la producción[19].

Esta visión sobre las posibilidades futuras de reordenación del trabajo fue recogida por líderes políticos destacados en prácticamente todos los países. En el caso concreto de España, por ejemplo, fue formulada por Pablo Iglesias, quien vinculó la superación de las instituciones burguesas a la desaparición de las jornadas demasiado largas, con una perspectiva en la que los trabajadores acabarían ganando —según aventuró en 1892— «el doble o triple que hoy con una jornada que no pasará de cuatro horas»[20].

El autor al que se debe uno de los desarrollos más populares de estos planteamientos fue el yerno de Carlos Marx, Paul Lafargue, sobre todo en su obra *El derecho a la pereza*, publicada en 1883 en su versión definitiva. En este opúsculo, Lafargue formuló la meta de «forjar una ley de hierro que prohibiera a todo hombre trabajar más de tres horas diarias»[21]. Como indicó en sus escritos, esta reducción se situaba en el marco de una tendencia futura más general: «el trabajo del hombre reemplazado por el autómata»[22].

Siguiendo a Marx, Lafargue creía que era posible efectuar una «fijación científica de la jornada de trabajo», atendiendo a las informaciones estadísticas sobre «la cantidad total de horas de trabajo que se necesita para la producción social y, entonces, subdividiendo esta cantidad por el número de individuos que deben contribuir a la producción». De acuerdo con estos cálculos, Lafargue sostenía que en aquellos momentos en los que él escribía «la jornada normal de trabajo... tal vez se compondrá de menos de seis horas»[23].

---

[19] Carlos Marx, *El Capital*, Libro I, ob. cit., capítulo VIII, págs. 251 y sigs.
[20] Discurso pronunciado en Santander el 15 de mayo de 1892, Gráfica Socialista.
[21] Paul Lafargue, *El derecho a la pereza*, Madrid, Editorial Fundamentos, 1973, pág. 137.
[22] Ibíd., pág. 155.
[23] Ibíd., pág. 167.

Lo importante de la reflexión de Lafargue es el intento de ajustar la evolución del trabajo en función de las posibilidades existentes en la base económica y tecnológica de la sociedad, por un lado, y del predominio o influencia de concepciones culturales y valorativas sobre el trabajo que pueden presentar importantes disfunciones y desajustes de cara al futuro. De ahí el valor y el interés de algunas de sus apreciaciones, como anticipo de lo que podía venir en el curso social. «El trabajo —dijo— se convertirá en un condimento de los placeres de la pereza, en un ejercicio benéfico al organismo humano y en una pasión útil al organismo social, cuando sea sabiamente regularizado y limitado a un máximo de tres horas... Dados los medios modernos de producción y su potencia reproductiva ilimitada es necesario domar la pasión extravagante de los obreros al trabajo. Nuestras máquinas de hálito de fuego, de infatigables miembros de acero y de fecundidad maravillosa e inextinguible, cumplen dócilmente y por sí mismas un trabajo sagrado y, a pesar de esto, el espíritu de los grandes filósofos del capitalismo permanece dominado por el prejuicio del sistema salarial, la peor de las esclavitudes. Aún no han alcanzado a comprender que la máquina es la redentora de la Humanidad, la diosa que rescatará al hombre de las *sórdidas artes* y del trabajo asalariado, la diosa que le dará comodidades y libertad»[24].

Estas visiones no son privativas del pensamiento socialista del siglo pasado, sino que también economistas como Keynes consideraron que en el futuro se iría necesariamente hacia una jornada diaria de 3 horas en semanas de 15 horas, como consecuencia de los impactos de la revolución tecnológica. En su opúsculo titulado *Las posibilidades económicas de nuestros nietos,* Keynes formuló en 1928, como ya indicamos, previsiones perspicaces en torno a los riesgos futuros del «paro tecnológico» y sobre la manera en que tenderá a aumentar «el desempleo debido a nuestro descubrimiento de los medios para economizar el uso del factor trabajo sobrepasando el ritmo con el que podemos encontrar nuevos empleos para el trabajo disponible», apuntando a un futuro laboral con «turnos de tres horas», sobre todo para «satisfacer —decía— al viejo Adán que hay dentro de nosotros»[25].

En nuestros días esta tradición ha sido recogida por autores como Adam Schaff y André Gorz, que toman en consideración datos más actuales de la cuestión. Gorz ha llegado a sostener, por ejemplo, que el volumen real de empleos que «subsistan» cuando «la automatización haya alcanzado su pleno desarrollo», nos llevará a plantearnos

---
[24] Paul Lafargue, *El derecho a la pereza,* ob. cit., págs. 112 y 144.
[25] John M. Keynes, *Ensayos de persuasión,* ob. cit., págs. 327 y 330.

la idea de «una sociedad viable» en términos tales que posiblemente solo «podría requerir no más de dos horas de trabajo al día, o una docena de horas a la semana, o incluso quince semanas al año, o una decena de años en la vida»[26].

Más allá de algunas exageraciones, el conocimiento directo que es factible tener a principios del siglo XXI sobre los procesos de transformación de los sistemas productivos, permite que cada vez se hagan lecturas más «imaginativas» sobre el impacto de una revolución tecnológica que está dando lugar a cambios muy profundos en las formas y modalidades de trabajo, y en las posibilidades —y necesidades— de llevar a la práctica las metas futuristas que algunos fueron capaces de imaginar antes de que estuvieran dadas las condiciones que pudieran hacerlas factibles.

---

[26] André Gorz, *Adiós al proletariado*, Barcelona, El Viejo Topo, 1981, pág. 79; edición en francés de 1980.

Capítulo 8

¿Hacia una civilización postlaboral?
Epílogo provisional

Este libro se inició con un interrogante peliagudo en el mismo título: ¿se encamina la humanidad hacia un nuevo tipo de civilización postlaboral en la que el trabajo ya no será uno de los vértices centrales de la actividad de las personas y de los requerimientos de los sistemas sociales? En el momento de escribir este epílogo aún no es posible dar una respuesta concluyente a dicha pregunta, aunque creo que he aportado bastantes datos que apuntan en la dirección de tal posibilidad. A lo largo de las páginas de esta obra hemos podido comprobar que el trabajo está convirtiéndose en una realidad en crisis. Las transformaciones que han tenido lugar en las últimas décadas del siglo XX han afectado a las configuraciones de las actividades laborales, a las percepciones de los ciudadanos sobre el trabajo y a las estructuras de sentido y de motivaciones que lo acompañan, así como el propio papel que desempeña en los sistemas productivos.

Los hechos concretos son, en primer lugar, que existen altas tasas de desempleo y de precarización laboral en prácticamente todos los países, habiendo aparecido un nuevo fenómeno de paro estructural de larga duración; en segundo lugar, un número creciente de tareas productivas tienden a desmanualizarse, e incluso a «desoperarizarse», demandándose cada vez menos intervención física y psíquica de los seres humanos; y en tercer lugar, las ocupaciones tienden a segmentarse y los requisitos de los puestos en las nuevas condiciones tecnológicas refuerzan tanto la mayor cualificación de unos como la descualificación «práctica-aplicada» de otros, al tiempo que aumenta el empobrecimiento y la intercambiabilidad de los trabajadores. Los operarios y empleados son cada vez más reemplazables y sustituibles y, con harta frecuencia, son tratados como si fueran una mercancía de valor decreciente, a la que se exige adaptabilidad, movilidad, reciclaje, flexibilidad y capacidad para aceptar recortes salariales y limitaciones de derechos y oportunidades.

Las estadísticas laborales muestran un aumento del desempleo de larga duración, de la proporción de trabajadores pobres —o «de bajos salarios»—, de los empleados temporales y a tiempo parcial, de los que sólo alcanzan a trabajar con «contratos basura» y de los «autónomos forzosos» que realizan tareas subcontratadas o a domicilio, a veces en la economía sumergida.

1. LA DEGRADACIÓN DEL TRABAJO

Los organismos internacionales que siguen la evolución del trabajo, como la OIT, llevan años denunciando la acentuación de las desigualdades salariales y un conjunto de circunstancias precarizadoras que enmarcan una evolución social regresiva. Como se recordaba en el *Informe sobre el Trabajo en el mundo 2001*, «unos mil millones de trabajadores —un tercio de la población activa mundial— están desempleados o subempleados», 160 millones de personas buscan trabajo o están en condiciones de trabajar, pero no encuentran un empleo; 850 millones están subempleados o trabajan menos de lo que quisieran, o ganan menos del salario de subsistencia. «Las mujeres son una gran proporción de ellos... La seguridad de los ingresos corre peligro, a causa de la tendencia mundial a la desestructuración de los contratos de trabajo y al auge del empleo temporal y del trabajo —recalca la OIT— en el sector no estructurado»[1].

La ONU, por su parte, en el *Informe de Desarrollo Humano* del año 2000 ha denunciado que en el mundo hay 250 millones de niños trabajando, «además millones de niños son trabajadores domésticos y a menudo son víctimas de abusos físicos y psicológicos»[2].

Las discriminaciones que sufren muchas mujeres en el empleo, la explotación de fuerza de trabajo infantil y la carrera desbocada por lograr un abaratamiento de costes laborales (que está llevando a que en los países más desarrollados se utilice mano de obra emigrante en condiciones de cuasi-esclavitud), son algunas de las lacras más palpables del proceso de degradación de las condiciones de trabajo.

Este deterioro es el resultado de la influencia de diversos factores: algunos derivados de una revolución tecnológica que permite sustituir un número creciente de tareas y que hace que muchos operarios sean cada vez más prescindibles, abaratando el empleo y desestructurándolo; otros factores están conectados con las nuevas formas de organización económica en redes que facilitan condiciones laborales más «flexibles» y permiten la externalización de tareas y

---

[1] OIT, *World Employment Report 2001*, ob. cit., págs. 1 y 4; *Informe sobre el trabajo en el mundo, 2000*, Ginebra, 2000, pág. 23.

[2] PNUD, *Informe sobre Desarrollo Humano, 2000*, Madrid, Mundi Prensa, 2000, pág. 42.

producciones, dando lugar a nuevos fenómenos de «asalarización encubierta» y de subcontratación dependiente e «inestable» entre grandes corporaciones y pequeñas empresas y autónomos. Otros factores que, en relación con lo anterior, también están influyendo negativamente en la crisis del trabajo son los nuevos criterios productivos inspirados en los enfoques neoliberales, que han conducido a modificar los equilibrios sociales anteriores y que tienden a absolutizar el principio del lucro y el beneficio privado, sobre cualquier otra consideración en torno a necesidades o a valores humanos.

En las nuevas condiciones socio-económicas, «el capital —como ha subrayado Juan Torres— requiere un trabajo cada vez más precario, más sumiso y más desmovilizado, y entonces demanda mayor flexibilidad y versatilidad... Lo que ha ocurrido en realidad es que las economías capitalistas han producido en los últimos años una serie de procesos que han afectado de manera profunda no sólo a la cantidad de fuerza de trabajo contratada, sino también, y sobre todo, a la condición cualitativa del trabajo mismo»[3].

En contraste con las tendencias de deterioro del trabajo analizadas en este libro y con sus efectos en el aumento de las desigualdades, las respuestas de la sociedad y de los propios trabajadores se han visto coartadas por los marcos en los que tiene lugar la evolución de los sistemas socio-económicos y sus efectos limitativos sobre la capacidad de iniciativa de la población laboral. Como ya hemos indicado, la clase obrera no sólo está perdiendo el monopolio de la fuerza de trabajo, sino que se está viendo condicionada también por lo que algunos analistas han calificado como la «fragmentación» de los territorios obreros tradicionales[4], es decir, por la transformación de las fábricas típicas de las sociedades industriales, y por el surgimiento de una nueva lógica operativa influida por modalidades de producción en red, en un marco económico general en el que se hace notar la hegemonía de las grandes empresas multinacionales. Frente a estas grandes empresas y frente a las nuevas formas «desespacializadas» de producción económica, la capacidad de presión de los sindicatos se ve notablemente reducida, perdiendo también las pequeñas unidades de producción y de trabajo capacidad de negociación y de interacción simétrica. Todo lo cual está conduciendo a nuevas manifestaciones —y acentuaciones— de la lógica de la dependencia y la subordinación.

El debilitamiento de la capacidad de presión y de interlocución de los sindicatos y la modificación de los niveles de imprescindibilidad de la fuerza de trabajo tradicional, han acabado alterando mu-

---

[3] Juan Torres López, «Sobre las causas del paro y la degeneración del trabajo», Madrid, *Sistema*, julio de 1999, núm. 151, págs. 48-52.
[4] Ibíd., págs. 55 y sigs.

chos de los equilibrios y de los criterios establecidos para la asignación de funciones y tareas entre el Estado, los sindicatos y las empresas, a los que se había llegado en el ámbito del Estado de Bienestar. Ahora, la impresión que se difunde es que los ajustes sociales se han trastocado y que el trabajo se encuentra en una crisis que muchas personas están viviendo con una sensación de «pérdida», de regresión histórica.

Se trata de cambios que, como hemos visto a lo largo de las páginas de este libro, presentan muchas facetas, casi tantas como las que es posible identificar en el propio entramado complejo de la actividad productiva. En realidad es un haz de crisis que comprende: una crisis de trabajo como empleo, como resultado de las nuevas estructuraciones de los mercados del trabajo; una crisis de las relaciones salariales vinculadas al trabajo, como nexo económico; una crisis del trabajo como actividad social, como despliegue práctico de capacidad vital que vincula, que proporciona sentimientos de pertenencia y que permite operar en marcos de interacciones sociales; y también, y en relación con todo lo anterior, es una crisis de un modelo específico de sociedad y de una civilización en la que el trabajo ha ocupado un papel central y ha desempeñado una función económica estructurante (véase Cuadro 1).

La erosión de la «sociedad del trabajo» da lugar, como ha subrayado Claus Offe, a que «las instituciones y las evidencias heredadas se tornen súbitamente cuestionables», a que aparezcan dificultades inesperadas y al mismo tiempo no se acierta a discernir cómo van a discurrir las cosas»[5]. En las nuevas coordenadas sociales, se está produciendo un «descentramiento del trabajo respecto a otras esferas vitales», y progresivamente su esfera y la de producción «van perdiendo a todas luces la capacidad de estructurar y organizar la sociedad»[6], con el efecto de dificultar que se pueda construir en torno al trabajo y a las relaciones productivas clásicas una teoría de la sociedad y del cambio social.

En definitiva, se está viniendo abajo un amplio conglomerado de creencias y de modos de articulación social que habían venido basculando durante muchos años sobre la realidad del trabajo. Por ello, se ha podido sostener que «la sociedad del trabajo está caduca» y que el trabajo como tal «no puede servir ya de fundamento para la integración social»[7].

Pero, en la medida en que aún nos encontramos inmersos en los procesos de cambio que están alterando las bases de los viejos mo-

---
[5] Claus Offe, *La sociedad del trabajo. Problemas estructurales y perspectivas de futuro*, Madrid, Alianza Editorial, 1992, pág. 9; edición en alemán de 1984.
[6] Ibíd, véase págs. 51, 21 y 35.
[7] André Gorz, *La metamorfosis del trabajo,* ob. cit., pág. 98.

Cuadro 1
El marco de complejidad de las relaciones de trabajo

Dimensiones de la referencia «trabajo»	Ámbito de proyección concreto	Referencias conceptuales más precisas	Tipo de categorías (preferentemente)	Poderes relacionados
Trabajo como actividad productiva	• Puestos de trabajo	• Trabajo (como actividad productiva)	• Categoría sociológica	• Poder obrero-sindical
Trabajo como actividad social	• Acción colectiva • Iniciativa	• Acción (como actividad personal)	• Categoría antropológica	• Poderes culturales
Trabajo como nexo económico-social	• Empleo asalariado	• Empleo (como actividad relacional)	• Categoría económica	• Poder empresarial
Trabajo como referente de una sociedad dada	• Cultura del trabajo, ideologías y valores • Civilización laboral	• Labor (como acción racional proyectada en la historia)	• Categoría cultural e histórica	• Poderes políticos

Cuadro 1 (continuación)
EL MARCO DE COMPLEJIDAD DE LAS RELACIONES DE TRABAJO

	Función que cumple	Elementos actuales de crisis	Efectos de las crisis	Perspectivas de futuro/alternativas
Trabajo como actividad productiva	• Ubicar e integrar en la sociedad. • Atribuir estatus e ingresos	• Nuevas estructuraciones de los mercados de trabajo	• Desempleo. • Precarización laboral • Desespaciación • Exclusión. • Dualización social	• Reducción de los tiempos de trabajo • Nuevas actividades ocupacionales
Trabajo como actividad social	• Satisfacer inclinaciones vitales y establecer vínculos • Proyectar energías. • Facilitar la autorrealización personal	• Desmotivaciones. • Pérdida de sentido. • Desvitalización	• Escisión entre trabajo y vida • Transformaciones de las redes de relaciones sociales • Descentramiento del trabajo respecto a otras esferas sociales	• Flexibilización laboral • Mejor ajuste entre las necesidades «del trabajo» y las «necesidades de la vida» • Nueva orientación de los «tiempos vitales» • Vida multipolar
Trabajo como nexo económico-social	• Proporcionar ingresos para vivir • Proporcionar «sujeciones» sociales • Desalarización	• Desalarización • Desarticulación de las «sujeciones» sociales	• Debilitamiento de la integración social • Desarticulación de los procedimientos históricamente establecidos para proporcionar ingresos para vivir	• Nuevos mecanismos y procedimientos de distribución de recursos económicos • Nuevos nexos sociales • Enfoques de mayor participación social y asociativa
Trabajo como referente de una sociedad dada	• Dar sentido, justificar lo que se hace • Proporcionar criterios valorativos y de «racionalización» de las conductas y las identidades	• Crisis del modelo de la sociedad del «trabajo». • Pérdida de la capacidad de estructurar y dar sentido a una concepción dada de la sociedad	• Evolución hacia una nueva civilización postlaboral • Desajustes culturales y necesidad de nuevos valores y concepciones	• Nuevos valores y enfoques culturales • Emancipación humana • Nuevo tipo de civilización postlaboral

delos de sociedad, y en la medida que aún no aparecen claramente delineados los contenidos y las posibilidades de las nuevas sociedades emergentes, lo que está ocurriendo presenta muchas de las inconsistencias y de las dificultades funcionales e interpretativas propias de los períodos donde se hace palpable una «desincronización histórica». Es decir, nuestras sociedades continúan siendo deudoras en buena parte de culturas y concepciones típicas de modelos desfasados, de forma que aún se mantienen vigentes valores propios de los paradigmas industriales, permaneciendo operativa, al menos en parte, la retórica de la «civilización del trabajo», alimentada por los impulsos inerciales y por las prácticas justificativas de las organizaciones y las instancias sociales que surgieron a su calor.

La «desincronización histórica», verosímilmente, va a dar lugar a dificultades interpretativas y a desajustes en la conciencia social, en escenarios que, como apuntó Hannah Arendt, pueden conducir a verdaderas paradojas, como la de enfrentarse «con la perspectiva de una sociedad de trabajadores sin trabajo, es decir, sin la única actividad que les queda. Está claro —apuntillará Arendt— que nada podría ser peor»[8].

Sin embargo, cuando se habla de crisis de trabajo no debemos quedarnos solamente en la lectura negativa de aquello que está llegando a una fase terminal. La crisis de lo viejo, o la metamorfosis de lo que fue en el pasado, anticipa también lo nuevo, lo que está por venir. Cuando se pone excesivo énfasis en las dimensiones críticas de los procesos sociales se está adoptando una óptica anclada en el pasado. En cambio, cuando el acento se desplaza hacia lo que está por venir, hacia el resultado o hacia las posibilidades de la metamorfosis, es inevitable deslizarse hacia la formulación de propuestas y teorías a las que fácilmente podrá reputarse de futuristas. De ahí que en el análisis sobre los cambios laborales sea necesario poner los pies firmemente en el suelo, atendiendo a los hechos, y, a la vez, esforzarse por comprender a dónde pueden conducir los cursos sociales que se han puesto en marcha. En este sentido es, precisamente, en el que la actual crisis del trabajo debe conectarse con la hipótesis del surgimiento de un nuevo tipo de civilización postlaboral.

2. El trabajo del pasado y las nuevas formas de acción social

La evolución histórica puede acabar situándonos ante un horizonte en el que las *utopías* de ayer se conviertan en las *exigencias* del *mañana,* como una derivación lógica de las características tecnológicas y organizativas de los nuevos sistemas productivos. En la me-

---
[8] Hannah Arendt, *La condición humana,* ob. cit., pág. 16.

dida que esta tendencia se consolide, la noción limitativa de «trabajo» heredada de las etapas económico-sociales del pasado quedará obsoleta y tendrá que ser reemplazada por otros conceptos que resulten más pertinentes para comprender las nuevas realidades sociales. En este nuevo horizonte, muchos de los componentes de la sociedad tendrán que ser replanteados y entre ellos el sentido y el ámbito de las actividades humanas, es decir, el conjunto de quehaceres concretos en los que ocuparán sus horas el común de los mortales y a través de los que sentirán que cumplen su función de pertenencia social. ¿Cómo llenarán su tiempo los hombres y mujeres que vivan en sociedades altamente robotizadas?, ¿de qué vivirán aquellos que no puedan encontrar un trabajo «normal» en la industria o los servicios?, ¿cómo se asignarán los recursos necesarios para vivir?, ¿cómo se difundirán entre todos los seres humanos las ventajas y las conquistas que brinda la revolución tecnológica?, ¿de qué manera se cumplirán las funciones «asociadas» que el trabajo productivo ha tenido en las sociedades tradicionales y, sobre todo, en las industriales?

Las incertidumbres, e incluso el vértigo, que suscitan estas preguntas, en ocasiones han intentado ser neutralizadas recurriendo a establecer paralelismos elementales con lo ocurrido en las sociedades agrarias desarrolladas, en las que la existencia de siervos y esclavos dispensó de la obligación de trabajar a una elite de seres libres que pudieron dedicar su tiempo a las tareas del gobierno y de la guerra, pero también al arte, al pensamiento y a formular los primeros esbozos de reflexión científica; lo cual permitió hacer avanzar notablemente la cultura. Ahora, siguiendo esta lógica argumentativa, hay quienes piensan que puede ocurrir algo similar, ya que los «nuevos esclavos tecnológicos» cada vez nos podrán liberar en mayor grado de la obligación de ocuparnos de los trabajos más tediosos, cansados y desagradables.

Sin embargo, el paralelismo no es del todo correcto, ni es aplicable automáticamente a las sociedades de un futuro inmediato. En las sociedades agrarias, los miembros de la elite de seres libres, además de esclavos y siervos, tenían tierras y propiedades que les permitían disfrutar de recursos suficientes. Es decir, la cuestión no estriba sólo en quién realiza los trabajos productivos más enojosos, sino en quién posee o controla los bienes, los recursos y los frutos del trabajo, más allá de la circunstancia de que se encuentre robotizado o no. Por lo tanto, la pregunta verdaderamente crucial de cara al futuro que se avecina es: ¿de qué vivirán los que no tendrán que realizar los trabajos (o no podrán)?, ¿cómo se distribuirán los recursos?

Las perspectivas que se inauguran en las sociedades postlaborales presentan muchas complejidades e incertidumbres. La metamorfosis del trabajo dará lugar a problemas y dificultades de ajuste que llevarán a replantearse el funcionamiento de bastantes estructuras sociales básicas. Lo más verosímil es que, a corto plazo, se produzcan reestructuraciones sustanciales de los tiempos y las modalidades de los trabajos, que se expandan nuevas posibilidades productivas y ocupacionales (en ocio, educación, mejora de la calidad de vida, mantenimiento ecológico, etc.) y que se incorporen al acervo de tareas laborales remunerables nuevas actividades de utilidad social en el campo de la solidaridad, en el apoyo social, en la mejora de los modos de vida, en la organización societal y en otros cometidos que hoy cuesta imaginar, pero que en cierta medida están siendo anticipados por los trabajos de voluntariado social y por todo ese conjunto de iniciativas que se están desarrollando en ámbitos a los que algunos califican como «tercer sector» y otros conceptúan como un espacio «postmercado» de la actividad social, o como tareas de «trabajo-cívico». Espacios y tareas que cada vez se irán entendiendo como algo más *útil* y *necesario* para la sociedad.

La experiencia histórica demuestra, en este sentido, que según han ido evolucionando las sociedades y haciéndose más complejas, se han perfilado nuevos *roles* y funciones sociales, que poco a poco han incorporado nuevas definiciones de la estructura de las necesidades sociales; sobre todo a medida que se ha dispuesto de más recursos para cubrir mejor múltiples funciones. A principios del siglo XXI existe un número considerable de actividades que hace años era inimaginable pensar que podrían llegar a ser socialmente demandadas, que serían merecedoras de unos salarios o ingresos (en ocasiones «públicos») y que, además, llegarían a tener un reconocimiento social elevado. Este es el caso, por ejemplo, de los científicos e investigadores «profesionales», de los maestros que enseñan en escuelas gratuitas abiertas a todos, de los propios sociólogos, de los psicólogos, de los periodistas, de los encuestadores, de los trabajadores sociales y de muchos de los que efectúan tareas de intermediación, de voluntariado, de ayuda a domicilio, etc. Por no referirnos, claro está, a todas las ocupaciones relacionadas con las grandes innovaciones comunicacionales y tecnológicas: los que manejan cámaras de televisión, los reporteros gráficos, los informáticos, los analistas de sistemas, los diseñadores, los empleados en las industrias del ocio y el entretenimiento, etc.

Por lo tanto, en las sociedades del futuro, si hay recursos económicos suficientes y voluntad de continuar expandiendo el bienestar social y las posibilidades de disfrute de la vida para todos, surgirán nuevas tareas ocupacionales y «actividades remunerables» que responderán a las nuevas demandas sociales y a la mayor complejidad social. Y, a más largo plazo, la evolución tecnológica es posible que abra otras perspectivas en el marco de un replanteamiento más profundo de las estructuras sociales y del sentido y el alcance de la acción social.

Las nuevas potencialidades que se presentan obligan a realizar un esfuerzo de imaginación y de amplitud mental que, en primer lugar, debe permitirnos desterrar la tentación de mitificar el pasado, evitando caer en simplificaciones distorsionadas sobre lo que en realidad ha supuesto la experiencia del trabajo para la inmensa mayoría de los seres humanos que se han visto forzados a realizarlo, a veces en condiciones sociales y personales muy negativas. Como nos recuerdan algunos analistas, la experiencia efectiva del trabajo ha sido valorada generalmente por la mayoría de la gente como «rutinaria, opresiva y embrutecedora y lejos de ofrecer posibilidades de cumplimiento y auto-realización lo más habitual ha sido considerar que producía alienación y destrucción del cuerpo y del espíritu»[9]. De ahí, la necesidad de ser muy cautelosos ante algunas de las concepciones más simplificadoras sobre la «necesidad del trabajo», entendida como una inclinación intrínseca, casi compulsiva, que impele hacia el ejercicio de una actividad productiva, y cuya carencia produce inevitablemente «desmoralización» y sentimientos de «inutilidad social».

Como ya hemos indicado, una cosa es la necesidad económica de trabajar para vivir y otra el sometimiento forzado a un régimen de asalariado bastante predeterminado. Y, desde luego, una cosa es el sentido de utilidad social y la inclinación a mantener una acción social participativa y productiva (en el sentido «creador» o «hacedor») y otra muy distinta las exigencias de someterse al ejercicio de actividades hiper-reguladas, como si los seres humanos fueran robots o zombis sin voluntad ni capacidad de autorregulación. Es decir, cuando se habla del trabajo que se realizaba en las sociedades industriales hay que pensar en los trabajos concretos que tenían —y tienen— que realizar la inmensa mayoría de las personas. Y eso dista mucho de ser una experiencia «idílica» que merezca ser añorada.

Por eso, a la hora de valorar algunas de las perspectivas que se abren con la revolución tecnológica hay que diferenciar entre el «trabajo en sí» y todas las adherencias sociales que lo acompañan históricamente. André Gorz en uno de los libros más sugerentes que se han escrito hasta ahora sobre la «metamorfosis del trabajo» —al que ya nos hemos referido— plantea dos ideas de cara al futuro que deberíamos considerar con alguna atención. La primera es la necesidad

---

[9] Sean Sayers, «The Need to work: a Perspective from philosophy», en R. E. Pahl (ed.), *On Work*, ob. cit., págs. 724 y 731.

de proceder a una rápida sustitución de la vieja utopía del trabajo por una nueva utopía que permita aprovechar adecuadamente las nuevas posibilidades. «Es preciso —dirá— cambiar de utopía, porque mientras permanezcamos prisioneros de lo que se viene abajo, seguiremos siendo incapaces de percibir el potencial de liberación que la actual mutación contiene y de sacar partido de dicho potencial imprimiendo su sentido a esta mutación»[10].

La segunda idea es la necesidad de asumir un concepto multipolar de la vida social, en el que la experiencia del trabajo no aparezca desvinculada de un sentido existencial mucho más amplio, en el que tienen cabida múltiples actividades y tareas; o lo que es lo mismo, «que el trabajo forme parte de la vida, en vez de que ésta tenga que ser sacrificada o subordinada a aquél»[11].

Esta nueva posibilidad vital podría ser facilitada por la revolución tecnológica, de forma que reduciendo los tiempos de trabajo obligatorio y liberando a los seres humanos de muchas de las cargas y actividades más enojosas se lograría superar el distanciamiento que ha existido históricamente entre las «necesidades del trabajo» y las «necesidades de la vida». La emancipación del trabajo que ahora es factible puede permitir que el nuevo tipo de trabajos que deberíamos realizar en el futuro quedara subordinado a un proyecto humano más amplio, más gratificador y más creativo (productivo) en el sentido más fiel de la expresión.

La hipótesis de una vida social más enriquecida y menos lastrada por la obligación de realizar agotadoras jornadas laborales, permitiría aproximarse a las viejas utopías que imaginaban a unos seres humanos dedicados también a la cultura, al arte, a la vida social gratificante, a las aficiones, al deporte, etc. De hecho esta posibilidad no es tan futurista y «utópica» como pudiera parecer, pudiendo encontrarse en las sociedades desarrolladas algunas anticipaciones, por ejemplo, en torno a las ofertas de ocio para jubilados que han puesto en marcha diversas entidades. La prolongación de la edad media de vida, la mejora de las condiciones de los jubilados y las prestaciones económicas propias del Estado de Bienestar, han hecho factible que muchas personas que se encuentran liberadas por su edad de la obligación de trabajar hayan podido encontrar en Centros de la Tercera Edad, en Casas Municipales de Cultura y en otras instituciones públicas, espacios para la práctica del ocio, el excursionismo, la cultura y el esparcimiento cultural y recreativo (cursos, conferencias, cursillos de música, literatura, práctica de manualidades, etc.). ¿Nos

---

[10] André Gorz, *La metamorfosis del trabajo,* ob. cit., pág. 20.
[11] Ibíd., pág. 281.

imaginamos el disfrute de todas estas oportunidades en los mejores años de la vida? ¿Por qué no?

3. ¿CÓMO SE ESTRUCTURARÁ LA SOCIEDAD POSTLABORAL?

Las perspectivas que se abren a la humanidad con la revolución tecnológica no cobrarán todo su alcance y potencialidades si no se desarrollan en el marco de un nuevo tipo de sociedades en las que se inauguren nuevas concepciones del uso de los tiempos vitales, nuevos enfoques de la acción colectiva (con tareas y actividades de utilidad social, de ocio cultural y creativo, de implicación en proyectos societarios, etc.) y, por lo tanto, nuevos criterios de participación. Lo cual implica una cultura política diferente.

En ese tipo de sociedades, para las que ahora existen condiciones técnicas y económicas como nunca antes se habían conocido, será factible superar muchas de las alienaciones y de las experiencias vitales escindidas que se dieron en el orden industrial. Y por ello, el trabajo podrá ser efectuado en períodos más acotados y también de acuerdo a parámetros organizativos y relacionales de implicación y participación similares a los que se ha llegado en otros ámbitos de la sociedad. Estas conquistas supondrán —o podrán suponer— no sólo *trabajar menos,* sino también *trabajar mejor,* de manera más *gratificante* y *satisfactoria,* y, por lo tanto, disfrutar de más oportunidades de ser felices.

Algunos de los autores que durante los últimos lustros del siglo XX fueron capaces de entender con más claridad el alcance de las transformaciones en la realidad del trabajo —como actividad y como oferta de empleo disponible—, coincidieron en algunas de sus apreciaciones básicas. Así, analistas sociales de procedencia diversa, como Adam Schaff, André Gorz, Jeremy Rifkin y Ulrich Beck, piensan que la sociedad laboral acabará siendo puesta en cuestión a causa de la sustitución progresiva de las personas por ingenios productivos robotizados y, a su vez, los cambios en los sistemas productivos que hacen posible esta sustitución tendrán un alcance global que afectará a múltiples facetas de la vida social.

Pero, en contra de lo que pudiera parecer, y de algunas interpretaciones simplistas de sus obras, estos autores no hacen una lectura negativa y pesimista de los cambios que están en ciernes. Como ya vimos, Adam Schaff anticipó las posibilidades de una nueva concepción más enriquecida y más creativa de nuestra especie: la sustitución del *homo faber* por el *homo estudiosus* y el *homo ludens,* como ser universal capaz de sentar las bases de una nueva forma de organización societaria más igualitaria, donde todos los ciudadanos tendrán un «ingreso mínimo garantizado» para sobrevivir («salario social»). Gorz, por su parte, atisbó la «visión de otra sociedad posible» en la que las orientaciones laboro-centristas y productivistas dejarán paso a una «sociedad de tiempo liberado», donde lo cultural predominará sobre lo económico y donde la gente no estará dominada por el imperativo de «trabajar por trabajar» y todo el mundo tendrá derecho a unas rentas públicas que permitirán dedicar menos tiempo al «trabajo pagado» y más a actividades autónomas y a otras tareas libremente elegidas. Es decir, lo que Gorz plantea es la posibilidad de «arrancar» una utopía a los avances tecnológicos.

Rifkin considera, igualmente, las posibilidades de desarrollo de nuevos espacios postmercado en un nuevo orden económico en el que tendrán más peso los modelos de actividad económica basados en criterios altruistas y solidarios y no sólo los guiados por el egoísmo y la competitividad a ultranza. En este tipo de sociedad Rifkin entiende que se dispondrá de más tiempo de ocio, habrá menos regulaciones y el «tercer sector» tendrá un papel más prevalente[12].

Ulrich Beck, asimismo, ha sostenido que el fin de la sociedad laboral y el proceso de sustitución de los hombres por máquinas no tienen por qué desembocar en catástrofes sociales inevitables, sino más bien todo lo contrario, ya que «sólo cuando se consiga transferir a las máquinas todos los elementos pasivos y miserables estarán las fuerzas creadoras humanas libres para acometer punto por punto las grandes cuestiones» de lo que él califica como «la segunda modernidad»[13]. En esta segunda modernidad se desarrollará un nuevo tipo de actividades de «trabajo cívico» desligado de la preocupación por el sustento, financiado —«no pagado, sino recompensado»— con «dinero cívico», e impulsado por un nuevo tipo de «empresarios de bien común», así como por «comités de trabajo cívico»[14].

La idea de una «segunda modernidad» es entendida como una vía a través de la que podrán superarse algunos de los problemas y las limitaciones que introduce la crisis del trabajo en las ideas de la modernidad y en la propia noción de ciudadanía que ha estado conectada a la experiencia del trabajo en el ciclo histórico del modelo industrial. No hay que olvidar, en este sentido, que en las sociedades industriales modernas el hecho de trabajar implicaba no sólo un procedimiento institucionalizado para obtener unos ingresos, sino que también proporcionaba el acceso a unas actividades que atribuían dignidad y estatus como actor social con presencia pública, con derecho al voto y a la participación en organizaciones sindicales y po-

---

[12] Jeremy Rifkin, *El fin del trabajo,* ob. cit., véase págs. 261 y sigs.
[13] U. Beck, *Un nuevo mundo feliz,* ibíd., pág. 194.
[14] Ibíd., véase págs. 137 y sigs.

líticas. De esta manera, durante una etapa histórica importante el trabajo ha sido sustento para muchos componentes fundamentales de la existencia del ser humano-ciudadano: «bienestar, posición social, personalidad, sentido de la vida, democracia, coherencia política»[15]. Y en este sentido, y precisamente por ello, autores como Ulrich Beck piensan que la recomposición futura de todo lo que pone en cuestión la crisis del trabajo requiere una «segunda modernidad» que restablezca el papel de la persona en su posición de sujeto social central, mediante un nuevo tipo de «trabajo-cívico» que permita reintegrar al individuo en la sociedad desde las propias esferas de la vida política, es decir como «ciudadano-trabajador».

Con estas propuestas se podrá coincidir o no, se podrán hacer juicios de uno u otro signo, se podrá pensar que son poco viables, o, quizás, demasiado vagas o difusas, pero lo que no se puede sostener es que sean pesimistas o negativas. Más bien al contrario, la impresión que producen algunas de las aproximaciones a la cuestión que aquí estamos considerando es la de un cierto salto o desfase entre el nivel de los análisis y los diagnósticos y el de las propuestas concretas y viables.

Las imágenes del futuro esbozadas en los intentos de imaginar alternativas operativas al modelo de sociedad laboral se empantanan con frecuencia en el terreno de las generalidades, cuando no se limitan a la expresión de buenas intenciones y propuestas esquemáticas que difícilmente permiten reconstruir —aunque sólo imaginariamente— la complejidad de una sociedad moderna en todos sus detalles y con todas sus exigencias institucionales y funcionales.

Si nos ceñimos a apuntar grandes orientaciones eventuales de futuro y criterios políticos y sociales básicos, como hace Adam Schaff, es difícil que alguien pueda objetar que no es una prioridad central para una sociedad civilizada garantizar unos ingresos suficientes y un modo de vida digno a todos los ciudadanos. De igual manera, nadie mínimamente sensato, bien informado y dotado de apertura de miras podrá negar que el viejo concepto de *homo-faber* podrá ser superado en una visión humanista más enriquecida. Pero, más allá de estas apreciaciones, es difícil saber hasta qué punto las ideas de un «trabajo autónomo y liberado» (Gorz), o de un «nuevo tipo de trabajo cívico» (Beck), o de un sector «post-mercado de la economía» (Rifkin) anticipan las claves explicativas sobre lo que puede venir después de la «civilización laboral» y sobre cómo podrán llenarse todos los «huecos» que dejará la crisis de trabajo. En este tipo de for-

---

[15] Ibíd., pág. 75. «Que me nombren un solo valor de la modernidad —llegará a clamar Beck— y me comprometo a probar que presupone lo que calla: participación en el trabajo pagado» (pág. 75).

mulaciones no suele explicarse muy bien en qué consisten las alternativas específicas a muchas funciones, tareas y modos de interactuar socialmente necesarios, ni cómo pueden operar, ni dar lugar a una articulación compleja en un nuevo tipo de organización social diferente a la actual. Es decir, se trata de construcciones alternativas demasiado esquemáticas, diseñadas básicamente sobre el papel y que no es fácil «visualizar» o «imaginar», por mucho que se puedan compartir los anhelos reformadores que las animan. En ocasiones se trata de intuiciones, de aproximaciones tentativas, de visiones y propuestas sobre aspectos parciales de la cuestión, pero que quizás intentan ir más allá de lo que actualmente resulta factible.

Mi impresión personal es que algunos textos de estos autores constituyen miradas perspicaces a cuestiones que anticipan lo que puede ocurrir en las sociedades del siglo XXI, y, en consecuencia, son esfuerzos de apertura mental muy encomiables, tanto en lo que tienen de intentos de concebir nuevas posibilidades sociales, como en lo que significan de aproximación para identificar riesgos y problemas que en ocasiones aun no se encuentran totalmente explicitados. La identificación de estas tendencias y riesgos generales puede ayudarnos a tomar conciencia de la necesidad de ajustes en el funcionamiento de algunas instituciones básicas, subrayando la necesidad de adaptaciones en los conceptos y en los enfoques analíticos, en las estructuras y en los procedimientos de organización económica, en los modelos de distribución de la riqueza y de asignación de recursos, en la adecuación de las mentalidades y las pautas sociales, y, en definitiva, alertándonos sobre la necesidad de reencajar muchos parámetros culturales y políticos.

Sin embargo, hoy por hoy, con los datos disponibles, ¿se puede ir más allá en el esfuerzo por señalar tendencias, apuntar escenarios plausibles de futuro y detectar algunos de los riesgos y peligros que entrañan los cambios sociales que se adivinan? ¿Es suficiente con esto? ¿Puede considerarse prematuro cualquier empeño de imaginación mayor? En cuestiones tan delicadas como las que están sobre el tapete y en procesos tan fluidos como los que están en curso, los analistas nos movemos en una línea delicada de equilibrio en la que cualquier exageración o cualquier reduccionismo simplista puede llevarnos a caer inmediatamente en el terreno de la ficción seudocientífica. Por ello, la mejor manera de mantenernos alejados de los terrenos resbaladizos de la ensoñación y la especulación abstracta es ser muy rigurosos en la atención a los datos empíricos, evitar el reduccionismo y no perder de vista la enorme complejidad de lo social. En consecuencia, de la misma manera que los problemas ante los que nos enfrentamos no son pequeños ni simples, hay que entender que tampoco pueden serlo las soluciones o las previsiones de futuro.

Una cuestión clave para las sociedades del futuro que se verán afectadas por la crisis del trabajo, tal como se puede anticipar desde el horizonte de principios del siglo XXI, es la que se refiere a los procedimientos que permitan asegurar a todos los ciudadanos unos ingresos vitales suficientes. Como ya hemos subrayado, si la revolución tecnológica permite potenciar considerablemente la creación de riqueza —como se espera— el problema en los países desarrollados no será de recursos, sino de modelos de distribución. Y para que puedan desarrollarse mecanismos alternativos a los que hasta ahora han funcionado será fundamental la operatividad de la democracia y la fortaleza —y la profundización— del modelo de ciudadanía que la ha sustentado. En este sentido, precisamente, no puede desconocerse que en la fase de transición en la que nos encontramos la crisis del trabajo también pone en cuestión el modelo actual de ciudadanía, en la medida en que tiende a segregar las posiciones de las personas entre aquellos que tienen una tarea, unos ingresos y un modo de vida integrado y aquellos que, al no tener trabajo, ni ingresos, ni posición o ubicación social, se encuentran en una condición de pertenencia social de segunda categoría, deslizándose por la cuesta debajo de la exclusión social. Esta dualidad entre la posición de los «ciudadanos plenos» y los «secundarios» implica haces de oportunidades personales y societarias tan diferentes que pueden socavar las bases universalistas en las que tiene que descansar el funcionamiento de una democracia madura.

La democracia moderna ha sido entendida prácticamente desde el principio como «una democracia de trabajo», como un régimen «de ciudadanos-trabajadores» que tenían que estar razonablemente integrados, y no verse paralizados por las incertidumbres de la lucha por la supervivencia. «Sin seguridad material —como resalta Beck— no existe libertad política, ni por tanto democracia propiamente tal»[16]. Consecuentemente, la crisis del trabajo y la acentuación de las tendencias sociales dualizadoras pueden poner también en cuestión el funcionamiento y el propio sentido de la democracia. Lo cual nos alerta sobre la necesidad de prestar una atención mutuamente conectada a los problemas de la desigualdad, de la crisis del trabajo y de la democracia, como veremos con algún detalle en el libro tercero de esta trilogía.

El engarce directo que existe en las cuestiones que estamos considerando debe hacernos entender que, de la misma manera que la crisis del trabajo puede erosionar la democracia, de igual modo la potenciación de esta última puede contribuir a aliviar los problemas

---

[16] Ibíd., pág. 22.

de la primera. ¿Por qué?, o ¿de qué manera? Pues, por la razón elemental de que los cambios en los modos de hacer las cosas, de cumplir los cometidos sociales y laborales (por ejemplo, con más democracia, codecisión, corresponsabilización, etc.), implica también una expansión de los tiempos sociales necesarios para mantener en funcionamiento los sistemas de producción y de representación. Es decir, el volumen de dedicación y de acción social que es necesario desplegar para operar en entornos políticos, culturales o productivos de acuerdo a criterios más implicativos y autorregulados es mucho mayor que cuando se funciona con modelos de jerarquía y autoridad. Por lo tanto, una sociedad más democrática y más coparticipada en todos los planos de actividad es también una sociedad que demanda un mayor volumen de tareas a realizar; y, sobre todo, de tareas menos compulsivas. ¿Estamos seguros de que muchas de esas nuevas tareas imaginables en diversos ámbitos sociales no podrán tener en el futuro la misma consideración —y la misma traducción remunerativa— que aquella que acabaron adquiriendo otras actividades «preproductivas» en el curso de la evolución histórica? Entonces, ¿por qué limitar el esfuerzo de imaginación sobre los escenarios alternativos de futuro a unas pocas hipótesis parciales y acotadas? ¿Por qué no ser más rupturistas en los intentos por anticipar el porvenir, explorando nuevas definiciones y contenidos de la acción social postlaboral?

Si somos capaces de superar las degradaciones, las desigualdades y los problemas que están surgiendo en las fases iniciales de transición hacia las sociedades tecnológicas avanzadas, los cambios que se anticipan pueden apuntar hacia el logro de un objetivo tantas veces enunciado en el campo de las ideas políticas y de las teorías sociales, y tan pocas veces, y tan escuetamente, explicado. Nos referimos al horizonte de la *emancipación humana,* idea que el *Diccionario de la Real Academia de la Lengua Española* define sucintamente como un proceso de liberación «de la tutela o la servidumbre», como una acción que permite «salir de la sujeción en la que se estaba». Concepciones a las que *María Moliner* añade las ideas de «librarse de cualquier clase de dependencia», en relación a la «llegada a la mayoría de edad» y a la «adquisición de la plena capacidad de actuación». En este sentido tan elemental y tan literal del término quizás sea posible que la «emancipación humana» en este momento signifique superar una concepción —y una práctica histórica— del trabajo que mantenía ligado al hombre a una etapa superable de su prehistoria, brumosamente condicionada por las viejas ideas del «castigo divino» y por las experiencias de la esclavitud, la servidumbre y otras vivencias de subordinación. Ahora, en un futuro próximo, el trabajo y la acción social en general se puede plantear de manera totalmente diferente. Ésa es la emancipación que resulta históricamente factible y posiblemente necesaria. Sin embargo, no debemos pensar que la realización práctica de esa posibilidad va a ser un camino de rosas. Hoy por hoy, los problemas que se plantean en la dirección de una reestructuración del trabajo son muy numerosos y afectan a aspectos tan centrales de la conformación social como la asignación de recursos, la desigualdad, el poder, las apropiaciones, el cambio cultural, las exigencias de una nueva racionalidad económica y laboral, etc. De hecho, en el terreno estricto de la racionalidad nuestras sociedades presentan aún considerables dificultades e inconsistencias.

En el primer volumen de esta trilogía *(La sociedad dividida)* hice referencia, irónicamente, a las dificultades que tendríamos para explicar a unos hipotéticos visitantes externos, procedentes de una civilización mucho más avanzada que la nuestra, los criterios que justifican nuestro sistema de desigualdades. Desde luego, tampoco lo tendríamos fácil a la hora de explicar a seres muy inteligentes y racionales los criterios que inspiran nuestros modelos de organización del trabajo. ¡Hay tantas cosas absurdas! Unas personas son pagadas generosamente por trabajar en exceso (muchas horas), mientras que otras no tienen nada que hacer y se dedican a buscar empleo, a veces desesperadamente; a otros se les paga más escasamente por permanecer inactivos (jubilados, desempleados); otros cobran poco por realizar las peores tareas y las más desagradables; algunos trabajos no los quiere hacer nadie o casi nadie, por lo que se acaba recurriendo a ciudadanos de otros países que viajan en condiciones de «clandestinidad» y de persecución, y a los que se emplea en ocasiones en regímenes de cuasi-esclavitud; otros tienen cuantiosos ingresos o rentas por no hacer nada..., mientras hay quienes no hacen nada y no cuentan con ningún ingreso para vivir; a muchas mujeres se las discrimina en el trabajo y se las paga menos por realizar exactamente las mismas actividades que los hombres. ¿Y qué decir de los casos más extremos y pintorescos?: futbolistas que por la simple habilidad demostrada en el importantísimo arte de golpear una pequeña esfera de cuero con las extremidades inferiores pueden llegar a recibir emolumentos sesenta o setenta veces superiores a los del Presidente del Gobierno que, por lo tanto —se podría pensar racionalmente—, «debe» hacer cosas que se consideran mucho menos importantes para la sociedad; o árbitros que cobran tanto como un Ministro por el «duro» ejercicio de tocar un silbato, con mayor o menor sentido de la justicia, durante apenas 40 ó 50 horas al año; o personajes estrambóticos, que no destacan por ninguna cualidad humana valorable, a los que se abona jugosas cantidades sólo por acudir a tratar temas intrascendentes en programas-basura de la televisión, ¡a veces de televisiones públicas!, en las que, por lo tanto, parece que se están priorizando tales «actividades laborales», como si se tratara de objetivos propios del bien común. ¿Estamos seguros de que seríamos capaces de explicar y justificar todo esto de manera convincente a unos seres inteligentes y no prejuiciados? Hay muchas razones para dudarlo.

Como hemos resaltado, uno de los problemas fundamentales en la articulación de las sociedades del futuro será cómo establecer procedimientos racionales mediante los que lograr una asignación equitativa de bienes y medios de subsistencia a todos los ciudadanos, incluso más allá de los trabajos y funciones que realicen. En las sociedades más desarrolladas es posible que la dificultad, en principio, no estribe en la limitación de recursos, sino en la capacidad para encontrar nuevos mecanismos de distribución que resulten operativos en las coordenadas de la metamorfosis del trabajo que se puede anticipar. Las necesidades distributivas obligarán a replantearse los actuales modelos de apropiación de los medios de producción en una forma hasta ahora inédita y debido a razones que no habían sido previstas por la mayor parte de las teorías clásicas. En las sociedades postlaborales, ¿continuarán siendo funcionales —y o necesarios— los modelos actuales de apropiación privada de los bienes de producción?, ¿será la simple lógica de mercado el procedimiento más eficaz de distribución de recursos?, ¿cómo se podrá cubrir el objetivo imprescindible de asignar a todos los ciudadanos los medios necesarios de subsistencia?, ¿cómo podrá solucionar la sociedad el dilema de: o bien gastar cuantiosos recursos en seguridad, cárceles, represión, etc., o bien proporcionar medios de vida a los sectores excluidos, que eviten su deslizamiento hacia la desesperación, la anomia, la violencia y la marginalidad?, ¿cómo se podrá lograr la circulación de los bienes disponibles en una forma que no conduzca a la economía a verse sometida a taponamientos, constricciones, o límites de crecimiento disfuncionales? En definitiva, uno de los asuntos prevalentes que habrá que poner en el frontispicio del debate en los sistemas sociales emergentes es el de «distribución». Y en función de cómo se definan las necesidades humanas y sociales y cómo se establezcan los criterios de distribución, se podrán llegar a fijar racionalmente los procedimientos de organización de los sistemas de «producción»; y no al revés, como se continúa haciendo en muchos lugares a principios del siglo XXI.

Una de las «inversiones» analíticas que es necesario superar con urgencia es la que se relaciona con el ajuste entre los ámbitos de la economía y de la sociedad global. En los momentos iniciales del siglo XXI se han llegado a «absolutizar» de tal modo los contenidos de la actividad económica que lo social tiende a reducirse a los parámetros de lo mercantil. Las reivindicaciones de aquellos que reclaman más «sociedad civil» frente al Estado, a lo público, y los intentos de entronización de las leyes del mercado y de los principios individuales del lucro, sobre cualquier otra consideración de carácter colectivo, están conduciendo a una distorsión mutiladora y regresiva de la realidad societaria que desconoce que lo público también es —y muy en especial— una parte de lo social.

Los efectos prácticos de esta contradicción se están manifestando en especial en el trabajo y, en definitiva, en los propios proyectos de supervivencia vital. En la medida en que los nuevos modelos de producción están modificando la estructura de relaciones y dependencias propias del paradigma industrial capitalista y entrañan riesgos para muchas personas de quedar sin trabajo, o tener que conformarse con empleos de bajos salarios, se tienden a hacer más explícitos los peligros de la escisión entre «economía y sociedad» que subyacen en los enfoques neoliberales y en la evolución concreta de los sistemas sociales. De acuerdo con esta ortodoxia parcializante la autonomía de la economía puede acabar dejando sin medios adecuados de vida y sin protección pública a un número creciente de personas (nuevos excluidos sociales), y lo que es más importante, sin horizontes institucionales de una reinclusión social plena.

Por ello, la evolución de los hechos reclama que el modelo de ajuste asimétrico al que se ha llegado en la ecuación «economía-sociedad» sea revisado y se ponga mayor acento en el polo de lo «social» que en el de lo puramente «mercantil»[17]. Sólo así será posible superar algunas de las diacronías, las carencias y la insatisfacción de demandas vitales que se están produciendo, reorientando la organización del trabajo, o de las «ocupaciones/actividades sociales», de una manera diferente, más atenta a las necesidades reales de las personas y de la sociedad en su conjunto. Las enormes posibilidades de creación de riqueza que se abren con la revolución tecnológica hacen posible que la exigencia funcional más fuerte que se plantea de cara al futuro —la mejora de los niveles de bienestar social de todos— permita someter la operatividad de la economía a las necesidades de la sociedad, de una forma más equilibrada y armónica que hasta el presente, evitando que la absolutización simplista de la primera acabe destruyendo o erosionando gravemente la segunda. Lo que se plantea, pues, no es sólo un asunto de prioridades, sino de comprensión clara de la lógica de la evolución social en toda su complejidad.

En determinados momentos de la evolución de los sistemas so-

---

[17] En este sentido, véase José Félix Tezanos, «La crítica de la razón económica y la razón de la crítica social», *El Socialismo del Futuro*, núm. 3, Madrid, 1991, páginas 61-73.

ciales, la lógica del lucro individual pudo presentarse como un criterio de estructuración funcional para el sistema económico en sí y para facilitar una mayor creación de riqueza, aunque produjera resultados socialmente injustos y personalmente alienantes o incluso dañinos. Esto es lo que ocurrió durante muchos años con el sistema industrial capitalista y con las contradicciones y antagonismos que creó entre las exigencias del sistema económico como tal y los de las personas. Bajo este modelo, con el régimen del «asalariado» y la amplia oferta de puestos de trabajo que requería el proceso industrialista, se pudo disponer de mecanismos de ajuste y funcionalidad económica y social interna, más allá de la pertinencia de los juicios morales o políticos que pudieran formularse. Sin embargo, los nuevos modelos de producción añaden nuevos elementos de contradicción y de disfuncionalidad —y también de crítica moral— para todo el sistema en su conjunto, debido a que su lógica interna ya no requiere de un amplio concurso de fuerza de trabajo, ni tampoco proporciona medios de subsistencia para todos aquellos que quedan arrojados fuera de las fronteras de las oportunidades de tener un trabajo digno y bien remunerado. Por ello el modelo económico emergente añade a los antagonismos del anterior una contradicción práctica de signo diferente, que se manifiesta en un divorcio de intereses y necesidades entre los planos más específicos de lo económico y los más genéricos e inclusivos de lo social. Es decir, de cara al futuro, para resolver los problemas generales de la sociedad, que son los fundamentales, será necesario someter la operatividad económica a un tipo diferente de prioridades y no al revés, como se viene haciendo desde hace años, con los resultados negativos que estamos analizando en esta trilogía.

Las configuraciones sociales del futuro deberán atender a resolver cuestiones que no se habían planteado en las sociedades industriales, definiendo nuevos criterios de racionalidad económica, nuevas estructuras de motivaciones hacia la iniciativa personal y hacia la acción colectiva, nuevas concepciones sobre la existencia social y nuevas formas de intervención pública que puedan garantizar niveles dignos de vida, en un triple sentido: en el de la dignidad de los *recursos* de supervivencia de los que debe disfrutar todo ser humano, en el de la legitimidad y reconocimiento de los *criterios* por los que se atribuyen los recursos económicos (que han de implicar cierta reciprocidad de aportaciones y estímulos para las iniciativas personales), y en el de la dignidad de los *procedimientos* sociales y políticos que permitan que la capacidad de «integración» en los sistemas establecidos sea mayor que la de «exclusión».

Y todo ello, como decimos, supone plantear enfoques alternativos en los modelos de apropiación y de organización de la producción y en la definición del papel de lo público en una fase más avanzada y perfeccionada de desarrollo de las democracias y de las sociedades humanas como tales.

En cualquier caso, todo lo que está ocurriendo debiera servir para afianzar nuestra convicción de que en el horizonte inicial del nuevo siglo no debemos replegarnos sobre nosotros mismos, ni permanecer agazapados y paralizados ante los miedos y las incertidumbres que pueda suscitar el porvenir. En definitiva, si queremos ganar el futuro no hay que poner límites a la imaginación en el esfuerzo por intentar alcanzar el difícil equilibrio social entre las *posibilidades* y las *necesidades*. Ésa es la tarea para la que deben prepararse las democracias del siglo XXI, como veremos con algún detalle en el tercer volumen de esta trilogía.

Índice onomástico y temático

Actividades económicas en redes, 177
Ajenización, 22
Alba, Alfonso, 169
Alienación, 20, 21, 22, 24, 47, 207, 208, 238, 240
  alienación/realización en el trabajo, 209, 217
  componentes deshumanizadores y alienantes de los procesos del trabajo, 217
Álvarez, Gema, 169
Amos y esclavos, 221
Arendt, Hannah, 219, 233
Aristóteles, 210, 221
Asalarización encubierta, 230
Autómatas, 28, 207, 210
Automatización (véase robots), 27, 57, 100, 178, 181, 185, 227
Ayuda a domicilio 113

Banco Mundial, 44
Beck, Ulrich, 31, 35, 37, 38, 45, 98, 107, 108, 110, 111, 119, 141, 142, 240, 241, 242, 244,
Bell, Daniel, 141
Benz, Daimler, 40
Bienestar social, 74, 248
Bordas, Julio, 186, 190, 191
Bottomore, Tom, 155
Braddock, Douglas, 100, 101, 102, 103, 104, 105, 115
Brechas salariales, 156
Burgelman, Jean Claud, 118
Bush II, 143
Byrne, Edmund, 132

Campanella, Tomaso, 224
Capital, 34, 35, 40, 67, 183, 210; 221
  acumulación de, 25, 79
  crisis de rentabilidad del, 54
  rentas del capital, 55, 222

Capitalismo, 248
  espíritu del, 23, 227
  nuevo orden industrial capitalista, 121
Cappelli, Peter, 145
Castells, Manuel, 155
Castilla, Adolfo, 186
Centro de trabajo,
  espacios difusos, 165
  lugares de trabajo perfilados, 165
Ciudadanía modelo de, 244
Civilización, 25
  crisis del modelo de, 24
  del trabajo, 233
  industrial, 220
  laboral, 234, 242
  postlaboral, 9, 11, 15, 17, 229, 233, 235
Clairmont, Frederic F., 43
Clark, Jon, 145
Clases,
  clases medias, 85, 88, 90, 141, 142
  clase obrera, 82, 86, 92, 184, 185, 200, 204, 231
  clases sociales, 164, 208, 215
  clases trabajadoras, 92, 184, 185, 200, 204
  conflicto de clases, 208, 213
  estructura de, 50, 81, 82, 213, 216
  infraclases, 51, 87, 170 183
Club de Roma, 27, 63, 64, 125
Coates, Joseph F., 37, 131
Comisión Europea, 169
Competencia internacional, 145
Competitividad, 53, 58, 62, 65, 78, 145, 183, 241
  competitividad económica, 67, 87, 90
  competitividad internacional, 213
  condiciones de, 213
Conciencia social, 181, 183, 208, 233
Conde Viéitez, Jorge, 193

[251]

Condiciones de trabajo, 24, 106, 148
crecimiento de la inseguridad, 166
deterioro de las, 166
flexibles, 230
Contrato,
a tiempo parcial, 112
contrato basura, 141, 165, 230
contratos regulados, 165
contrato temporal, 97
social básico, 67
Coombs, R.W., 145
Cordell, Arthur, 127
Cosificación, 24; proceso de, 66
Costes laborales, 230
Crecimiento,
de la población, 74
presión demográfica, 75
Crisis, 29
crisis financiera, 79, 134
del modelo de sociedad, 232, 235
Crisis fiscal del Estado, 54
Cultura,
cultura del trabajo, 193
de inspiración postlaboral
nueva cultura laboral, 153

Daniel, W.W., 193
Democracia, 10, 214, 244, 250
Derechos civiles, lucha por los, 26
Desalarización, 22, 160, 235
Desarrollo económico precario e incierto, 157
Descanso, tiempos de, 223
Desempleados,
desanimados, 140
Desempleo, 49, 50, 51, 58, 64, 69, 71, 79, 141, 147, 158, 167, 168, 169, 179, 186, 194
aumento del, 179, 185
de jóvenes, mujeres y personas menos cualificadas, 16
de larga duración, 229
desempleo norteamericano, 140
desempleo tecnológico, 40, 44, 48, 52
efectos precarizadores, 69
tasas de desempleo, 134, 229
Desespacialización laboral, 160
Deshumanización, 20
dinámica deshumanizadora, 24
Desigualdades, 163, 164, 166, 244, 245, 246
aumento de las desigualdades, 16, 142, 166, 170, 231
de renta, 57

estructura de desigualdad, 16
salariales, 77, 79, 80, 230
sociales, 82, 163, 167, 168, 208
Desindustrialización, 82
Deslocalización, 53, 54, 71
empresas que se deslocalizan, 78
procesos de 76
Desmotivación laboral, 220
Dialéctica entre patronos y trabajadores, 223
Díaz, José Antonio, 48, 110, 167, 168, 172, 176, 179, 194,
Disbury, Howard F., 132
Dualización, 235
dualización de las prácticas laborales, 174
laboral, 16
Dualización social, 20, 33, 108, 166, 170
Ducatel, Ken, 118
Dumping social, 78

Eatwell, John, 75
Economía global, 45, 62
Economía,
automatizada y robotizada, 203
deslocalización de la, 212
global, 212
mundialización de la economía, 53, 54, 212, 213
norteamericana, 74, 141
nueva economía, 54, 55, 107
sumergida, 36, 140, 159, 160, 230
Educación permanente, 28
Emancipación humana, 245, 246
Emigrantes, 19, 31, 36, 154, 230
Empleabilidad, 58, 61, 67, 68
Empleados (véase trabajador),
a tiempo parcial, 14, 230
altamente cualificados, 163
autoempleados, 11
de cuello blanco, 8
con bajos salarios, 98, 99,
con contratos temporales, 113, 230
Empleo (véase trabajo), 5, 48, 50, 56, 58, 60, 69, 70, 71, 72, 74, 76, 79, 103, 115, 132, 133, 145, 146, 151, 164, 184, 185, 208, 220
auto-empleo, 11, aumento del autoempleo, 188, 189
condiciones de empleo, 109, 171
crecimiento del empleo, 102, 111, 11
crisis de empleo, 5, 11, 53, 73, 189, 220
dificultades para encontrar el primer empleo, 150

[252]

empleo a tiempo parcial, 94
empleos amortizables, 62
empleo asalariado, 125 234
empleo autónomo, 117
empleos compartidos, 151
empleos disponibles, 68, 72
empleos industriales, 57, 76, 78
empleo no manual, 11
empleos peor remunerados, 164
empleo por cuenta propia, 112
empleo precario, 164
empleo remunerado, 134, 137, 144
empleos simultáneos, 151
empleo sumergido, 172
empleos temporales, 31, 151, 168, 180; empleo temporal a tiempo parcial, 110
evolución del empleo, 76, 77, 78, 82, 132, 134, 144;
imagen fordista del empleo, 52
inestabilidad en el empleo, 117, 187
infraempleos, 158, 167
nuevos empleos, 115, 143
pleno empleo, 52, 74, 132, 141
pluriempleo, 126
políticas de empleo, 49, 50
reducción de empleo, 134
volumen de empleo, 134, 135, 136
Empresarios, por cuenta propia, 119
Empresas,
de trabajo temporal, 118
multinacionales, 231
pequeñas, 11
Enfoques neoliberales, 231, 248
Enfoques keynesianos, 54
Engels, Federico, 225
Era industrial, 32
Era tecnológica; 161
Esclavo asalariado, 224
Especulación, 52
Esping-Andersen, Gösta, 50, 51
Estado de Bienestar, 33, 36, 37, 60, 76, 96, 142, 182, 232, 240
Estrategias empresariales de motivación, 217
Estratificación social, 50, 87, 155, 162, 163, 164
Estructura de clases, 81
Estructura dual laboral, 164
Estructura laboral, 81
estructura dual laboral, 164
Estructura ocupacional, 82, 90, 91, 92, 101, 104, 106, 107, 112, 110
Estructura social postlaboral, 81;

Ética calvinista, 209
Evolución demográfica, 170
Evolución laboral, 148, 155
Evolución ocupacional, 110
Evolución social, 20, 158
Exclusión social, 34, 140, 142, 160, 162, 166, 213, 235, 244, 247, 248, 249
Expertos, 13, 116, 117, 168, 169, 170, 171, 172, 173, 174, 175, 176, 178, 179, 180, 181, 182, 186, 187, 188, 189, 190, 203
Explotación, 213, 217

Ferguson, Adam, 20, 21
Flexibilidad laboral, 174, 235
Fordista, modelo, 76
Fourier, 224, 245
Francis, Arthur, 193
Freeman, Chris, 100, 145
Friedrichs, Gunter, 44, 155
Fromm, Erich, 153
Fuerza de trabajo competitivo, 87
Fuerzas darwinistas del mercado, 151

G-7 países del, 53
Giarini, Orio, 64, 125
Gidens, Anthony, 20
Gill, Colin, 127
Giner Salvador, 85
Globalización económica, 45,
Gorz, André, 21, 44, 45, 155, 162, 163, 227, 228, 232, 239, 240, 241, 242,
Gran Depresión, la, 62, 143
Grootings, Peter, 193
Guerra, Alfonso, 155
Gutenberg, 61

Hesíodo, 218
Himmelstrand, Ulf, 66, 67, 68, 69
Hines, A., 131
Homo faber, 11, 202, 240, 242; *homo faber mecanicus,* 24
Homo laborans, 28, 220
Homo ludens, 28, 219, 220, 240
Homo studiosus, 28, 219, 220, 240
Hunnicutt, Benjamín Kline, 126

Ide, Thomas Ran, 127, 155
Iglesias, Pablo, 226
Igualdad laboral más efectiva entre hombres y mujeres, 151
Imai, Kenichi, 101
Imprenta, La, 61
Industria, 15
nuevos países industrializados, 8

[253]

industrias manufactureras, 134, 136, 137,
industrialización, 61, 62, 72
Industrialismo, 67, 123, 183, 213, 215, 220
Inempleables, 159
Ingreso mínimo garantizado (véase Salarios), 241
Inmigrantes, 35, 126, 140
Institución familiar, la crisis de, 35
Interacción social, 216
Internet, 32, 34, 100, 116, 143, 205, 206
Irrempleables, 159

Johnson, Lindón B., 26
Jornada laboral, 32
 duración de la jornada, 31, 150; de *48* horas semanales, 32, 223; de 4 días, 32; de 2 horas de trabajo al día, 228; de 6 horas diarias, 223; de 3 horas, 227; media jornada, 150
 flexibilización de la, 150, 168, 174, 180, 188, 189
 horarios a turnos, 168
 reducción de la, 32, 94, 123, 150, 168, 172, 174, 175, 176, 180, 188, 223, 226
Jóvenes, 157, 164, 169, 170, 174, 175, 197, 199
Jubilación, 150

Kapstein, Ethan B., 166, 167
Keynes, John Maynard, 25, 26, 227
 políticas de orientación keynesiana, 27, 56
Kropotkin, 224

Lafargue, Paul, 226, 227
Larsen, Eric, 40, 166
Lazos familiares, 38
Lee, Eddy, 134, 138
Leontief, Wassily, 28, 29
Liedtke, Patrick M., 64, 125
López Peláez, Antonio, 48, 110, 168, 176, 179, 186, 187
Lucro, 248, 249
Ludistas, los, 209

Mahaffie, J.B., 131
Máquina fabril, 206
Máquinas (véase robots), 21, 22, 23, 27, 46, 47, 59, 60, 64, 68, 122, 159, 161, 209, 210, 227, 241

máquinas herramientas, 208
máquina-robot, 22, 240
sistema automático de máquinas, 225
Maquinismo, 61, 211
Marcuse, Herbert, 25
Marlier, Eric, 98
Marstrand, Pauline, 145
Marx, Karl, 21, 22, 24, 25, 59, 79, 85, 209, 210, 224, 225, 226,
McDaniels, Carl, 100, 117
McLoughlin, Ian. 145
Mecanización industrialista, 23
Mercados, 17, 21, 30, 35, 50, 104, 115, 147, 151, 188, 189, 213, 248
Microsoft, 63, 107
Minerva, búho de, 154
Minorías étnicas, 154
Modelo de producción, 248
Modelo industrial, 26
Modelos laborales,
 industrial fordista, 148, 149
 postindustrial, 149
 propio de las sociedades tecnológicas avanzadas, 149, 150
Moliner, María, 245
Montero José Manuel, 108, 109, 167, 168, 194
Moro, Tomás, 223, 224
Movilidad geográfica de los trabajadores, 188
Movilidad laboral, 188
Movimiento ludista, 46, 59
Movimiento obrero, 18, 216, 223
Movimiento sindical, 121
Mujeres, 164, 169, 170, 197, 198, 230, 246
 status de la, 115
 incorporación de la mujer al trabajo, 74, 126, 143, 150
 discriminación de las mujeres, 230
Mundialización, 212
Mutz, Gerd, 37, 98, 141, 142

Natalidad, descenso de la, 170
Navarro, Pedro, 65
Navarro, Vicenç, 57, 58, 75, 106, 107, 140, 141
Neoliberales, 49, 57
Nueva Economía, 54, 55, 107
Nuevo compromiso social y político, 182, 183

Obrero (véase trabajadores, empleados y ocupados), 221, 226, 227
 industrial, 18, 19, 210
 manuales, 185, 191, 197, 198

OCDE, 36, 44, 57, 63, 74, 77, 80, 93, 94, 96, 98, 99, 101, 108, 124, 125, 133, 138, 139, 147, 169
Ocio, 18, 19, 22, 23, 101, 131, 175, 176, 180, 183, 188, 189, 223, 237, 241
Ocupaciones manuales, 112
  segmentación de las, 171, 172
Ocupados (véase empleados y trabajadores),
Offe, C. 232
OIT, 44, 53, 77, 78, 80, 87, 89, 90, 91, 92, 93, 94, 99, 133, 137, 144, 169, 230
ONU, 40, 44, 53, 130, 230
PNUD, 41, 42, 53, 130, 133
Ordenadores personales, 205, 206
Organización burocrática, 23
Organización empresarial, nuevas formas de, 30
Owen, 224

Pagán, Ricardo, 169
Pahl, R.E. 220
Parados, 58, 98, 99, 109, 138, 141, 147, 160, 162, 170, 174, 185, 191, 198, 200
Paradigmas industriales, 233
Paro, 16, 45, 48, 49, 50, 54, 56, 62, 66, 74, 132, 140, 142, 146, 148, 154, 171, 190, 191, 192, 194, 195, 197, 199
  aumento, crecimiento y evolución del paro, 50, 52, 55, 138, 144, 166, 167, 193
  paro encubierto, 76
  paro estructural, 27, 28, 31, 36, 45, 118, 122, 167, 182
  paro de larga duración, 51, 144, 169
  paro tecnológico, 25, 121, 227
Población, 132, 133
Población activa, 31, 51, 52, 74, 93, 96, 98, 113
Pobreza (véase trabajadores pobres), 57, 74, 213
Polanyi, Karl, 166
Ponthieus, Sophie, 98
Precariedad, 77, 140
Precarización, 199, 213
  aumento de la, 16; 74
  laboral, 31, 34, 36, 45, 52, 56, 64, 66, 74, 76, 108, 117, 118, 141, 148, 166, 194, 197, 229, 235
Presión demográfica, 76, 132, 134
Proceso de hominización, 208
Procesos productivos, 208
Producción, 24, 32, 231

Progreso, 209
  progreso económico y tecnológico, 18, 19, 20, 48, 60, 73, 224
Proletariado, 51, 86
Público, enflaquecimiento de lo público, 156
Puente, Carlos de la, 72
Pulido, Antonio, 63

Racionalidad económica, 22, 23, 55, 126, 246, 249
Racionalización y tecnologización, 183
Raustin, Ramin, 86, 90
Reich, Robert, 155, 156, 163
Relación hombre-herramienta-máquina, 208
Relaciones laborales, 111, 118
  desregulación de las, 111, 141
  individualización de las, 142, 187, 188, 189
  inestabilidad y precarización de las, 119, 142, 180, 188
Renacimiento, 223
Revolución automatizadora, 26
Revolución de la informática y las comunicaciones, 100
  revolución informacional, 101, 177
Revolución industrial, 12, 14, 46, 47, 59, 64, 143, 208, 209, 212
Revolución neolítica, 12, 15, 47
Revolución tecnológica, 9, 15, 16, 27, 28, 30, 40, 47, 65, 107, 115, 116, 123, 147, 168, 212, 218, 220, 227, 228, 230, 236, 238, 239, 240, 244, 248
Ricardo D., 169, 209
Rifkin, Jeremy, 45, 57, 58, 140, 155, 240, 241, 242,
Riqueza, 132, 133, 248, 249
Robinson, Joan, 75
Robotización, 8, 56, 188, 191, 193, 214
  impactos de la robótica en el empleo, 110, 185, 186, 191
  impactos sociales negativos de la, 188
  robótica e informática, 56, 111, 168, 183, 184, 185, 216
  robotización y nuevas tecnologías, 167 183, 192
Robots industriales, 15, 39, 46, 47, 53, 54, 58, 69, 98, 127, 128, 129, 130, 132, 161, 179, 180, 183, 184, 185, 188, 190, 191, 205, 206, 209, 215, 216, 238
  demanualización y robotización, 131
  equipos informáticos, 112, 127, 161

[255]

factorías robotizadas, 81, 146, 160
máquinas automáticas (véase máquinas), 39, 44, 161
oficinas robotizadas, 160
robots y sistemas automáticos, 26, 28, 34, 39, 43, 48, 53, 70, 71, 98, 132, 145, 179, 186, 188, 189, 193, 207, 208, 209, 211, 213, 215
sistemas robotizados, 71; 12
Roosevelt, 143
Rosenthal, Neal H., 106
Ruesga, Santos, 108, 109

Salarios, 142, 197, 227, 241
Sánchez Morales, M.ª Rosario, 48, 167, 168, 176, 179,
Santos, Antonio, 186
Sauvy, Alfred, 209
Sayers, Sean, 220, 238
Schaff, Adam, 27, 28, 44, 155, 183, 219, 220, 227, 240, 242
Schor, Juliet B., 126
Sector de la automoción, 179
Sector eléctrico, 101
Sector financiero, 178
Sector industrial, 62, 68, 117, 134, 178
Sector post-mercado de la economía, 242
Sector servicios, 51, 56, 62, 63, 75, 107, 113, 118, 134, 143, 167, 178, 188, 189
Sectores no agrícolas, 143
Segunda Internacional, 223
Segunda modernidad, 241, 242
Seguridad laboral, 74
Señores y siervos, 221
Siervos y esclavos, 236
Silicon Valley, 107
Silvestri, George T., 100, 101, 115
Sindicatos, 231, 232
Sistemas productivos, 106
Smith, Adam, 122, 209
Sociabilidad, 216
Socialdemócratas, orientaciones, 49
Sociedad comunista,, 225
Sociedad de riesgo, 37
Sociedad del trabajo, 232
Sociedad de tiempo liberado, 241
Sociedad dividida, 164
Sociedad dual, 9, 14, 55, 157, 164
Sociedad laboral, 240, 241, 242
Sociedad postindustrial, 68, 69, 78, 150
Sociedad segmentada, 156
Sociedad tecnológica, 34, 44, 69, 81, 122, 123, 148, 150, 160, 214, 216, 217, 219, 236, 245

Sociedades agrarias, 11, 12, 14, 19, 33, 81, 123, 212, 222, 236
Sociedades cazadoras y recolectoras, 12, 123
Sociedades horticultoras, 12, 81
Sociedades industriales, 9, 12, 14, 20, 29, 31, 33, 38, 48, 67, 82, 83, 115, 123, 150, 158, 159, 160, 161, 165, 166, 183, 200, 202, 206, 208, 212, 214, 216, 217, 218, 221, 223, 236, 238, 241, 249
Sociedades industrializadas, 183
Sociedades postlaborales, 206, 236, 247
Soete, Luc, 100, 145
Soriano, Mari Cruz, 186
Sustitución del hombre por la máquina, 211

Tecnología, 62, 87;
avance y desarrollo tecnológico, 64, 145, 241
cambios tecnológicos, 58, 79, 104, 112, 127, 131, 193, 208
evolución tecnológica, 66, 67, 115, 179, 237
fetichización tecnológica, 25
innovaciones tecnológicas, 41, 60, 78, 79, 104, 180, 182
modernización tecnológica, 61, 178, 180
nuevas tecnologías, 34, 39, 44, 46, 56, 59, 63, 70, 71, 72, 73, 75, 80, 82, 85, 87, 104, 113, 189, 193
nuevo contexto tecnológico, 131, 146
tecnologías de la información, 105, 186
tecnologización del trabajo, 44, 77
Teléfonos móviles, 205
Teletrabajo, 168, 175, 176, 177, 178
Televisión, 206
Tendencia hacia la polarización y segmentación ocupacional y salarial, 157
Tendencias dualizadoras, 164, 244
Tercer sector, 241
Terciarización, 82
Territorios obreros tradicionales, 231
Tezanos, José Félix, 9, 48, 167, 168, 172, 173, 176, 179, 186, 190, 191, 194, 211, 248
Therborn, Göran, 49, 50, 82
Thomson, Allison, 104
Tiempo liberado, 210
Tiempo libre, 20, 125

[256]

Tigres asiáticos, 79
Tormentas monetarias y financieras, 145
Torre García de la, Alberto, 193
Torres, Juan, 53, 54, 55, 231
Toynbee, Arnold J., 17, 18, 19, 20, 24, 25
Trabajadores (véase empleados y ocupados),
 activos agrarios, 31, 83
 activos en situaciones irregulares, 99
 asalariados, 93, 249
 autónomos, 113, 118, 140, 160, 189, 230
 desalariados contingentes, 118
 emigrantes, 31
 fuerza de trabajo infantil, 230
 infratrabajadores, 51
 jóvenes, 31, 51, 93, 96, 146, 148, 150
 los menos cualificados, 164
 ocupados marginales, 109
 poco especializados 31, 83
 profesionales y técnicos, 31
 subcontratados, 110
 trabajadores a tiempo completo, 165
 trabajadores a tiempo parcial, 58, 95, 93, 96, 98, 99, 113, 147, 165
 trabajadores cualificados, 80
 trabajadores desanimados, 138
 trabajadores indefinidos, 165
 trabajadores manuales de la industria y los servicios, 83, 85, 86, 90, 200
 trabajadores no cualificados, 80, 147,
 trabajadores pobres, 157, 169, 229
 trabajadores precarios, 74, 157, 162
 trabajadores temporales, 94, 99, 110, 160, 165
Trabajo, 11, 12, 13, 15, 18, 19, 21, 26, 28, 29, 30, 37, 39, 46, 55, 113, 189, 202, 211, 215, 216, 218, 219, 224, 236, 239, 245, 248, 249
 a media jornada, 74, 150
 a tiempo completo, 12
 a tiempo parcial, 94, 96, 125, 138, 148, 169, 174
 atípicos o irregulares, 160
 automatización y robotización del, 15, 81, 167, 183, 187, 207, 216
 autónomo y liberado, 242
 ayuda a domicilio, 113
 «brasileñización» del trabajo, 37
 carácter estratificador del trabajo, 155
 cívico, 242, 243
 como actividad productiva, 12, 13, 218
 como castigo divino, 13, 14, 221, 245
 como elemento de realización social humana, 202, 209, 232
 como fuente de riqueza, 209, 222
 como labor penosa, 14, 218
 como necesidad y obligación que impone la sociedad, 20, 68, 202, 204, 205, 220
 como realidad en crisis, 229
 como signo y camino del éxito, 209
 concepción economicista del, 204
 componentes valorizadores del, 209
 crisis del, 10, 30, 37, 38, 77, 142, 143, 214, 220, 231, 241, 242, 244
 cuidado y atención física personal, 100, 115, 143, 145
 degradación del trabajo, 108, 109, 230
 derecho al, 224
 desocialización del, 32
 de sustitución doméstica, 143
 desregulación y flexibilidad del, 33, 37, 55, 56, 108
 dimensión religadora del, 216
 disponibilidad de, 33 121
 división del, 20, 80, 225
 división internacional del trabajo, 164, 165
 emancipación del, 239
 en actividades de servicios, 100, 102
 fin del trabajo, 45
 formas y modelos de organización del, 30, 31, 32, 34, 79, 237, 246
 futuro del trabajo, 18, 127, 132, 200, 214, 215
 futuro sin trabajo, 218
 infratrabajos, 49, 50
 liberación del, 24, 208, 225, 242
 manual, 110
 mermado, 122
 metamorfosis del trabajo, 44, 45, 154, 156, 172, 181, 210, 237, 247
 mínimo, 220, 223
 moral del trabajo, 162
 nuevo paradigma de trabajo tipo, 131
 papel del trabajo, 208, 209
 pérdida de, 105, 134, 161, 188, 205, 207
 por obra realizada, por piezas 160
 por horas, 160
 precario, 45, 118, 158, 169, 231
 sistemas de trabajo, 115, 122
 sistemas robotizados en el trabajo, 14, 211, 226

temporales, 74, 94, 98, 99, 148, 165, 194
tiempos de trabajo, 18, 31, 23, 28, 127, 131, 148, 182, 217, 218, 222, 223, 237, 239;
trabajar para comer y sobrevivir, 12
y ocio, 18, 126
vida activa, 219
Transición laboral, 148, 149
Transición social, 214

Unión Europea, 146, 169, 170, 177, 178

Volkswagen, 32

Weber, Max, 23, 24, 209
Weimar, 166
Wright, Erik O, 86

Xenofobia y racismo, 35

Índice de tablas, cuadros y gráficos

Capítulo 3

Tabla 1: *Las 200 primeras multinacionales (1998)* 43
Cuadro 1: *Principales causas de los procesos de paro a principios del siglo XXI* 54
Gráfico 1: *Fusiones y adquisiciones transfronterizas* 41
Gráfico 2: *Fusiones y adquisiciones a escala mundial* 42

Capítulo 4

Tabla 1: *Evolución de la estructura ocupacional en varios países altamente desarrollados* 84
Tabla 2: *Evolución de la estructura ocupacional en varios países poco desrrollados* 89
Tabla 3: *Evolución de la estructura ocupacional en países asiáticos con fuerte crecimiento económico* 91
Tabla 4: *Evolución de los ocupados a tiempo parcial en los países de la Unión Europea, según sexo* 95
Tabla 5: *Evolución de los ocupados con contrato temporal en los países de la Unión Europea, según sexo* 97
Tabla 6: *Población activa en situaciones «irregulares» en los países europeos (1998)* 99
Tabla 7: *Ocupaciones que aportarán un mayor volumen de empleo en Estados Unidos* 103

Cuadro 1: *Tendencias previstas por los expertos en el horizonte 2010 que se relacionan con la evolución de la estructura ocupacional* 112
Cuadro 2: *Previsiones de los expertos sobre tendencias ocupacionales en España en el horizonte 2010* 114
Cuadro 3: *Algunos impactos ocupacionales de la revolución tecnológica previstos por los expertos en ocupaciones* 116

Gráfico 1: *Tendencias de evolución de las ocupaciones de clase media en países altamente desarrollados* 85
Gráfico 2: *Tendencias de evolución de las ocupaciones de clase media en países menos desarrollados* 88
Gráfico 3: *Tendencias de evolución de las ocupaciones de clase media en países asiáticos con fuerte crecimiento* 90

Gráfico 4: *Proporción de trabajadores asalariados en las industrias manufactureras sobre el conjunto de la población activa en países altamente industrializados en 1998* 93
Gráfico 5: *Evolución de la distribución del trabajo a tiempo parcial por sexos* . 94
Gráfico 6: *Países desarrollados con mayor proporción de empleo a tiempo parcial (1998-1999)* 96
Gráfico 7: *Proyecciones de crecimiento del empleo en las doce ocupaciones con más rápido incremento en los Estados Unidos, 1998-2008* 102
Gráfico 8: *Proyecciones de retrocesos del empleo en las doce ocupaciones con más rápido declive en los Estados Unidos, 1998-2008* 105
Gráfico 9: *Distribución de la población en relación con su situación laboral* 109
Gráfico 10: *Empleados dependientes en relaciones laborales normales y no normales en Alemania Occidental, 1970-1995* 111

Capítulo 5

Tabla 1: *Evolución del número anual medio de horas trabajadas por persona ocupada* 124
Tabla 2: *Disminución del número medio de horas trabajadas por persona ocupada desde la década de los años 70* 124
Tabla 3: *Diferencias entre el número medio de horas trabajadas por personas ocupadas (empleo total) y por empleados asalariados* 125
Tabla 4: *Evolución del número de robots industriales instalados* 128
Tabla 5: *Densidad de robots industriales por 10.000 empleados* 130
Tabla 6: *Evolución de la población, el empleo y la riqueza en los últimos años del siglo XX en diversos países* 133
Tabla 7: *Evolución del volumen total de empleo en algunos países con diferente nivel de desarrollo* 135
Tabla 8: *Evolución del volumen del empleo en industrias manufactureras en algunos países con diferente nivel de desarrollo* 136
Tabla 9: *Evolución del empleo remunerado en industrias manufactureras en varios países desarrollados* 137
Tabla 10: *Evolución del desempleo en los países económicamente desarrollados* 139
Tabla 11: *Evolución del empleo remunerado no agrícola durante las décadas de los años 80 y 90 en varios países desarrollados* 144

Gráfico 1: *Evolución histórica de la ecuación trabajo-esfuerzo-resultado* 123
Gráfico 2: *Evolución del número total de robots industriales instalados en algunos países desarrollados* 129
Gráfico 3: *Evolución de los índices comparados de los precios de los robots en relación con los costes laborales* 130
Gráfico 4: *A qué dedica el tiempo la gente semanalmente en Estados Unidos* ... 131
Gráfico 5: *Parados menores de veinticinco años en los países europeos* 146
Gráfico 6: *Evolución del paro de larga duración (más de 12 meses)* 147
Gráfico 7: *La transición laboral (pautas-modelo de distribución de la población activa por grupos de edad y sexo)* 149

Capítulo 6

Tabla 1: *Posiciones ante la reducción de la jornada laboral a 35 horas semanales por edad* 175
Tabla 2: *Previsiones sobre el volumen total de fuerza laboral que podría realizar sus tareas en régimen de teletrabajo, por sectores económicos* 178

Tabla 3: *Percepciones de la opinión pública española sobre tendencias en el trabajo en el horizonte temporal de una década* 180
Tabla 4: *Variaciones en la asociación con los robots de palabras de carga negativa entre la opinión pública española, según ocupaciones* 191
Tabla 5: *Evolución de las percepciones sobre los principales problemas de España dentro de 10 años entre la opinión pública* 195
Tabla 6: *Percepción sobre la evolución de las oportunidades generales de la gente de conseguir trabajo* 200
Tabla 7: *Impresiones sobre la dificultad o facilidad para encontrar un nuevo trabajo si se perdiera el actual, por edad y estudios (sólo población ocupada)* 201
Tabla 8: *Percepciones públicas sobre la evolución del significado del trabajo* .. 203
Tabla 9: *Elementos que identifican y simbolizan mejor la época actual* 205

Cuadro 1: *Algunas dimensiones de la dualización laboral* 165
Cuadro 2: *Tendencias futuras en empleo según los expertos en estratificación social (Horizonte, 2007)* 171
Cuadro 3: *Previsiones de los expertos en sociología y económica sobre cambios en el trabajo (Delphi 1995)* 172
Cuadro 4: *Previsiones de los expertos en estratificación social sobre cambios en el trabajo (Delphi 1997)* 173
Cuadro 5: *Previsiones de los expertos en ciencia y tecnología sobre la expansión del teletrabajo (Estudio Delphi, 1996)* 176
Cuadro 6: *Previsiones de los expertos en robótica y empleo sobre tendencias ocupacionales como consecuencia de la robotización del trabajo (Estudio Delphi, 1998)* 181
Cuadro 7: *Previsiones de los expertos en prospectiva ocupacional sobre consecuencias de los procesos de innovación tecnológica de la producción sobre diferentes tendencias laborales (Estudio Delphi, 2000)* 182
Cuadro 8: *Evolución de la percepción sobre los impactos en el desempleo debidos a la aplicación de robots y sistemas automáticos de trabajo* 186
Cuadro 9: *Algunos efectos e impactos de la robotización en el trabajo, según los expertos en robótica (Delphi, 1998)* 187
Cuadro 10: *Principales efectos y consecuencias en el trabajo estimados por los expertos en prospectiva ocupacional a causa de la aplicación de las nuevas tecnologías (robots y sistemas automáticos) en los procesos productivos (Estudio Delphi, 2000)* 189
Cuadro 11: *Palabras-concepto asociadas con robotización y nuevas tecnologías en varios estudios sociológicos* 192
Cuadro 12: *Principales problemas que se plantean hoy día en el trabajo (respuestas múltiples)* 196
Cuadro 13: *Elementos que identifican y simbolizan mejor cada época histórica* 206

Gráfico 1: *Principales efectos y consecuencias previsibles de la reducción de la jornada laboral a 35 horas* 176
Gráfico 2: *Evolución del número de teletrabajadores en los países europeos* 177
Gráfico 3: *Previsión de los expertos en robótica sobre el horizonte temporal en el que se realizarán mediante robots y sistemas automáticos el 50% de todas las actividades en diversos sectores productivos* 179
Gráfico 4: *Percepciones de la opinión pública española sobre el desarrollo de la robótica industrial en los próximos 10 años* 184
Gráfico 5: *Efectos en el empleo previstos por la opinión pública española a causa del uso de robots en las empresas en el plazo de una década* 185

Gráfico 6: *Identificación de palabras-concepto con robots* 190
Gráfico 7: *Principales problemas actuales del trabajo (respuestas múltiples)* ... 197
Gráfico 8: *Oportunidades actuales de la mayoría de la gente de conseguir un trabajo* 198
Gráfico 9: *Percepciones más pesimistas sobre las oportunidades de encontrar empleo* 198
Gráfico 10: *¿Quiénes tienen por lo general más y menos oportunidades de tener un trabajo hoy día?* 199

Capítulo 7

Cuadro 1: *Impactos sociales y económicos básicos del primer maquinismo (motor de vapor) y del robot industrial* 212

Capítulo 8

Cuadro 1: *El marco de complejidad de las relaciones de trabajo* 234